Building Materials

初学者の建築講座

建築材料 （第三版）

橘高　義典
小山　明男　著
中村　成春

市ケ谷出版社

「建築材料（第三版）」執筆にあたって

　建物は人間が安全・快適に居住するための構築物である。さらに，建物は一度建てると一定の場所に，大規模かつ時間的・空間的に長く存在し続ける。建築が他の生産物と決定的に違うところである。火災などは隣の家にも被害を及ぼす。地震で簡単に壊れてしまうようでもいけない。耐久性も必要である。最近は，建物の見た目，外観が周りの住環境に及ぼす影響も重要視されている。長く存在するということは，環境・エネルギー排出などにも関係する。

　このような，建物の居住性・安全性・美観・耐久性・環境問題などの基本となるのが建物の構成要素である建築材料である。様々な要求に対して適切な建築材料を選定する知識は，建築を学ぶ者にとって不可欠かつ基本的である。

　初版では，建築の初学者に必要となる建築材料の知識を分かりやすく示すとともに，一般的な建築材料の教科書に比して平易な内容とした。さらに，あまり簡潔過ぎて本質的な知識が欠落しないよう，一定のレベルを保つとともに，建築士等の受験者にも十分役立てるオールマイティーの内容とした。おかげさまで，多くの方から好評をいただいた。

　第二版から数年が過ぎ，その間に建築材料に関する規基準は変化し，統計データの更新，建築での新たな使われ方の事例なども散見され，今回の改訂に至った。本書は，従来の建築材料の教科書にありがちな材料の性質を単調に述べるだけではなく，実際の建築での事例を写真などで多く示し，さらに材料としての特性を詳しく述べ，実際の建築との関係性を常に明確にし，本文中には図表を多数載せ，理解しやすいように努め，序章建築材料では，カラーページで収録し，ほかのページも2色刷りとした。また，建築士・インテリアコーディネーター等の受験準備に役立つよう，関連する過去問題についても近年の出題傾向に留意した。

　本書は，建築を学ぶ初学者だけでなく，工業高等学校，高等工業専門学校，専修学校，短期大学，大学の建築学科などの教科書としても十分役立つものと確信している。

令和7年1月　　　　　　　　　　　　　　　　　　　　　　　橘高　義典

「初学者の建築講座」改版にあたって

　日本の建築は，かつての木造を主体とした歴史を経て，明治時代以降，西欧の組積造・鉄骨造の技術導入にも積極的であった。結果として，地震・火災・風水害などが多発する災害国における建築的な弱点を克服する鉄筋（鉄骨）コンクリート構造や超高層建築の柔構造開発に成功を納めた。

　その建築レベルは，企画・計画・設計・積算・法令・施工・維持・管理・更新・解体・再生の各段階において，今や世界最高の水準にある。この発展を支えた重要な要素のひとつが国家資格である建築士試験である。

　「初学者の建築講座」シリーズは，大野隆司前編修委員長の刊行のことばにもある通り，もともと二級建築士の受験テキスト作成を契機として発足し，内容的には受験用として漏れがなく，かつ建築学の基礎的な教材となるものとして完成した。

　その後，シリーズは好評に版を重ねたため，さらに一層，教科書的色彩を濃くした刊行物として，建築士試験合格可能な内容を網羅しつつ，<u>大学・短期大学・専修学校のさまざまなカリキュラムにも対応でき，どんな教科の履修を経なくても，初学者が取り込める教材</u>という難しい目標を掲げて編修・執筆された。

　大学教科書の出版に実績の多い市ヶ谷出版社の刊行物と競合しないという条件から，版型を一回り大きくして見やすく，「読み物」としても面白い特徴を実現するために，頻繁で集中的な編修・執筆会議を経て完成したと聞いているが，今回もよき伝統を踏襲している。

　この度，既刊シリーズの初版から，かなりの期間が経ったこともあって，今回は現行法令への適合性や建築の各分野で発展を続ける学術・技術に適応すべく，各巻の見直しを全面的に行った。

　その結果，本教科書の共通の特徴を，既刊シリーズの特徴に改善点を含めて上書きすると以下のようになる。

1) 著者の専門に偏ることなく，**基礎的内容を網羅し，今日的な話題をコラム的に**表現すること
2) **的確な表現の図表や写真**を多用し，**全ページで2色刷り**を使用すること
3) 学習の要点を再確認するために，**例題や確認問題**などをつけること
4) 本文は**読み物としても面白く**しながらも，**基礎的知見を盛り込む**こと
5) **重要な用語はゴシック**で示し，必要に応じて注で補うこと

　著者は既刊シリーズの担当者を原則としたが，内容に応じて一部交代をしている。いずれも研究者・実務者として第一線で活躍しており，教え上手な方々である。「初学者の建築講座」シリーズの教科書を通して，建築について多くの人々が関心を寄せ，建築への理解を深め，楽しむ仲間が増えることを，関係者一同大いに期待している次第である。

平成29年1月　　　　　　　　　　　　　　　　　　　　監修者　長澤　泰

「初学者の建築講座」発行にあたって (初版発行時)

建築業界は長い不況から抜け出せないでいるが，建築を目指す若者は相変わらず多く，そして元気である。建設量が低迷しているといっても欧米諸国に較べれば，まだまだ多いし，その欧米にしても建築業界は新たな構想に基づく建築需要の喚起，わが国ではリフォームと一言で片づけられてしまうことも，renovation・refurbishment（改修）やconversion（用途転換）など，多様に展開して積極性を維持している。ただ，建築のあり方が転換期を迎えたことは確実なようで，新たな取り組みを必要とする時代とはいえそうである。

どのような時代であれ，基礎知識はあらゆるもののベースである。本編修委員会の母体は，2級建築士の受験テキストの執筆依頼を契機に結成された。内容的には受験用として漏れが無く，それでいて建築学の基礎教材的な性格を持つテキストという，いわば二兎を追うものとして企画され，2年前に刊行された。

幸いシリーズは好評で順調に版を重ねているが，その執筆が一段落を迎えたあたりから，誰言うともなく，さらに一層，教科書的な色彩を強めた本の作成希望が提案された。内容としては，建築士に合格する程度のものを網羅したうえで，大学・短期大学・専門学校において，どのようなカリキュラムにも対応できるよう，いずれの教科を経ることなく，初学者が取り組むことが可能な教材という位置付けである。

市ヶ谷出版社には既に建築関係の大学教科書について，実績のあるものが多く，それとバッティングをしないという条件もあり，判型は一回り大きくして見やすくし，いわゆる読み物としても面白いもの，などを目標に企画をまとめ執筆に入った。編修会議は各巻，毎月約1回，約1年半，延べ数十回に及んだが，これまでに無い教科書をという関係者の熱意のもと，さまざまな工夫を試み調整を重ねた。

その結果，本教科書シリーズは以下のような共通の特徴を持つものとなった。

1) 著者の専門に偏ることなく，**基礎的な内容は網羅する**こと
2) 的確な図を新たに作成するとともに，**写真を多用する**こと
3) 学習の要点を再確認するために，**例題などをつける**こと
4) **読み物としても面白く**，参考となる知見を盛り込むこと
5) **重要な用語はゴシックで示し**，必要に応じて注で補うこと

執筆者はいずれも研究者・実務者として有能な方々ですが，同時に教え上手としても定評のある方々です。初学者の建築講座の教科書を通して，建築についての理解が深められ，さらに建築を楽しむ人，志す仲間の増えることを，関係者一同，大いに期待しているところです。

平成21年10月　　　　　　　　　　　　　　　　　　編修委員長　大野　隆司

目次

序章　建築材料とは

1. 建築材料の役割（3）　**2.** 建築材料の発達（5）　**3.** 建築材料の分類（6）　**4.** 建築材料に必要な性能（10）
5. 建築材料の新しい領域（12）　**6.** 建築材料と規格・基準（15）

コラム　サスティナブル社会と建築材料 —————————————————————— 16

第 1 編　構造用材料

第1章　木材

1・1　木材の使われ方 ———————————————————————————————— 18
　　・**1** 木材の特徴（18）　・**2** 木質構造の分類（18）　・**3** 木材の使われ方（19）
　　・**4** 樹木の種類と特徴（20）　・**5** 木材資源の現状と将来（24）
1・2　建築用木材の性質 —————————————————————————————— 26
　　・**1** 製材（26）　・**2** 木材の性質（29）
1・3　木質材料 —————————————————————————————————— 35
　　・**1** 木質材料の種類と製造方法（35）　・**2** 軸材（36）　・**3** 面材（38）
　　コラム　木材の活用による温暖化防止 ———————————————————— 43
演習問題 —————————————————————————————————————— 44

第2章　構造用金属材料

2・1　鉄類 ———————————————————————————————————— 45
　　・**1** 鉄の使われ方（45）　・**2** 鉄の種類（46）　・**3** 製鉄（47）　・**4** 鋼の性質（48）
　　・**5** 構造用鋼材の種類（49）　・**6** 合金鋼（54）　・**7** 構造用金物（55）
2・2　アルミニウムとその合金 ——————————————————————————— 57
　　・**1** アルミニウムの使われ方（57）　・**2** アルミニウムの製法（57）
　　・**3** アルミニウム合金（59）　・**4** アルミ製品（59）
2・3　金属の腐食とその防止 ———————————————————————————— 60
　　・**1** 腐食（60）　・**2** 金属の防食法（60）
　　コラム　横浜「港の見える丘公園」に復元されたパリ中央市場に使われた鋳鉄の骨組み —— 61
演習問題 —————————————————————————————————————— 62

第3章　コンクリート

3・1　コンクリートの発達と利用 —————————————————————————— 63
　　・**1** 古代・近代のコンクリート（63）　・**2** 現代のコンクリート（63）
3・2　コンクリートの基本的性質 —————————————————————————— 65
　　・**1** フレッシュ性状（65）　・**2** 硬化後の力学性状（69）　・**3** 高性能コンクリートの性質（76）
3・3　コンクリート構成材料の性質 ————————————————————————— 78
　　・**1** セメント（78）　・**2** 骨材（81）　・**3** 混和材料（84）
3・4　コンクリートの調合設計 ——————————————————————————— 88
　　・**1** 調合設計の基本的な考え方（88）　・**2** 調合設計の手順（88）
3・5　コンクリートの欠陥 ————————————————————————————— 93
　　・**1** 施工不良と初期ひび割れ（93）　・**2** 拘束による収縮ひび割れ（93）
3・6　コンクリートの耐久性 ———————————————————————————— 95
　　・**1** コンクリートの劣化事例（95）　・**2** 劣化の対策（96）
　　コラム　ロンシャン礼拝堂とひび割れ ————————————————————— 97

| 3・7 | セメント・コンクリート製品 | 99 |

    ・1 セメント・コンクリート製品の概要（**99**）　・2 建築用コンクリートブロック（**99**）
    ・3 テラゾ（**100**）　・4 軽量気泡コンクリート（ALC）（**100**）
    ・5 空洞プレストレストコンクリートパネル（**100**）

演習問題 ——— 101

第2編　内外装材料

第1章　非鉄金属材料

| 1・1 | 銅および銅合金 | 104 |

    ・1 特徴（**104**）　・2 種類（**104**）　・3 製法（**104**）　・4 用途（**105**）

| 1・2 | 亜鉛 | 105 |

    ・1 特徴（**105**）　・2 製法（**106**）　・3 用途（**106**）

| 1・3 | チタン | 106 |

    ・1 特徴（**106**）　・2 製法（**106**）　・3 用途（**106**）

| 1・4 | その他の合金 | 107 |

    ・1 スズ（**107**）　・2 鉛（**107**）　・3 スズ・鉛合金（**107**）　・4 可融合金（**107**）
    ・5 ニッケル（**107**）

第2章　石材

2・1	種類と特徴	108
2・2	製法	109
2・3	用途	111

    コラム　パルテノン神殿における修復作業とRCれんが混合造柱の撤去 ——— 112

第3章　ガラス

3・1	種類	113
3・2	製法	114
3・3	特徴	114

    ・1 物理的性質（**114**）　・2 光学的性質（**114**）　・3 熱的性質（**115**）
    ・4 音響的性質（**115**）　・5 化学的性質（**115**）

| 3・4 | 用途 | 116 |

    ・1 板ガラス類（**116**）　・2 ガラス繊維（**116**）　・3 ガラス成形品（**116**）
    ・4 ガラスの取付け方法と建築事例（**116**）

第4章　セラミックス

4・1	概要	118
4・2	種類	118
4・3	特徴	120
4・4	用途	120

    ・1 れんが（**120**）　・2 粘土瓦（**121**）　・3 タイル（**123**）　・4 テラコッタ（**126**）
    ・5 セラミックメーソンリーユニット（**126**）　・6 衛生陶器，陶器製品（**127**）

    コラム　擬態語のイメージ伝達と材料テクスチャの関係 ——— 128

第5章　左官材料

| 5・1 | 石灰系材料 | 129 |

    ・1 特徴（**129**）　・2 漆喰（**129**）　・3 ドロマイトプラスター（**130**）　・4 用途（**130**）

| 5・2 | せっこう系材料 | 131 |

    ・1 特徴（**131**）　・2 せっこうプラスター（**132**）　・3 せっこうボード（**132**）

vi

5・3 土壁 ──────────────────────────────── 133
　・**1** 特徴（**133**）　・**2** 版築壁（**134**）　・**3** 珪藻土（**134**）

5・4 左官モルタル ──────────────────────────── 135

5・5 断面修復材 ──────────────────────────── 136

演習問題（第1〜5章）──────────────────────── 136

第6章　プラスチック

6・1 プラスチックの使われ方 ───────────────────── 139
　・**1** プラスチックの特徴（**139**）　・**2** プラスチックの分類（**139**）
　・**3** プラスチックの使われ方（**140**）

6・2 プラスチックの種類と性質 ───────────────────── 142
　・**1** ポリ塩化ビニ樹脂（**142**）　・**2** ABS樹脂・ポリスチレン樹脂（**142**）
　・**3** ポリプロピレン樹脂（**142**）　・**4** メタクリル樹脂（**142**）　・**5** ポリエチレン樹脂（**143**）
　・**6** フッ素樹脂（**143**）　・**7** フェノール樹脂（**143**）
　・**8** ユリア（尿素）樹脂・メラミン樹脂（**143**）　・**9** ポリエステル樹脂（**144**）
　・**10** シリコン樹脂（**144**）　・**11** ポリウレタン樹脂（**144**）
　・**12** エポキシ樹脂（**144**）　・**13** ポリカーボネート類（**144**）

6・3 ゴム ─────────────────────────────── 145
　・**1** ゴムの性質（**145**）　・**2** 用途・製品（**145**）

第7章　塗料・仕上塗材

7・1 塗料・仕上塗材の種類と使われ方 ───────────────── 146
　・**1** 塗料の特徴と分類（**146**）　・**2** 仕上塗材の特徴と分類（**147**）

7・2 塗料 ─────────────────────────────── 148
　・**1** ペイント（**148**）　・**2** ワニス（**150**）　・**3** ステイン（**151**）　・**4** 漆（**151**）
　・**5** 柿渋（**151**）

7・3 仕上塗材 ──────────────────────────── 152
　・**1** 薄付け仕上塗材（**152**）　・**2** 厚付け仕上塗材（**152**）　・**3** 複層仕上塗材（**152**）
　　コラム　環境にやさしい建材の利用 ──────────────── 153

第8章　接着剤

8・1 接着剤の使われ方 ───────────────────────── 154
　・**1** 接着剤の特徴（**154**）　・**2** 接着の仕組み（**154**）　・**3** 接着剤の使い方（**155**）

8・2 接着剤の種類と特性 ──────────────────────── 156
　・**1** 天然系接着剤（**156**）　・**2** 合成接着剤（**156**）　・**3** 樹脂系接着剤（**156**）

8・3 VOC とシックハウス症候群 ───────────────────── 157
　・**1** シックハウス症候群（**157**）　・**2** シックハウス症候群が増加した背景（**158**）
　・**3** 揮発性有機化合物（**158**）

第9章　外壁パネル

9・1 外壁パネル材料の使われ方 ───────────────────── 160
　・**1** 外壁パネルに求められる性能（**160**）　・**2** 外壁パネルの分類と使われ方（**160**）

9・2 サイディング ────────────────────────── 161
　・**1** 窯業系サイディング（**161**）　・**2** 金属系サイディング（**161**）
　・**3** 木質系サイディング（**162**）　・**4** 樹脂系サイディング（**162**）

9・3 セメント系パネル ───────────────────────── 162
　・**1** ALCパネル（**162**）　・**2** 押出成形セメント板（**163**）　・**3** 繊維強化セメント板（**164**）

2025年2月12日

市ケ谷出版社発行

「初学者の建築講座　建築材料（第三版）」正誤表

ページ等		誤	正
vii	目次	1・2　メンブレン防水	1・2　面防水工事
15	表4 表中　右5行	JASS 19　陶磁器質タイル張り工事	JASS 19　セラミックタイル張り工事
49	右段10行	（JIS G 3101：2015）	（JIS G 3101：2024）
49	右段15行	（JIS G 3136：2012）	（JIS G 3101：2022）
51	左段17行	（JIS G 3350：2009）	（JIS G 3350：2021）
51	右段9行	（JIS G 3444：2015）	（JIS G 3444：2021）
51	右段10行	（JIS G 3466：2015）	（JIS G 3466：2021）
52	左段36行	590(A,B,)	SD590(A,B)
52	左段37行	685(A,B,R),785R	SD685(A,B,R),SD785R
54	右段5行	（JIS G 4321：2000）	（JIS G 4321：2022）
56	図2・24 表題	金属系アンカーの分類例	金属系アンカーの分類例 ［写真提供サンコーテクノ株式会社］
61	コラム9行	が建設される予定である。	が建設されている。
169	表10・2 表題	カーテンの分類	テクスチャーによる分類と特徴
176	図1・2	メンブレン防水	面防水工事
176	図1・2	シーリング材による防水	目地防水工事
177	（3箇所）	1・2 メンブレン防水　177	1・2 面防水工事　177
180	図1・8 右項目2	変形シリコーン系	変成シリコーン系
180	図1・8 右項目7	変形シリコーン系	変成シリコーン系
180	図1・8 右項目10	変形ポリサルファイド系	変成ポリサルファイド系
180	表1・4 左欄3行	変性シリコーン系	変成シリコーン系
180	表1・4 左欄8行	変性シリコーン系	変成シリコーン系
186	表2・6（2）	厚さ10 mm 以上のせっこうボード	厚さ9 mm 以上のせっこうボード
188	表3・1　材料名24行目：木片セメント板　比熱列	1.68　600〜900	1.68
188	表3・1　材料名24行目：木片セメント板　密度列	JIS A 5404	600〜900
188	表3・1　材料名24行目：木片セメント板　備考列	（空欄）	JIS A 5404
206	中央段　44行	シーリング防水……177	削除
207	右段　15行	日本工業規格………15	日本産業規格………15
208	中央段　42行		（「め」最初の行に追記）目地防水工事………176
208	右段　1行	メンブレン防水………177	面防水工事………177
奥付	著者の最終行	（肩書きは，第二版発行時）	削除

9・4 カーテンウォール ────────────────────────────── 164
　　・1 カーテンウォールとは（164）　・2 メタルカーテンウォール（164）
　　・3 PCaカーテンウォール（165）

第10章　インテリア材料

10・1 インテリア材料の種類 ───────────────────────── 166
　　・1 インテリア材料とは（166）　・2 インテリア材料の種類と使われ方（166）
10・2 壁・開口部に用いるインテリア材料 ───────────────── 167
　　・1 壁装材（167）　・2 障子・ふすま（167）　・3 カーテン（168）　・4 ブラインド（168）
10・3 床仕上げ材 ─────────────────────────────── 169
　　・1 カーペット（169）　・2 ビニル系床材（170）　・3 畳（171）
演習問題（第6〜10章）───────────────────────────── 172

第3編　機能材料

第1章　防水材料

1・1 防水材料の種類と使われ方 ───────────────────── 176
　　・1 防水の必要性（176）　・2 防水材料の種類（176）
1・2 メンブレン防水 ───────────────────────────── 177
　　・1 アスファルト防水（177）　・2 シート防水（178）　・3 塗膜防水（178）
　　・4 ステンレスシート防水（179）
1・3 シール材 ─────────────────────────────── 179
　　・1 ガラスパテ（179）　・2 コーキング材（179）　・3 シーリング材（181）

第2章　防耐火材料

2・1 建築と火災 ─────────────────────────────── 182
　　・1 建物の火災（182）　・2 材料の火災特性（182）
2・2 防・耐火構造と防火材料 ───────────────────── 183
　　・1 防・耐火構造（183）　・2 防火材料（183）

第3章　断熱材料

3・1 断熱材料の使われ方 ─────────────────────── 187
　　・1 断熱材料の機能（187）　・2 材料の熱伝達特性（187）　・3 断熱材料の使われ方（187）
3・2 主要な断熱材 ───────────────────────────── 189
　　・1 無機繊維系断熱材（189）　・2 木質繊維系断熱材（190）
　　・3 発泡プラスチック系断熱材（190）

第4章　音響材料

4・1 音の特性 ─────────────────────────────── 193
　　・1 音（193）　・2 遮音と吸音（194）　・3 建築における騒音（194）
4・2 吸音材料 ─────────────────────────────── 194
　　・1 多孔質材料（194）　・2 板状材料（195）　・3 孔あき板材料（195）
4・3 遮音対策 ─────────────────────────────── 196
　　・1 材料の遮音特性（196）　・2 遮音対策（196）

第5章　免震・制振材料

5・1 免震構造と制振構造 ─────────────────────── 197
5・2 免震材料 ─────────────────────────────── 198

・**1** 免震材料（**198**）　・**2** 免震材料の種類（**198**）

5・3　制振装置 ———————————————————————————— **199**
　　　・**1** 制振装置の種類（**199**）　・**2** パッシブ制振装置（**199**）　・**3** アクティブ制振（**200**）

演習問題（第1〜5章） ———————————————————————— **201**
演習問題解答 ———————————————————————————————— **203**

序章

建築材料とは

図1　建築物の外観と材料

建築物に使われている材料は多種多様である。それぞれ用途，目的に応じて設計者，技術者が，適切なものを試行錯誤し取捨選択している。我々が身近に接するインテリア材料，建築物の構造材料，仕上材料など，その選定は建築を作る上での大きな楽しみである。

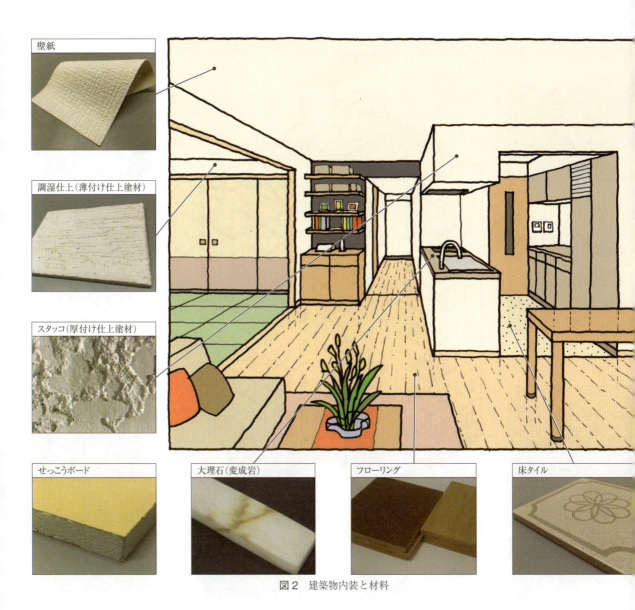

図2　建築物内装と材料

1 建築材料の役割

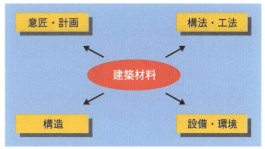

図3 建築材料の位置付け

建築をつくる上で必要となる分野には，図3のように意匠・計画，構法・工法，構造，設備・環境などがあるが，いずれも建築材料が大きな役割を果たす。良い建築物を作るためには，安全，美粧，快適などの建築物に要求される機能を満たす必要がある。そのためには，地震，雨風，日光，光，重力などの各種の外的な作用に対する適切な性能を持つ構造材料，外装材料，内装材料などを選定する必要がある（図4）。

例えば，風，地震などに対して**安全性**の高い建築とするためには，硬くて強い材料が必要となる。また，建築の**美粧性**を上げるためには，作られたものの表面，形などが美しく見える材料を選ばなければならない。さらに，居住時の人間の**快適性**を向上させるためには，熱を通しにくくする材料，光を通しやすくする材料などが必要になる。

実際の建築物では単一の性能に対する要求よりも，複数の性能が組合わされて要求される場合が多い。たとえば，壁を強く熱を通しにくくするためには，**強さ**，**剛性**は大きく，かつ，**断熱性**の高い壁材が必要となる。強度は大きいが薄い鉄板は不適切で，たとえば，気泡コンクリートなど比重が小さく厚さを稼ぎ強度も大きい壁材を選ぶことになる。あるいは，金属材料に断熱材料を組合わせた複合素材とするなどで選択肢は広がる。

建築物およびその部分に要求される性能には，他にも，**防耐火性**，**遮音性**，**経済性**，**施工性**，**リサイクル性**などがあり，非常に多様で複雑である。建築の設計では，これらの要求される複数の機能を適切に満たす材料の選定が行われなければならない。このような多様な要求性能を必要とする点が一般の材料と建築材料との

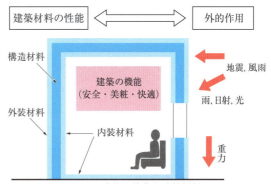

図4 建物の機能と建築材料

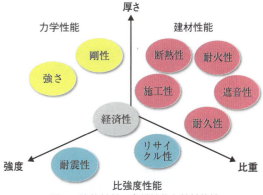

図5 建築材料の多様性能と材料特性

大きな違いである。建築材料のもつ多様で複合的な性能を建築材料の**多様性能**ともいい，建築材料の力学性能，建材性能，比強度性能などからなる。それらには，**強度**，**比重**，**厚さ**などの材料特性が基本的に関わっている。図5に示すように，力学性能には強度・厚さが，建材性能には厚さ・比重が，比強度性能には比重・強度が関係している。

建築には芸術的な側面もあり，現代までに様々な意匠の建築がつくられてきた。建築造形に果たす建築材料の役割は大きく，素材の選定が建築の造形を決定づけると言っても良い。

建築意匠に果たす建築材料の役割では，特に外装材料の選定がその建築の意匠の大きな要素となる。コンクリート，鋼材などの構造体の素材をそのまま使う例，最近の合金，プラスチックなどの新素材，土，木などの天然材料の利用など，その選定，新たな使われ方は，意匠の発展に貢献してきた。

建築構造に果たす建築材料の役割も大きく，特に近年の大規模，大空間構造物には，高強度化，軽量化などの技術開発がなされた新素材の使用が必須となっている。我が国では，耐震性の検討が必要であり，軽くて強い比強度の大きな素材の開発は構造様式に大きく影響を及ぼす。

建築環境に関しては，建築物の大型化，造形の複雑化は，居住空間としての建築に重要な温熱，音，空気などの環境特性を複雑にしており，透明材料，断熱材・遮熱材，音響材料などが建築環境に果たす役割は大きい。

自由な造形，彩色が可能であるステンレス・アルミ金属パネルを用い意匠性を有する建築（EMPミュージアム，フランク・ゲーリー）

図6　建築意匠に果たす建築材料の役割

ガラス素材を用いたアトリウムにより光・空気環境の快適性を維持する（金沢駅）

図7　建築環境に果たす建築材料の役割

柱に鋼材および梁に木材を用いた構造（ブザンソン芸術文化センター／フランス：隈研吾建築都市設計事務所）

図8　建築構造に果たす建築材料の役割

2　建築材料の発達

　天然の素材は，長年の風雨，地震等に耐えることで，外的環境に対して安定した性能を自ら持っている。例えば，木は重力による垂直加重および風等の横方向の加重に対して抵抗し，垂直方向に長く伸び安定するという優れた構造材の特性を有する。天然石は長い年月による積層，加熱などの作用により組織が緻密となっており，圧縮力に対する抵抗力が強い。これらを適材適所で積み上げかつ厚さを持たせることで，安定した土台，壁などの構造物を作ることができる。

　また，植物の中には，ゴム，樹液など，耐水性にすぐれる組織を有するものがあり，これらは防水材料，接着剤などに応用できる。古くはこのように身近にある**天然材料**を建築物の素材として使用していた。

　技術の発展にしたがって，建築材料の要求される様々な性能に対応できる材料を加工，製造することが可能となった。建築の工法も進歩し，建物に要求される機能も多くなり，建築材料が改良，創造され，**人工材料**が生まれた。さらにそれらは，工業化・量産化され世の中に広く普及するようになり，建築物の進歩に貢献した。このような材料を，**工業化材料**という。

　近年では，高度な技術から作られる**新素材**や，複数の素材を組み合わせた**複合材料**が開発され，より性能を向上させた**高性能材料**の普及がめざましい。さらに，最近の傾向では建築物に要求される性能が多様化しており，そのような要求に対応し建築の機能を向上させる様々な**多様性能材料**が開発されている。

　これらの建築材料の発達の様子を図11に示す。

板状のレンガを水平あるいはくさび状に埋め込み，垂直方向に抵抗するように工夫している。
→複合強化メカニズム

ヴィラ・アドリアーナ，ティボリ，イタリア，A.D.2世紀前半，ハドリアヌス帝
図9　古代ローマコンクリートの技術

伝統材料，瓦，漆喰土壁を用いた50年毎の修復
図10　姫路城屋根部

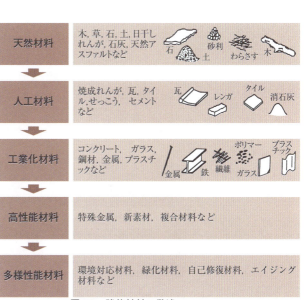

図11　建築材料の発達

3 建築材料の分類

建築材料は，その目的によってさまざまに分類することができる。

(1) 素材・材質としての分類

素材として分類すると，表1に示すように，木材や土など自然から採取できる天然材料と，コンクリートやガラスのように工場等で生産される人工材料に分けることができる。

人工材料は，製造管理された生産物であるため，安定した品質を有するのが特徴で，天然材料は産地や採取場所などによって品質にばらつきが生じるものの，身近で人工材料にはない暖かみや趣きがあるといった特徴をもっている。

また，これらは材質の違いから，無機材料と有機材料に分けることができる。無機材料は，セメントや金属など，結合に炭素が含まれない物質の総称であるのに対し，有機材料は，結合に炭素が含まれる物質の総称で，木材やプラスチックなどで生命体の構成分子との類似性が高い。

(2) 建築材料の性質による分類

建築材料として求められる性質を考慮して分類する場合は，コンクリート・鋼材・木材などの主として構造安全性に関わる機能に用いられる構造材料と，石・ガラスなど，主に美粧性に関わる機能をもつ仕上材料，防水・断熱などの構造や仕上げ以外の機能もつ機能材料に分類することができる。これらの具体的な材料は図12に示すとおりである。

表1 素材による建築材料の分類

	無機材料	有機材料
天然材料	・石材 ・土 ・骨材 ・水	・木材 ・竹材 ・草
人工材料	・セメント ・コンクリート ・ガラス ・石膏 ・れんが ・陶磁器質タイル ・鉄鋼 ・非鉄金属	・プラスチック ・塗料 ・接着剤 ・合成繊維 ・集成材 ・紙

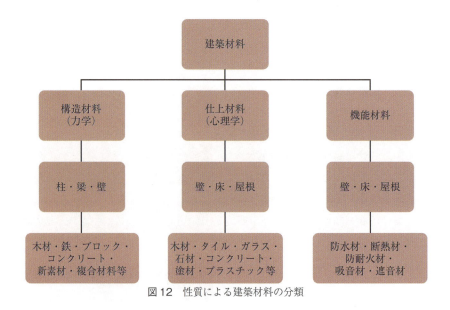

図12 性質による建築材料の分類

(3) 部位による分類

実用的な観点からは，建築で使用される部位によって分類されることもある。図13に示すように屋根材料，軸組材料，壁材料（内装材料，外装材料），床材料，天井材料，造作材料，建具材料，基礎材料，階段材料などに分類される。

建築の部位は，要求される性能の種類やレベルが異なるため，部位ごとに代表的な建築材料が存在する。例えば，屋根や外壁には雨水の浸入防止や防・耐火性などに対する要求が高く，床には衝撃の柔らかさ，滑りにくさ，あるいは清掃の容易さなどが要求される。そのため，屋根や外壁には硬く燃えにくい瓦・セメント系材料などの無機材料が，床には柔らかい素材である木材やカーペットなどの建築材料が使われる。

(4) 材料の詳細分類

建築材料全体を分類するときには，天然材料と人工材料のように分けることができるが，天然材料に分類される木材や石材などは，さらに細かく樹種や石種に分けることができる。図14および図15は，代表的な木材および石材の外観であり，見た目自体が異なるとともに，性能・品質にも違いがある。

木材は，それぞれの樹種によって，色と木理と肌目が異なり，樹種独自の風合いがでた見た目となる。また，樹種によって硬い・柔らかいといった力学特性のほか，加工性や耐久性などに違いがある。

石材も，石理（表面の組織構造），構成鉱物の種類とその大きさや形，それらの組合せ，配列の仕方などによって，みかけが大きく異なる。さらに，図16に示すような各種表面の仕上げ方法によって，表情に変化を与えることができる。仕上げには，割肌，のみ切り，ビシャン，小タタキ，ジェットバーナー，本磨きなどの方法があり，表面に凹凸を付けたり，滑らかにしたりする。

図13 部位による建築材料の分類

8　序章　建築材料とは

●ヒノキ
淡桃色で光沢がある。加工しやすく狂いが少ない。耐久性は大。

●ヒバ（アスナロ）
淡黄色で特有の芳香と光沢あり。加工性は中庸，耐久性は大。

●ベイスギ
濃赤褐色で木目は通直。加工時の粉塵に注意が必要。耐久性は大。

●スギ
淡赤色～暗赤褐色で加工は容易。耐久性は中庸，早材は目やせする。

●レッドウッド
濃赤色で木目は通直。軽軟で狂い小。鉄汚染あり。耐久性は大。

●ベイツガ
淡黄褐色で木目は通直。屋外で干割れを生じやすい。耐久性は小。

●エゾマツ
白～淡桃色で木目は通直。加工も容易。耐久性は小。

●ベイマツ
赤褐色で早材晩材のコントラストが明確。木目通直。耐久性は中。

●カラマツ
赤褐色で旋回木理。心持材の狂い・捩れ・干割れは大。耐久性は中。

●ケヤキ
黄褐色～赤褐色。特有の年輪模様が美しい。耐久性は大。

●チーク
金褐色～濃褐色で特有の縞あり。植林されている。耐久性は大。

●ボンゴシ（エッキ，アゾベ）
暗淡赤色。最重硬材で強度は大。耐久性もあり，耐久性は大。

●ジャラ
赤褐色。重硬材で耐火性あり，やや狂い大。耐久性は大。

●ドゥシェ
淡黄褐色。高比重材であるが，狂い・干割れは小。耐久性は大。

●イペ
黄褐色で縞あり。重硬材で狂い・干割れ小。耐火性あり。耐久性は大。

●ケンパス
橙褐色で木理交錯。耐衝撃性がある。耐久性は中。

図14　木材の種類とその外観
景観材料推進協議会：景観づくりと景観材料より

序章　建築材料とは　**9**

花崗岩	閃緑岩	斑れい岩
安山岩	玄武岩	砂岩
凝灰岩	石灰岩	大理石
蛇紋岩	粘板岩	片麻岩

図15　石材の種類とその外観

割肌	こぶ出し	粗磨き
のみきり	びしゃん	水磨き
こたたき	ジェットバーナー	本磨き

図16　石材の表面仕上げ方法とその外観

景観材料推進協議会：景観づくりと景観材料より

10　序章　建築材料とは

4　建築材料に必要な性能

建築材料に要求される性能は一様ではなく，簡単に決められないが，主なものを例示すると表2のようになる。

また，建築材料の性能を知り，適材を適所に用いるためには材料の物理的な性能を十分に知っておく必要がある。建築材料としての重要な物理的性質を図17に示す。

表2　建築材料の所要と性能

材　　　　料		材料に要求される主な性能
構　造　材　料		強さが大きく均質で，耐火性・耐久性に優れている。軽くて大材が得やすい。加工が容易である。
仕上・機能材料	屋　根　材　料	水密・軽量で，耐火性・耐久性に優れている。熱伝導性が小さい。外観が美しい。
	壁・天井仕上材	外観が美しく，熱・音の遮断性に富む。耐火性・耐久性に優れている。施工が容易である。
	床　仕　上　材　料	弾力性があり，摩耗・すべりが小さく，掃除が容易。外観が美しい。耐火性・耐久性に優れている。
	建具・造作材料	外観が美しく，加工性が大きく，変形が少ない。耐火性・耐久性に優れている。

密度　材料の質量を，その材料の空隙を含めた見かけの容積で除した値（g/cm³）。

吸水率　材料が内部に吸収する水の質量を，材料の絶乾質量で除した値（%）。

熱伝導率　単位面積，単位時間について単位長さ当たりの温度差のとき，材料内2点間を流れる熱量（W/(m·K)）。

比熱　ある物質1kgの温度を1K上昇させるのに必要な熱量（J/(kg·K)）。

強度　材料が力を受けたときの最大力をその材料の力を受ける面積で除した値（N/mm²）。圧縮強度，引張強度，剪断強度などがある。

曲げ強度　材料が曲げ応力を受けたときの最大の曲げ応力（N/mm²）。

応力度　材料が力を受けたときの力をその材料の力を受ける面積で除した値（N/mm²）。

ひずみ度　材料が力を受けたときの変化量を元の長さで除した値（－）。

ヤング率　材料の応力度とひずみ度との関係を表す比例定数（N/mm²）。

図17　建築材料に必要な物理的性質

建物は構造，屋根，壁（内装，外装），床，天井，開口部などの部位によって構成され，部位によって求められる機能や性能が異なる。また，部位に要求される性能の多くは，建築材料（構造材料・仕上材料）や設備機器等の組み合わせで確保されることから，建築材料に要求される性能はさまざまである。

JIS A 0030：建築の部位別性能分類が定める建築材料に求められる代表的な性能とその等級を表3に示す。建築材料が実際に考慮すべき性能は，さらに多くあるが，さまざまな建築材料を性能の面で比較する際には，性能項目とグレードとしてどのようなものがあるかが参考になる。

また，図18に示すように，部位は部品で構成され，部品はいくつもの製品で構成され，製品はいくつもの素材で構成され，素材はいくつもの原料で構成されている。これらの要素の違いによって，さまざまな性能を有する建築材料があり，細かくみるとたくさんの建築材料が存在する。

建物や建築材料への要求性能が多様であると同時に，種類によって性能のレベルも変わるため，よい建物を造るためには，複数の建築材料を用いる部位に合わせて，上手く組み合わせることが重要である。

表3 建築材料に求められる代表的な性能とその等級（JIS A 0030：建築の部位別性能分類）

性能項目＼級別号数	[0]	[1]	[2]	[3]	[4]	[5]	[6]	[7]	測定項目	測定単位
断熱性		0.2	0.3	0.5	0.8	1.25	2.0	3.2	熱貫流抵抗	$m^2 \cdot K/W$ \{$m^2 h℃/kcal$\}
遮音性		12	20	28	36	44	52	60	透過損失	dB
防水性		10	16	25	40	63	100	160	水密圧力	N/m^2
耐衝撃性		45	63	160	400	1020	2500	6300	安全衝撃エネルギー	N/m^2
耐摩耗性		3.2	1.8	1.0	0.56	0.32	0.18	0.1	磨耗量	mm
耐火性		5	10	15	30	60	120	180	耐熱時間	分
難燃性		—	—	—	—	—	—	—	防火材料の種別	—
耐久性		5	8	12	20	32	50	80	耐久年数	年

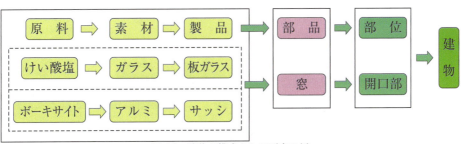

図18 建物が構成される要素の例

5 建築材料の新しい領域

古くから建築材料として使われてきた木材や石材などの天然素材は，今でも構造材料や仕上材料として利用されており，建築材料には古いものもあれば新しいものもある。特に，産業革命以降に大量のエネルギーを投入できるようになってからは，ガラス，セメント，プラスチックなどの素材を大量に製造できるようになり，近年の建物を造る際には，これら人工材料が不可欠なものとなっている。

建築材料は，建物に求められる要求性能を満足させる必要があり，要求の種類やレベルに応じて新しい建築材料が開発される。近年の建物に要求されるキーワードとして，「長寿命」が挙げられる。図19は，長期優良住宅認定基準のイメージである。長期優良住宅とは，長期にわたり住宅を良好な状態で長持ちさせるために必要な基準をクリアしたもので，平成21年に施行された「長期優良住宅の普及の促進に関する法律」に基づいたものである。我が国の建築物の寿命が他の先進国に比べて短いことや，建物に投入する資源を減らせるなど，環境負荷低減にも効果があることから長寿命化が求められている。

長期優良住宅の認定基準と建築材料の関係を一部挙げると次のようになる。

・劣化対策：構造躯体の使用継続期間が少なくとも100年程度となることが求められ，長寿命なコンクリートの開発などが行われている。

・耐震性：極めて稀に発生する地震に対して，損傷のレベルの低減を図ることが求められ，免震部材などの開発が行われている。

・可変性：居住者のライフスタイルの変化に応じて間取りの変更が可能なことが求められ，主に建築材料・部材の取付方法の開発などが行われている。

・省エネルギー対策：省エネルギー性能が確保されていることが求められ，断熱性能の高い断熱材の開発が行われ，近年では家電製品で使われてきた真空断熱材を住宅建材としても利用する試みなども行われている。

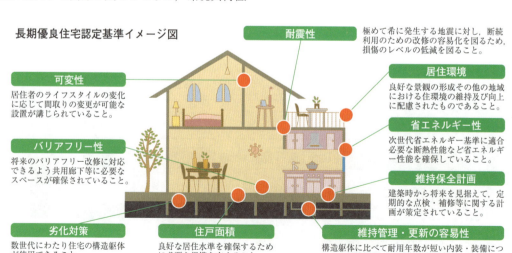

図19　長期優良住宅認定基準のイメージ

長期優良住宅認定基準は，住宅の質を向上するための新築の住宅に対しての制度である。一方で既設の建物は，住宅だけでも約6000万戸あるといわれており，それらストックを有効利用することも重要とされている。

図20は建物や建築材料の性能と耐用年数の関係のイメージ図である。さまざまな外的劣化因子に曝される建築材料は，経時によって性能が低下するため，適切に維持管理し，補修を繰り返す必要がある。維持管理を適切に行うためには，図21に示すようなライフサイクルをとおしての維持管理に関するマネジメント（Life Cycle Management）も必要となる。そのためには，補修技術だけではなく，点検技術や残存性能の予測技術なども必要となる。

そこで，点検技術として非破壊で建築材料の劣化状況を把握するための技術，ICチップや各種センサーを用いて継続的に材料の劣化状況をモニタリングする技術などの開発が行われ，将来的には図22に示すようなセンサーネットワークによる建築物の維持管理も考えられる。補修技術としては，躯体であれば，コンクリートのひび割れを補修技術（被覆工法，注入工法，充填工法等）や既設塗膜を補修する技術，劣化を回復する技術（吹付け工法，表面含浸工法等）など，建築材料や工法の開発が行われている。

また，仕上げであれば，既設の防水層や外壁タイルなどを撤去せずに，新たな建築材料をかぶせる工法などが開発されてきている。

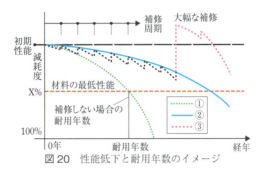

図20　性能低下と耐用年数のイメージ

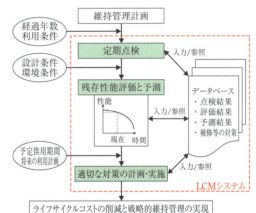

図21　ライフサイクルマネジメントによる維持管理のイメージ（出典：港湾空港技術研究所報告）

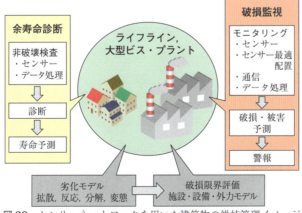

図22　センサーネットワークを用いた建築物の維持管理イメージ
（出典：科学技術振興機構）

建築は大量に資源を消費して製造され，製造された建物は電気・ガスなど大量のエネルギーを投入して使用される。そのため，日本における二酸化炭素排出量の1/3は建築分野から発生しているといわれている。これらのことから，建築分野においての環境への取り組みは非常に重要である。

環境配慮を行う場合に，建築の原料から建設，使用，解体，廃棄されるまでの一連の流れやその全体を通して環境負荷を算出して評価するLCA（Life Cycle Assessment）という考え方がある。図23は，建築のライフサイクルと各段階における行為とものの流れを示したものである。建築物を生産するためには，必ず資源（資材，エネルギー）が投入され，一方でCO_2, NO_x, SO_x, 廃棄物といったものが排出される。これら投入されるものと排出されるものを最小化することができれば，環境負荷は削減される。

そのため最近は，資源循環を考慮して副産物や廃棄物を用いたリサイクル材料の開発，あるいは建物の使用段階における省エネルギー化のために，断熱性能を上げるための建築材料（断熱材，ガラス）が開発されている。

また，木材は再生可能な資源で，生産時に二酸化炭素を吸収して固定化することから，環境配慮型の材料として，見直されてきている。国は「公共建築物等における木材の利用の促進に関する法律」を施行し，建築物への木材の利用促進を図っている。そのため，戸建て木造住宅をはじめとした低層の建物だけではなく，大断面集成材やCLT（Cross Laminated Timber：ひき板の各層を繊維方向が互いに直交するように積層接着したパネル）を利用して，大型の構造物に適用するなどの用途拡大が図られている。

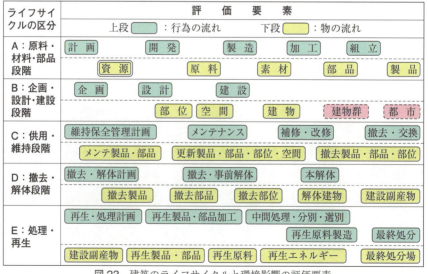

図23　建築のライフサイクルと環境影響の評価要素

序章　建築材料とは　**15**

6　建築材料と規格・基準

建築基準法の第 37 条では建築材料の品質が定められており，そこでは，建築物に用いられる建築材料は，**日本産業規格**または**日本農林規格**に適合するもの，あるいは国土交通大臣の認定を受けたものに該当しなければならないとされている（図 24）。

建築基準法第 37 条（建築材料の品質）

建築物の基礎，主要構造部その他安全上，防火上又は衛生上重要である政令で定める部分に使用する木材，鋼材，コンクリートその他の建築材料として国土交通大臣が定めるもの（以下この条において「指定建築材料」という。）は，次の各号の一に該当するものでなければならない。

一　その品質が，指定建築材料ごとに国土交通大臣の指定する日本産業規格又は日本農林規格に適合するもの

二　前号に掲げるもののほか，指定建築材料ごとに国土交通大臣が定める安全上，防火上又は衛生上必要な品質に関する技術的基準に適合するものであることについて国土交通大臣の認定を受けたもの

図 24　建築基準法（第 37 条）

日本産業規格（JIS：Japanese Industrial Standard）とは，材料・部品・各種生産物などの呼び名，品質，形状，寸法などを標準化したものである。JIS は「JIS A 5308:2014 レディーミクストコンクリート」のように，その品目の前にローマ字と規格番号が付けられ，制定あるいは改正された年を付記する。ローマ字は，生産または消費の主要部門を示し，例えば，A は土木・建築部門，B は窯業部門，G は鉄鋼部門，K は化学部門である。

日本農林規格（JAS：Japanese Agricultural Standard）は，建築用木材，合板など木材関係の規格である。規格の制定された材料については，JIS 制度があり，規格に合格した材料には大臣の許可により JIS マーク（㊎）が付けられる。この場合，材料の生産工場の設備・管理などが，常に規格に合格する材料を生産できる状態でないといけない。

一般的な建築工事で使用する材料や，施工方法などについて具体的な要領を示したものに，日本建築学会が発行する，**建築工事標準仕様書**（JASS：Japanese Architectural Standard Specification）がある。JASS には，表 4 に示すようなものがある。ほかに官庁施設の工事について示した，国土交通大臣官房官庁営繕部監修の**公共建築工事標準仕様書**，**公共建築改修工事標準仕様書**などがある。

表 4　JASS の種類

JASS 1	一般共通事項		JASS 15	左官工事
JASS 2	仮設工事		JASS 16	建具工事
JASS 3	土工事および山留め工事		JASS 17	ガラス工事
JASS 4	地業および基礎スラブ工事		JASS 18	塗装工事
JASS 5	鉄筋コンクリート工事		JASS 19	陶磁器質タイル張り工事
JASS 5N	原子力発電所施設における鉄筋コンクリート工事		JASS 21	ALC パネル工事
JASS 6	鉄骨工事		JASS 23	吹付け工事
JASS 7	メーソンリー工事		JASS 24	断熱工事
JASS 8	防水工事		JASS 25	ユニット類工事
JASS 9	張り石工事		JASS 26	内装工事
JASS 10	プレキャストコンクリート工事		JASS 27	乾式外壁工事
JASS 11	木工事		JASS 101	電気設備工事一般共通事項
JASS 12	屋根工事		JASS 102	電力設備工事
JASS 13	金属工事		JASS 103	通信設備工事
JASS 14	カーテンウォール工事			

コラム　サスティナブル社会と建築材料

　20世紀には，大量生産，大量消費，大量廃棄によって多くの環境問題が発生した。そこで，これからの時代には，地球の資源の有限性や生態系などの環境破壊を回避する社会への転換が求められている。このような社会を「持続可能な社会（sustainable society）」とよび，実現に向けて京都議定書をはじめさまざまな指標や提言が示されている。

　日本では持続可能な社会について，2000年12月に決定した「環境基本計画」のなかで，社会経済活動での留意点として次のことが挙げられている。

1) 再生可能な資源は，長期的再生産が可能な範囲で利用し，再生不可能な資源は他の資源で代替不可能な用途での利用にとどめ，できるだけ再生資源で代替すること。
2) 環境負荷の排出を環境の自浄能力の範囲にとどめること。
3) 人間活動を生態系の機能を維持できる範囲内にとどめること。
4) 不可逆的な生物多様性の減少を回避すること。

　日本で1年間に利用する資源の約1/3が建築物，道路，橋などの社会インフラ等としてストックされ，また二酸化炭素量の1/3は建築のライフサイクル中に発生していることから，建築産業が環境問題に及ぼす影響は大きい。よって，これからの建築材料の利用には環境配慮の視点をもつことが重要である。

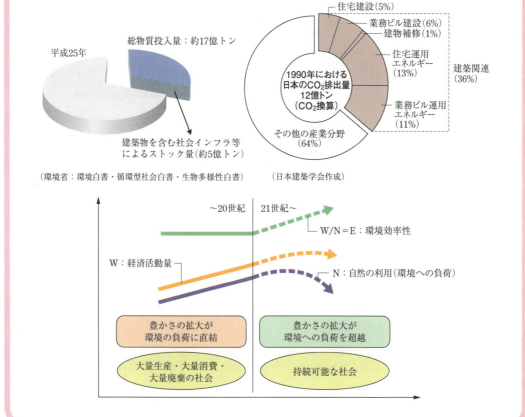

第1編
構造用材料

第1章　木材 ———————— 18
第2章　構造用金属材料 ———— 45
第3章　コンクリート ————— 63

左より，墨田区役所，スカイツリー，アサヒビールタワー，UR都市機構集合住宅

近代建築に必須な材料は，鉄，コンクリート，ガラスといわれており，これらの発展がないと現在の建築は成り立たない。高層ビル，高層タワーには鋼材が，高層の集合住宅には高強度の鉄筋コンクリートが，主な構造用材料として使われている。

第1章　木　材

1・1　木材の使われ方

1・1・1　木材の特徴

　木材は古くから人類の生活に密着して使われ、主要な建築材料の一つとして利用されてきた。また木材資源が豊富であり、良質なものが採れるわが国において、木材はほかに代え難い役割を担ってきた。現代においても、数少ない天然素材として人工材料では得難い優れた特性や魅力から多くの需要をもっている。

　木材の特徴は、他の建築材料に比べて密度が小さいにもかかわらず強度は大きく、切断、穴あけ、仕上げ、釘打ちなどの加工性がよいことにある。また、角材、板材など任意の形状のものが作りやすく、建築物のさまざまな部位・部材に利用できる。

1・1・2　木質構造の分類

　構造耐力上主要な部位（柱・梁・壁・床など）を、製材や木質材料（合板・集成材など）によって構成される構造は、木構造あるいは木質構造と呼ばれている。わが国の一般的な木造住宅は、1960年代に入るまで構造耐力上主要な部位の構成は製材だけで構成されていたが、最近は製材以外の木質材料だけで構成されるケースも増えてきている。

　木質構造を分類すると図1・1のようになる。**伝統木造構法**とは、寺社、仏閣に見られるような構造（図1・2）で、柱・梁などの部材断面が大きいのが特徴で、独特な技術の継承によって成立している。

図1・2　法隆寺（伝統木造構法）

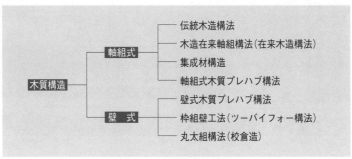

図1・1　木質構造の分類

図1・3　木造在来軸組構法の住宅

図1・4　枠組壁工法の住宅

一方，一般住宅に用いられてきた**木造在来軸組構法**（図1・3）は柱や梁といった軸組（線材）で支える構造であり，**枠組壁工法**はフレーム状に組まれた木材に構造用合板などを打付けた壁や床で支える構造である。いずれの場合も最近は，プレハブ化が進んできている。

1・1・3　木材の使われ方

木材は，柱，梁，耐力壁といった構造体として用いられるだけでなく，内・外装の仕上げ材としても多く活用されている。

外装材としては，板状の木材を張り合わせたものがあり，図1・5のような天然木に塗装を施した木質系サイディングが欧米では古くから普及している。日本でも木材を素材とする下見板や格子窓を町屋などの伝統建築において目にすることができる。

開口部についてみると，最近の建築物では金属製のサッシがほとんどではあるが，図1・6に示すような木製のサッシもある。

内装材としては，床のフローリングはもちろん，素材のあたたかさなどから天井や壁の表面にも木材を用いることがある（図1・7）。

図1・5　木質サイディングの外壁への適用

図1・6　木製サッシ

図1・7　木材の内装材としての活用

図1・8 木材の装飾的な活用

図1・9 古材の活用事例

また，玄関・部屋のドア，格子戸・ふすまなどの建具には枠材・表面材として木材が用いられる。和室などでは，装飾性を要求される敷居・鴨居，廻り縁，床柱・床框（ばしら・とこかまち）などに欠かすことのできない素材である（図1・8）。

そのほかにも，加工性のよさから，垂木，間柱，根太，胴縁，野縁などといった下地材として，人の目に触れないところにも木材が多々利用されている。

また，木材は古いものほど風合いが出ることから，図1・9のように古材を装飾的に活用したリフォーム事例などもある。

1・1・4 樹木の種類と特徴
(1) 樹木の種類

図1・10に樹木の種類の分類例を示す。外長樹は長さが伸びるとともに太さが肥大成長する樹種で，建築用材に適するものはすべてこれに属している。外長樹には**針葉樹**と**広葉樹**があるが，広葉樹は針葉樹に比べて一般に材質が硬いことから，これを**硬木類**といい，これに対して針葉樹を**軟木類**と呼ぶことがある。しかし広葉樹の中にも，キリやバルサのように針葉樹よりやわらかい樹種もある。内長樹は主に長さ方向にだけ成長し，太さは殆ど肥大せず，わずかに組織が充実するもので，樹種も少なく，床柱のような特殊用途や仕上げ材などに用いられる。

針葉樹は，広葉樹に比べて通直な長大材が得やすく，加工がきわめて容易であり，構造材をはじめ板材，小割材など，いろいろな用途に供される。一方，広葉樹は，仕上げ材料として用いられることが多く，建具，家具，洋風の造作材，ベニヤ原木，その他に船舶・機械用材に広く用いられる。縦断面の木はだは樹種によって異なるが，一般に針葉樹に比べてなめらかでない。

針葉樹および広葉樹の主なものを表1・1および表1・2に挙げる。

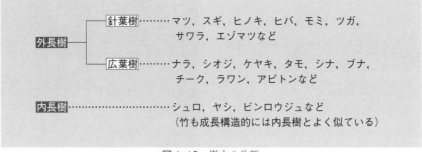

図1・10 樹木の分類

表 1·1 主な針葉樹

名　称	材質・色調など	主用途
国産材		
スギ	木理通直・軟質・軽量，水湿に耐え，加工極めて容易。辺材は帯黄白，心材は淡紅・赤渇・暗赤。	建築一般，建具，みがき丸太，電柱等用途は最も広い。産地を頭につけて秋田スギなどと呼ぶことが多い。
アカマツ	脂気多く反曲大，水湿に耐える（生木は水中で不朽）。辺材白，心材黄色。	杭，梁，敷居，根太，垂木，地業用の丸太，皮付化粧丸太。
クロマツ	脂気多くアカマツより水湿に弱く，白蟻に弱い。辺材白，心材黄色。	アカマツとほぼ同じ。その他，こけら板，木毛など，また白太もくを化粧天井板とする。
ヒノキ	硬軟適度，加工容易，香気光沢がよく，わい曲少なく，水湿に耐える。	高級建築用一般，建具家具，樹皮は屋根ぶき用。
ヒバ	ヒノキに似ているがやや劣る。刺激性臭気があり，耐久性極めて大，材色ヒノキよりやや黄み。	土台，床束，大引，塗込造の柱，その他。
ツガ	ヒノキに次ぐ良材，ち密でやや硬質，節部の加工困難，光沢あり。	柱，内法雑作，縁甲など。
カラマツ	脂気多く，よく水湿に耐える。辺材多く，乾燥収縮大。	土台・床材など。
モミ	軟質，加工容易，乾燥による収縮・反曲大，色淡黄白。	並材として，建築一般，建材，こん包（梱包）用および箱材。
ヒメコマツ	モミに似ているが，ややよい。	窓わく，建具その他小割材
エゾマツ	モミに似て，さらに軟質である。収縮・反曲が大で，耐久小。	モミ，ヒメコマツに準ず。
サワラ	軽量，粗しょう，木理通直，水湿に耐える（スギに似ているが産出少）。	柾目取りとして，おけ，建具，薄材など。
その他	カヤはヒバに，アララギはツガに似てともに上級材。トドマツはモミに似てこれより劣る。ヤクスギは木目が美しく高級天井板などに。	
外国産材		
ベイマツ	アカマツに似て脂気多い，使用後変色して暗色化する。変化ある木目が現れるものもある。	構造用一般，板類。
ベイスギ	スギに似てやや脆い，径 3m 以上の大材があるため均質な大板が得やすい。木目に趣きがある。	小割材として内法・建具材に供せられるが，とくに薄板材が多い。
ベイヒ	ヒノキよりもむしろヒバに似ているが光沢が少ない。刺激性の香あり。	ヒノキに似てやや下級品。
ベイツガ	ツガに似て，やや白く通直性大（使用後の変色が大）。	雑作，用法材，板材。
ベイモミ	モミに似ているが，さらに粗しょう。エゾマツに似ている。オレゴンパインまたはノーブルとも呼ばれる。	雑作，せき材。

22 第1章 木 材

表1·2 主な広葉樹

名　称	特性	主用途
国産材		
ナラ	光沢あり，木肌外観粗。淡黄かっ色，髄線の符美しい。反曲しやすいため乾燥を十分にする必要がある。	縁甲板，家具，建具，内法用など。ベニヤ薄板原木。
シオジ	ナラに似ているが，やや劣る。木肌の外観さらに粗しょう。反曲が小。	同上
セン	ナラ・シオジよりやや脆い。木目の美しいものがある。淡黄白色。	同上
タモ	センに似ている。	同上
ケヤキ	光沢あり，外観よく，乾燥に伴う反曲・くるいが少ない。	縁甲板，家具，建具，内法用など。ベニヤ薄板。彫刻用。
ブナ	材色灰褐色，通直性小。比重大，反曲大，雑木に類する。	縁甲板，家具材にも。
カシ	材色灰白，随線美しく比重大，硬質。	敷居の埋カシ，セン（栓），ホゾ（柄），機械の柄および軸。
カツラ	わりあいに軟質，加工が容易。辺材淡褐色，心材灰かっ色。	家具，装飾材，彫刻用。
サクラ	淡かっ色。質ち密。平滑・割れ少なく，工作便。	敷居，家具，装飾用。
シナ	淡白で明るく，ち密で平滑な外観。	ベニヤ薄板。
カエデ	淡かっ色。ち密でもく目の美しいものがある。	家具，ベニヤ薄板。
キリ	材色灰白，極めて軽量吸湿性，反曲ともに少ない。外観優雅。	家具，装飾用，天井板。
その他	クワ，クス，トチはどれもち密。木目に趣きあるもの多く，家具，装飾，たな板などに用いる。クリは耐水性大で土台，枕木などに，クロガキは床がまち，家具など。センダンはケヤキに準じて用いる高級材。	
外国産材		
チーク	木理が通直，硬軟が適度，加工性が大，水湿に強く耐久性大。外観が美しく，淡赤かっ色。	建具，内法雑作。
ラワン	チークまたはセンに似ている。ヒラタキクイ虫に侵されやすい。赤ラワン，白ラワンの別がある。	小割材として内法・建具材に供せられるが，とくに薄板材が多い。
ベイヒ	ヒノキよりもむしろヒバに似ているが光沢が少ない。刺激性の香あり。	ベニヤ薄板原木，建具，家具，内法材など。
タンギール	赤ラワンによく似て，それよりよい。	同上
アピトン	ラワンよりいっそう硬質で，大材多い。ケヤキ，カシの中間の性質。	構造用その他。
その他	シタン，コクタン，タガヤサン，カリンなど東南アジア産のものは，ふつう唐木（カラキ）と呼ばれ，硬質で光沢あり，床まわり，家具に用いる。いわゆる銘木類である。	

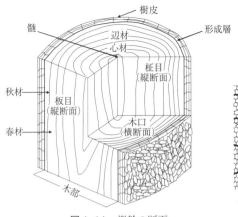

図 1·11 樹幹の断面

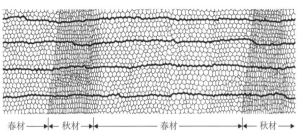

図 1·12 春材と秋材

(2) 組織・成分

樹幹の横断面は，図 1·11 のように**樹皮・木部・髄（樹心）**の 3 部分からなっている。四季のある温・暖帯地方では春の初めから，樹皮直下にある形成層の柔細胞（活細胞）が分裂をはじめ，木質化作用によって内側に木質を，外側に樹皮を形成して成長する。木質化作用は，春から夏（熱帯では雨期）にかけて活発になるため，この時期に形成された細胞は大きく，材としての密度は小さい。一方，晩夏より秋に至るもの（熱帯では乾期のもの）は生成細胞が小さく，材としての密度は大きい。前者を**春材**といい，後者を**秋材**と呼ぶ。これらによって，図 1·12 のように**年輪**が構成される。

木部のうち，樹心に近い部を**心材**といい，樹皮に近い部を**辺材**という。辺材は，一般に色調が白または淡黄色で，細胞は活力をもち，樹液が多い。心材は辺材に比べて細胞は半枯死状態で樹液は少なく，樹脂，タンニン分などの含有量が多く，色調が濃い。一般に，辺材は心材に比べて，乾燥収縮が大きくて曲り・反りが著しく，腐朽菌が繁殖したり，虫害に侵されやすいため耐久性が低い。

樹木を構成する組織・細胞の例として針葉樹と広葉樹に分けて表 1·3 および図 1·13 に示す。針葉樹は細い仮導管が多数集まった組織となっており，広葉樹は木部繊維の間に太い導管がみられる。また，針葉樹の細胞間に不規則に存在するものとして樹脂溝がある。特に肥大したものは，**やにつぼ**または**やにすじ**といい，木材の欠点の一つになっている。

表 1·3 樹木の組織

細胞	樹種 針葉樹	樹種 広葉樹	特徴
導管	存在しない。	木部に存在する。	樹液の運搬路であり，木肌に粗密さを与える。
仮導管	全容積の 90～97%	全容積の 40～75%	長さ 1～8 mm で，樹木に強固性を与える。
木部繊維	存在しない。		長さ 0.5～2.5 mm で，樹木に強固性を与える。
木部柔細胞	導管・樹脂溝に近在する。		樹液の運搬路である。
髄線柔細胞	髄から樹皮部に放射状に存在する。		樹液の運搬路であり，装飾的価値がある。

図1・13 樹木断面の顕微鏡写真 [左：針葉樹（スギ）, 右：広葉樹（ミズナラ）]
（出典 島地 謙・須藤彰司：木材の組織, p.112（左）, p.129（右）, 森北出版（1976）（佐伯 浩氏提供））

1・1・5 木材資源の現状と将来

図1・14に示すように，木材資源は建築用材に限らず，パルプ・紙製品など用途が広く，人類にとって不可欠なものである。

木材の長所として，他の多くの資源とは異なり，再生産が可能なこと，最終製品への加工エネルギーが少ないことがある。また，適切な森林は水源涵養や環境保全，CO_2固定化などの公益的な役割を果たし，環境共生的な資源である。

建築生産の工業化が進んだ現在も，住宅分野は木造建築が主流を占めており，建築に携わるものにとって，この有用な資源をいかに活用していくかを考えることが大切である。また，我が国の木造住宅では主要な資材を輸入材に依存しており，世界的な木材資源に関する情報を知ることが重要である。

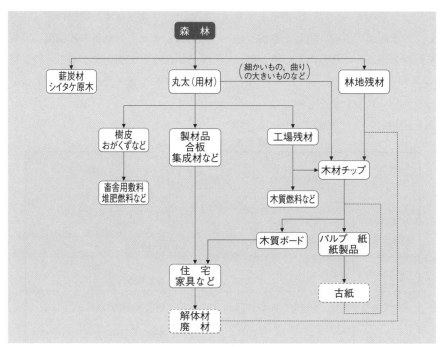

図1・14 木材資源の活用用途と流れ

図1·15は，1955年以降のわが国の木材の需給量と輸入材に対する依存率の推移である。この図から高度成長期の住宅生産の増大とともに木材の供給量が増加しているのがわかる。また，輸入材の供給量も年々増加し，現在のわが国の木材の自給率は20％前後に過ぎない。

図1·16に示すとおり，輸入材は南洋材，米材，北洋材が大半を占めている。

図1·17に示すようにわが国の国土に占める森林面積（森林率）は高く，最近では輸入材に依存せず，可能な限り国産材を活用する取り組みもみられる。世界の森林面積の推移をみると，森林は減少を続けている。先進国が工業用材として世界的な森林資源を使い続けていることや，開発途上国が農地や薪炭材を得る手段として森林が破壊されることが原因となっている。

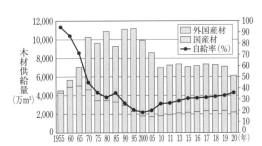

図1·15 わが国の木材（用材）供給量と自給率の推移（林野庁：木材需給表より）

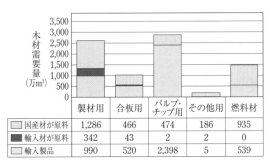

図1·16 わが国の木材需要の構成（2021年）（農林水産省：平成19年度 森林・林業白書）

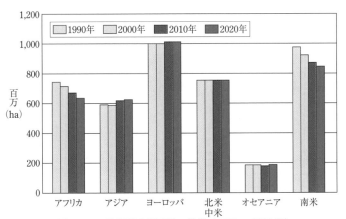

図1·17 地域別森林面積の推移（1990〜2020年）
（林野庁：世界森林資源評価（FRA）2020メインレポート概要）

1・2 建築用木材の性質

1・2・1 製材
(1) 製材

樹木は，伐採・枝落し・皮はぎ・乾燥などの工程を経て木材となる。さらに，木材を所要寸法の板材や角材に切断したものを**製材**と呼ぶ。

丸太またはそま角から所要の形材をひく計画を**木取り**といい，その例を図1・18に示す。木取りには，心材，辺材，木理，きず（欠点），木の腹背および表裏などのあらわれ方による外観，強さおよび変形などを予測し，できるだけ廃材を少なくして歩止まりをよくするなどの経済的考慮が必要である。

図1・19に示すように，年輪は縦断面の切断位置によって種々の木目となって現れ，**柾目**と**板目**に区分される。また，切断した繊維配列の方向によってさまざまな木目模様が現れ，これを**木理**という。柾目は板目に比べて外観が美しく，乾燥による収縮変形やくるいが小さい。柾目のスギ・ヒノキなどの高級柱，みがき丸太，ケヤキなどの床廻り材は材質・形状が稀で鑑賞価値に優れており，**銘木**と呼ばれる。

図1・19のように，板目材などにおいて樹心側を**木裏**といい，樹皮に近い面を**木表**という。木表のほうが木裏よりも乾燥による収縮が大きい。

(2) 材形・寸法

木材は，用途によって形状，寸法の種類が非常に多い。梁や柱のように断面寸法の大きなものから，押縁や羽目板のように小さいものや薄いものまである。丸太類，角材，板子・平，板類，ぬき類，垂木類，小割類，敷居木類といった分類で古くから慣例的に用いられてきた材形区分を表1・5に示す。また，一般に柱，根太，押縁および板類などは，日本農林規格（JAS）によって標準寸法が定められており，これを**市場品形**という。材形区分および呼び方法などは表1・6に示した**農林規格**（農林省告示第1892号）による。ただし，梁材に用いられる断面が大きいものは，用途に応じて必要な寸法を決定してから製材される。

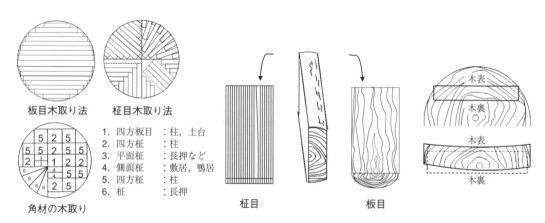

図1・18 木材の木取り法　　図1・19 木理および木表と木裏

表1·5 材形による区分

区　分	種類および呼称	用　　　途
丸太類	長丸太・切丸太・みがき丸太	製材の原木・杭・化粧用など
角　材	押角・野角・ひき角	柱・梁・製材の原木など
板子・平	規格の厚板にあたるもの	たなまたは段板・建具・家具の原材
板　類	一寸板・インチ板・板割・六分板・四分板	たな板・せき板・床・野地天井および羽目板など
ぬき類	大ぬき・中ぬき・小ぬき・木ずり・ぬき	縁甲・通しぬき・野地・壁下地など
垂木類	山ひき二，五角，山ひき二寸角	垂木・押縁など
小割類	大小割・並小割	天井さお縁・押縁・かわらざんなど
敷居木類	五寸敷居木・四寸敷居木・三寸敷居材	かもい・敷居・窓わく・根太など

表1·6 材形による区分

区　分	呼　　称	寸法標準〔cm〕	備　　　　　　考
素　材	丸太 　小丸太 　中丸太 　大丸太	 $d < 14$ $14 \leqq d < 30$ $d > 30$	製材の原木，化粧丸太，杭などに用いられる。 　d は最小径，ただし，長径と短径との差が20%以上のときはその平均半径，長さ（6 m）以上のものは中央径。
	そま角 　小そま角 　中そま角 　大そま角	 $b < 14$ $14 \leqq b < 30$ $b > 30$	斧などで丸味の四囲を払い，ほぼ方形にした形状で，製材の原木に供される。厚さ，幅 b は最小断面部で，丸味のないものとして測った辺長。
製　材	板　類 　板 　小幅板 　斜面板 　厚　板	$t < 7.5, \ b > 4t$ $t < 3, \ b > 12$ $t < 3, \ b > 12$ $b > 6$ でくさび形 $t > 3$	スギ，マツ，ヒノキなどの針葉樹製品が多いが，ラワン，シオジ，ナラなどの製品もある。 　羽目，天井，野地床（ため下）などに多く用いる。 　目板，木ずり，羽目，ぬき，縁甲などに用いる。 　t はくさび形両端厚さの平均値，なげし，広こまいなどに用いる。たな，内法，家具などに用いる。
	ひき割類 　正　　割 　平　　割	$t < 7.5, \ b < 4t$ 正方形断面 長方形断面	針葉樹の製品が多いが，広葉樹にもある。針葉樹のひき割類は，押縁，さお縁，間柱，根太，敷居，かもいなどに用いられるが，広葉樹は洋風家具・内法などに供せられる。
	ひき角 　正　　角 　平　　角	$t > 7.5, \ b < 4t$ 正方形断面 長方形断面	主として柱，梁，小屋材などの構造材に用いられる。 　横断面に樹心をもつものを心持角，ないものを心去角という（正確で，丸味が60 %を超えるか，または一角の丸味が40 %を超えるものを押角といい，杉材に多い）。

〔備考〕d は直径，b は幅，t は厚さ

28　第1章　木材

(3) 欠点および等級

　木材の欠点（きず）には，図1・20に示すようなものがあり，外観を損ずるばかりでなく，強さ・耐久性を低下させることが多い。なお，日本農林規格では，品質等級を下記に示す欠点の有無および程度などによって区分し，基準（特等，1等，2等）を決めている。

①**丸み**：ひき角，ひき割り，厚板などのりょう線部の丸みで，材断面の不足（かけ）である。

②**曲り・反り**：柱，梁，丸太材など通直性を必要とするものに対する欠点である。

③**割れ**：目まわり（年輪に沿っての割れ），心割れ，干割れなどである。干割れには木口割れやはだ割れなどがある。

④**節**：枝の跡であって，生節，死節，抜節（節の抜け穴）などがある。外観を害するとともに，加工性や強度を低下させるものが多い。

⑤**その他，節に準ずる欠点**：節と同様の影響を与える欠点として，入皮（外皮が木質部に巻き入っているもの），やにつぼ（やにが1箇所にたまったもの），かなすじ（やにが線上に太くはいったもの），とび傷（操作中にできる），虫害，孔，腐れ，しみなどがある。

　また，範囲の広いきずとして，あて（とくに木質のかたい加工困難な部），胴打（伐木または操木中の衝突により木質組織を損じた場所），ねじれ，空胴（心材部の老朽などによる）などがある。

(4) 乾燥

　木材に含まれる水分質量を完全に乾燥した木材質量で除した値を百分率で示したものを**含水率**と呼ぶ。生マツ丸太を基礎ぐい材として用いるような場合を除き，一般に木材は使用に先立ち，できるだけ乾燥させる必要がある。その程度は，生木質量のおおよそ1/3以上の水分が乾燥するまでといわれるが，構造用材は気乾状態，すなわち含水率15％以下に，仕上げ材および家具材は10％以下とするのが望ましい。

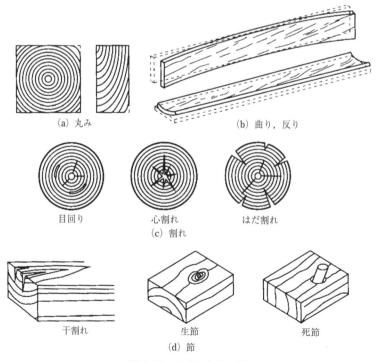

図1・20　木材の欠点の例

乾燥の目的および効果は，①重量の軽減，②強度の増進，③使用後の収縮干割れ，反曲，不整変形などの防止，④のこ引きなどの加工性増大，⑤菌類発生の防止，⑥塗料・注入剤および接着剤などの効果増大である。

乾燥方法には，①大気乾燥，②浸水乾燥，③人工乾燥がある。

人工乾燥は大気乾燥や浸水乾燥に比べて乾燥期間が短く済む。ただし，急激な乾燥は干割れや曲り・反りなどが生じやすく注意が必要である。

1・2・2　木材の性質

(1) 含水率

生木中には，40～80％（ときには100％以上）の水分が含まれているが，樹種・樹齢・育成地および心材・辺材などで異なる。

木材中の水分は，図1・21に示すとおりであり，状態によって自由水と結合水に分けられる。自由水は木材繊維中の細胞内の空洞部分を自由に移動している水分で，結合水は細胞壁中で木材の実質部分と結合している水分である。木材の性質に影響を及ぼすのは，主に結合水である。

生木を乾燥させるとまず自由水が蒸発していくが，自由水が完全に失われ，結合水だけが存在するようになった状態を**繊維飽和点**といい，その時の含水率は，樹種や樹齢にかかわらずおおむね30％前後である。さらに乾燥させると，気乾状態となり，木材中の結合水と大気中の湿度が平衡状態となる**平衡含水率**に達する。なお，通常の環境下で平衡含水率は約15％程度である。また，この状態の木材を**気乾材**という。気乾材をさらに乾燥し，完全に結合水がなくなったものを**絶乾材**または**全乾材**という。絶乾材を大気中に放置すれば乾燥とは反対に気乾状態となり，飽和蒸気中では**繊維飽和点**に達する。これら水分の蒸発および吸水速度は，同じ木材でもその断面部分によって異なり，木口が最も速く，ついで板目，柾目の順となる。

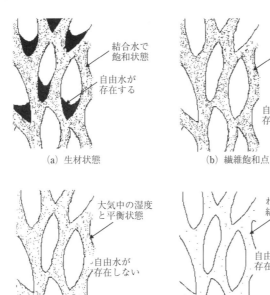

図1・21　木材繊維の含水状態

(2) 含水状態による変形

木材の大きな欠点の一つに含水率の増減による伸縮変形が起こることがある。仕口や継手をはじめ，木造建築の各部にゆるみ・くるい，あるいは隙間を生じるのはこのためである。

図1・22のように，このような伸縮は含水率が繊維飽和点以上では起こらない。しかし，それ以下になると結合水の状態の変化が生じ，含水率に比例して伸縮する。

(3) 収縮率

収縮率には，①含水率1％に対する平均収縮率，②気乾（含水率15％）までの収縮率，③生木が絶乾になるまでの全収縮率がある。

収縮率の程度は樹種，樹齢などによって一様ではないが，一般に密度の大きなものほど大きく，同じ木材でも辺材は心材よりも大きい。

また収縮率は，年輪の接線方向＞年輪の半径方向＞繊維方向の順に大きい。一般的な木材の全収縮率の範囲は，年輪の接線方向で約5～10％，半径方向で約2～5％であって，繊維方向は約0.1～0.3％程度と極めて小さい。このように，木材が含水率の変化によって伸縮し，しかも乾燥・吸水の速さおよび収縮率が方向によって異なることなどから，図1・23のような収縮・ひ割れ・くるいなどを生じる。木材の曲り・反りやねじれは，特に繊維の通直性の低い場合に大きく，また，一般に広葉樹は針葉樹よりも大きい。

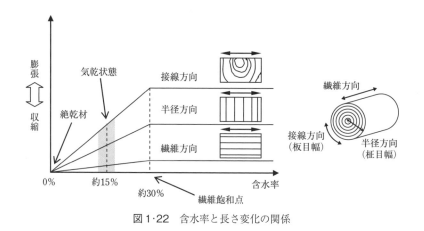

図1・22　含水率と長さ変化の関係

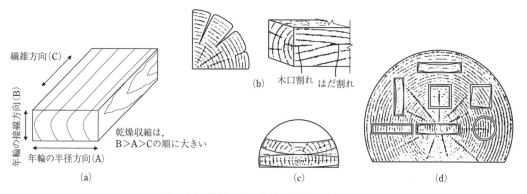

図1・23　乾燥による収縮・干割れ・くるい

(4) 物理的性質

(a) 密度

通常，木材の密度は気乾材の単位容積質量（g/cm³）で表す。各木材の密度は，表1·7のとおりであるが，同一樹種でも年輪密度・生育地・樹齢または心材・辺材などによって異なる。

(b) 強度

表1·7は，力学的性質の実験例を示したものである。強度は，樹種および心材と辺材によって異なるほか，いろいろな条件で異なる。同一乾燥状態であれば，一般には密度が大きいものほど強度は大きい。

また，含水率と強度の関係は図1·24のとおりであり，含水率が小さいほど急激に強さが増大する。おおよそ繊維飽和点以下の水分の多少が問題となることは，伸縮の場合と似ている。

節，虫食，目切れなどの欠点がある木材は無欠点材に比べて小さな荷重で破壊に至る。また図1·25に示すように繊維方向に対する荷重方向によって強度は異なり，平行のときは直角のときに比べて，引張強度は10倍以上大きい。

表1·7 木材の物理的性質の例

（単位：N/mm²）

樹　種	密度	圧縮	引張り	曲げ	せん断	曲げ E 10^3〔N/mm²〕
ス　ギ	0.39	40.8	45.6	58.8	5.3	7.5
ヒノキ	0.46	52.8	58.5	82.0	7.3	9.0
アカマツ	0.53	52.6	58.6	75.3	8.4	11.5
ヒ　バ	0.43	38.8	56.4	61.5	7.3	9.0
ナ　ラ	0.80	46.8	91.9	80.2	8.1	9.5
ケヤキ	0.68	53.7	89.6	89.2	9.9	12.0
シオジ	0.65	52.2	95.3	84.0	8.9	9.5
キ　リ	0.31	38.0	24.6	59.8	6.2	5.0

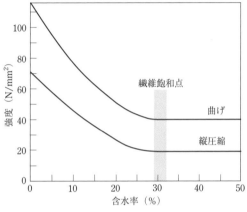

図1·24 含水率と強度の関係

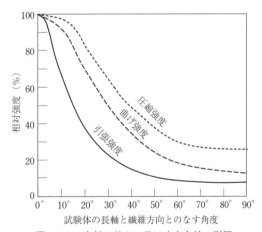

図1·25 木材の強さに及ぼす方向性の影響

(3) 耐久性
(a) 腐朽

木材が腐朽するのは乾湿による木質の軟化と菌類によるものであって、腐った部分を観察するとカビ状のもの、キノコ状のものなどを発見することができる。腐朽の進んだ木材は変色したり、質量や強さが減少する。**腐朽菌**は、①養分、②湿気、③適度な温度、④空気の条件が揃ったときに繁殖するが、常に乾燥状態にあるか、反対に完全に水に浸っていると、殆ど腐らない。図 1・26 は腐朽が進んだ木材の例である。トドマツ、エゾマツ、モミ、ツガなどは腐りやすく、ヒバ、ヒノキ、カラマツ、クリなどは耐久性が大きい。

図 1・26　木材の腐朽実例

(b) 虫害

木材は昆虫類に食い荒らされて断面を欠損する欠点をもっている。昆虫類の中で木材にもっとも大きな害をもたらすのは**シロアリ**である。わが国に棲む主なものは図 1・27 に示すイエシロアリとヤマトシロアリである。イエシロアリは関東以西の暖地を好み、食害がきわめてはなはだしく、問題となることが多い。ヤマトシロアリは日本全土に生息し、食害は緩慢である。ともに針葉樹をよく侵すが、立木あるいは広葉樹も侵す。そのほか、広葉樹材およびタケなどを数年連続的に食うヒラタキクイムシなども挙げられる。

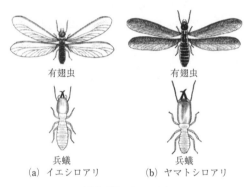

図 1・27　シロアリ

(c) 風化

木材は、長期間大気にさらされ風雨、寒暑の繰り返しを受けると油脂分が発散し、光沢が減少し、色調が濁り、組織が脆くなる。これを風化といい、風化が進むほど吸水しやすく菌類の生息に適するため腐朽しやすい。

(d) 燃焼（火災）

木材にとって燃焼（火災）は欠点の一つであり、木造建築では炎の接近による延焼を防ぐことが重要である。木材は、大気中において 260～270℃ 以上になると着火するため、木造建築物において 260℃ を火災危険温度としている。

(4) 木材の保護

(a) 乾燥

乾燥の効果は前にも述べたが，強度を増進し，使用後の膨張収縮，変形を少なくするばかりでなく，樹液中の養分を凝固または変質させて菌類の発育を防ぐ効果がある。風通しをよくして水湿分を避けることは防腐に有効である。

(b) 表面保護・変形防止

図1·28に表面保護・変形防止の例を示す。化粧丸太または縁甲板を紙や布でおおったり，木口を紙，金属板または塗料などでおおうのは，汚染防止や装飾の意味だけでなく，水分蒸発の急激な木口を保護し，干割れ防止に有効である。

板材の反曲を防ぐために吸付き桟，あるいははしばみを取り付ける方法がある。積層材もこの理と同じであって，あい隣り合っている板の繊維方向を互いに直行させて，反曲または収縮を防いでいる。また，柱などでは心持ち材のはだ割れや不整変形を防ぐために背割りをする。

(c) 防腐および防虫

防腐・防虫法には，次のような方法がある。

①**表面炭化**：木材の表面を焼いて炭化させ，水分を除き，外部からの腐朽・虫害を防ぐことができる。

②**表面被覆**：被覆材としては，金属板，うるし，ペイント，ワニスなどの塗料およびプラスター，粘土，ご粉などがある。これらは直接，菌または虫類の侵入を防ぐほかに空気や湿気を遮断する効果がある。ただし，木材をあらかじめ十分乾燥してから施さないと，樹液により内部から腐敗する。

③**薬剤処理**：薬剤処理とは，クレオソート油などの防腐剤または防虫薬剤を木材表面に塗布したり，木材内部に注入して木質養分を有毒化することである。注入はとくに効果が大きく，床組や壁などで水がかりのある部位に有効である。

(a) 木口ばなの保護

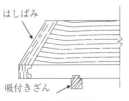

(b) 吸付きざん

(c) 背割りした木材の活用例

図1·28 木材表面の保護の例

(d) 防火

木材を完全に不燃化することはできないが，次のような方法で燃えにくくすることができる。
①木材表面に金属板・プラスター・モルタルなどの不燃性の材料を用いて被覆する。例えば，木材表面をモルタルで3～5 cm程度被覆すれば類焼（延焼）に対して有効である。
②木材表面に不燃性塗料（防火ペイント）を塗って表面に被膜をつくる。あるいは木材にモリブデン，リン酸などのアンモニア塩類などの薬剤を注入して発炎性を抑え，引火点を高くする。

ただし，これらのうちには吸湿性が大きく，釘・金物などを腐食させることもあるので注意が必要である。また，使用後に白色の粉末を生じたり，質量が著しく増加するなどの欠点もある。
③木材の燃焼経過は図1・29のようになる。木材は，燃焼する際に表面層から炭化していくが，炭化速度は比較的遅く一分間に0.6 mm程度である。また，炭化層は木材内部を燃焼しにくくするため，木材の断面を厚くすることは防火性を付与する有効な方法の一つである。

図1・29　木材の燃焼経過

1・3 木質材料

1・3・1 木質材料の種類と製造方法

木質材料は原料である木材を細分化し,細分化されたエレメントを接着剤で再構成したもので,主要な木質材料とそれを構成するエレメントは表1・8のとおりである。

木材は多くの長所をもつが,建築物あるいはその構成材料への要求性能が変化するなかで,木材を加工した木質材料が開発された。その主な理由としては次の3つが挙げられる。

①天然の木材からは大材が得にくい。

大型の建築物では,断面が大きく,長大スパンがとれる梁材を必要とする。天然の木材から切り出す製材品では,これを得ることがきわめて困難であり,また得られてもきわめて高価なものとなる。

②木材資源の枯渇化,低品質化

木材のなかでも特に大径材や優良材の枯渇は著しい。木質材料では低質材,未利用樹材,工場廃材等の利用を図ることで,合理的な木材利用を促進することが可能である。

③木材の短所改善

木材は材質のばらつきが大きく,安定した性質が得にくい。また可燃,腐朽といった短所を改良する必要もある。木質材料は,細分化されたエレメントを再構成することによって,木材の短所を改善し,製品の形状・大きさや特性の幅を拡げることが可能である。

木質材料にはいくつかの種類があるが,代表的な木質材料の製造工程の概略を図1・30に示す。

表1・8 木質材料と構成エレメント

エレメント	木質材料
ひき板(lamina)	集成材 (laminated wood)
単板(veneer)	合板 (plywood) LVL(Laminated Veneer Lumber)
チップ(chip) 木材小片(wood particle)	パーティクルボード(particle board) OSB(Oriented strandboard) WB(Waferboard)
パルプ,ファイバー 木材繊維(wood fiber)	ファイバーボード(fiber board)

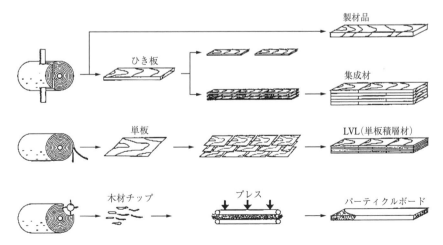

図1・30 代表的な木質材料の製造工程

1・3・2 軸　　材
(1) 集成材

集成材を用いた最古の構造物は，1804年のトレントブリッジ（米）といわれているが，実用に至るのは1900年代初頭である。

図1・31　集成材による建築（教会）

わが国にはじめて集成材が建築に使われたのは，1951年の森林記念館の半円形アーチであり，登場から50年以上が経過している。集成材は，長大スパンの構造物に用いることができるのが特徴のひとつで，わが国でもカラマツドーム（1993年，長野県）をはじめ，集成材構造による大規模建築物がみられるようになった。図1・30は集成材を用いた建築物の例である。

日本農林規格（JAS）では集成材の定義として，①ひき板または小角材が原料であること，②接着により一体化（積層接着）されていること，③繊維方向（木理）が平行にそろっていることとしている。

したがって，この条件を満たす製品の範囲は広く，構造用はもちろん木造住宅やRC造建物の内装造作材としても広く使われている。

(a) 集成材の種類と性能

日本農林規格（JAS）では，集成材は図1・32のように分類される。

構造用集成材は，梁や柱といった骨組材として使われる。このため，表1・9に示すような強度などの建物の構造設計に関わる指標が決めら

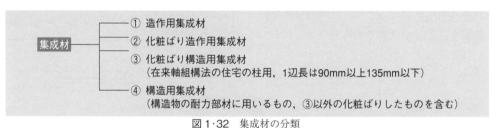

図1・32　集成材の分類

表1・9　構造用集成材の基準材料強度等の例

［単位：N/mm²］

集成材の等級	基準材料強度				弾性係数 E
	圧縮 F_c	引張 F_t	曲げ		
			平使い	縦使い	
E135-F375	29.4	25.8	37.2	27.6	13500
E120-F330	25.2	22.2	32.4	24.0	12000
E105-F300	22.8	19.8	29.4	21.6	10500
E95 -F270	21.6	18.6	27.0	20.4	9500

注）E135はヤング係数に，F375は曲げ材料強度，375kgf/cm² ≒ 37.2N/mm²に由来する。

れている。構造用集成材は，大断面，大スパンに対応する大材のほかに，わん曲アーチ状のものなど製材では得られない形状のものをつくることができる。材質の特徴としては，木材中にある節等の欠点が分散でき，強度のばらつきが小さい。したがって，構造設計に用いる許容応力度は同一種の製材に比べて大きい。また，エレメントであるラミナが乾燥されていることから，集成材としての吸放湿による伸縮はきわめて小さく，製材に比べて反り，曲り，割れなどは少ない。

階段の手すり，笠木などの部材に使われる造作用集成材は，大きな力が加わらないため強度に関する規定はない。ただし，接着性能，含水率，寸法精度などが詳細に決められている。特に，素地のまま集成材を用いる場合には，材面の品質によって価値が大きく左右されるので，入皮，腐れ，変色，汚染，さか目，色調，木理などの材質と，かけ，きず，曲り，反り，ねじれ，接合部のすき間，補修などの加工状態によって，1等と2等に区分されている。

(b) 集成材の製造

集成材の製造は，①ひき板の乾燥，②ひき板の切削，③ひき板の縦つぎ，④積層接着といった工程で行われる。また，化粧ばり集成材では，さらに化粧単板の処理・接着といった処理が施される。

ひき板の縦つぎには，図1·33に示すような種類があるが，広く用いられているのは垂直型および水平型のフィンガージョイントである。

(2) LVL 等

(a) LVL

LVL（Laminated Veneer Lumber）は，一般にロータリー単板を繊維方向に平行にして積層接着して得られる製品である（図1·30参照）。合板に比べて厚く，骨組み材を指向した製品である。単板積層数を多くしたLVLは，集成材よりも節等の欠点の分散度が高まり，材質の変動が小さくなる。また，より曲率の大きなわん曲材を製造することができるといった特徴も有する。しかし，注意点として，釘打ちによって割れが生じやすいことが挙げられる。

LVLと同様な新しい木質軸材料として，以下のようなものもある。

PSL（Parallel Strand Lumber）：針葉樹のストランド（細長い切削片）を軸方向に平行に積層接着したもので，LVLよりもさらに強度のばらつきは小さい。

OSL（Oriented Strand Lumber）：PSLよりも短いストランドを用い，軸方向に平行に積層接着したもので，平行の度合い（配向度）がPSLよりも低い。

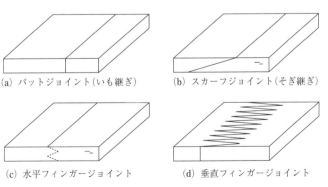

図1·33 ひき板の縦つぎの例

1・3・3 面　　材
(1) 合　　板
(a) 合板の種類

合板（ベニヤ板）は薄板（Veneer）を接着剤で重ね合わせたものである。合板は，日本農林規格（JAS）に規定されている。その他にも AQ 認証（JAS 対象外の建材について，(財) 日本住宅・木材技術センターが品質を認証するもの）を受けた JAS 同等品もある。主に建築用に用いられる合板を図1・34に示す。一般的に壁，天井，床などの下地材として広く用いられている普通合板のほかに，表面に種々の化粧加工を施した特殊合板，枠組壁工法の床，壁面など構造耐力上必要な箇所に用いる構造用合板，化学的に難燃処理を施した難燃合板，コンクリートの型枠用として使用することを目的としたコンクリート型枠合板など種類は多岐にわたっている。

(b) 合板の構成

図1・35に示すように合板は，LVLと同じ単板を原料に用いるが，単板の繊維方向を互いに直交させて積層接着している点がLVLとは異なる。

合板は薄板の3枚またはそれ以上（奇数枚）を張り合わせたものが多いが，両面のうち見付面のものを**化粧板**，他の一方を**裏板**といい，中間部を**心板**という。

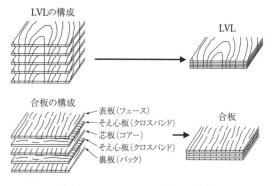

図1・35　LVLおよび合板の構成

(c) 合板の特性

強さは樹種によるよりも，成板のときの接着剤の種類および加熱，圧縮などの処理によるところが大きい。とくに耐水性の問題は接着剤の性質によって大きな差がある。例えば，にかわ，カゼインなどを用いたものは，雨水のかかるところや多湿の場所では，積層された板同士がはがれやすいが，フェノール樹脂，尿素樹脂またはメラミン樹脂などの耐水性合成樹脂接着剤を用いたものは**耐水合板**といい，湿気の高い場所でも用いることができる。

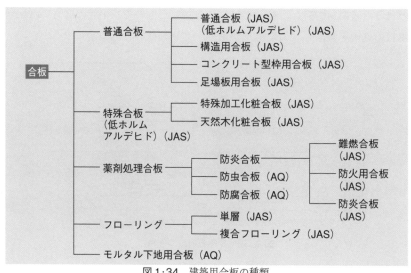

図1・34　建築用合板の種類

(a) パーティクルボード

(b) OSB

図1・36 構造用パネル

(2) 構造用パネル

木材原料をチップ（小片）のエレメントに細分化し，これを接着剤によって再構成した板材として，**パーティクルボード**，**OSB**（Oriented strand board），**WB**（Wafer board）などがある。

パーティクルボードは，小径木，建築解体材などを木材チップに切削加工し，熱圧接着したもので，壁などの構造用パネルおよび床，野地板として使用される。また，パーティクルボードの表裏面に単板を張り，強度的性能を向上したコンポジットパネルがある。

OSBは，ストランド状の切削片を配向させた層を直交するように配置したボードで，多くは3層構造である。これに近いものとして，ウェハー状の切削片（長さ30mm以上の薄片で，厚さは0.3～0.8mm程度の四角形状）をランダムに配置して接着剤を用いて成板したものがWBである。OSBやWBは北米において構造用パネル用に開発された木質材料で，北米では主に屋根下地，床下地あるいは外壁下地に使用されている。

パーティクルボード，OSB，WBなどのパネルは，パーティクルボード（JIS）や構造用パネル（JAS）に品質が規定されている。日本農林規格（JAS）では，曲げ性能の程度により4つの等級に区分した規定があり，各等級の曲げ強さ，曲げヤング係数の適合基準値がパネルの厚さの関数として表されている。また，製品としては耐久性および耐水性に留意する必要があり，湿潤時曲げ性能，吸水厚さ膨張率，常態はく離，煮沸はく離，くぎ接合せん断の各試験に合格しなければならない。

(3) CLT

CLT とは Cross Laminated Timber（JASでは，直交集成板という）の略称で，木造建築の大型化に有効な材料として建築の構造材に用いられ始めている。集成材が，ひき板を繊維方向が直行するように並べるのに対し，CLTは，図1・37のようにひき板を並べた後，繊維方向が直交するように積層接着した木質系材料である。木材利用の促進のほか，プレファブ化による工期短縮が期待でき，RC造と比べた場合の軽量性も魅力となっている。

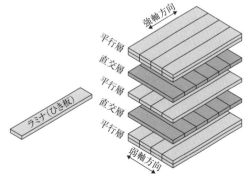

図1・37 CLTの構成（日本CLT協会：CLT建築物の設計ガイドブック）

40 第1章 木 材

(4) 繊維板

　繊維板は，木質材料のエレメントとしてパルプ，ファイバーを用いたものである。パルプをどろ状にかき混ぜて軟化し，これを乾燥して成形したものや，乾燥繊維に接着剤を添加して加圧成形したものがある。

　これらは，JIS A 5905（繊維板）によって種類や品質が規定されている。規格は表1·10のように密度によって3種類に区分されている。

　インシュレーションファイバーボード（軟質繊維板，インシュレーションボードともいう）は，水を媒体として繊維マットを抄造した後に乾燥させたもので，畳の芯材のほかに，断熱・

吸音材料として天井や壁などの内装材に用いられる。MDF（Medium density fiberboard，中質繊維板ともいう）は，乾燥繊維に接着剤を添加し，熱圧成形したもので，材質が均質で表面が平滑である。主として下地材，化粧材，家具材料として用いられるが，構造用パネルとして用いられることもある。また，アスファルトを含浸させたシージングボードは壁や床の下地に用いられる。ハードファイバーボード（硬質繊維板，ハードボードともいう）は，抄造した繊維マットを熱圧成形したものであり，密度や強度が大きい。住宅の外装材（サイディング）や壁の下地材として用いられる。

表1·10　繊維板の性能値（JIS A 5905 より）

種類		密度 (g/cm³)	曲げ強さ (N/mm²)	吸水厚さ膨張率 （%）	厚さ （mm）
インシュレーションボード	タタミボード	0.27 未満	1.0 以上	10 以下	10，15，20
	A級インシュレーションボード	0.35 未満	2.0 以上		9，12，15，18
	シージングボード	0.40 未満	3.0 以上		
MDF	30 タイプ	0.35 以上 0.80 未満	30.0 以上	厚さ 7mm 以下のもの 17 以下 厚さ 7mm をこえ 15mm 以下のもの 12 以下 厚さ 15mm をこえるもの 10 以下	3，7，9，12，15，18，21，24，30
	25 タイプ		25.0 以上		
	15 タイプ		15.0 以上		
	5 タイプ		5.0 以上		
ハードボード	S 35 タイプ	0.80 以上	35.0 以上	吸水率 （%） 25(35)以下 *	2.5，3.5，5，7
	S 25 タイプ		25.0 以上		
	S 20 タイプ		20.0 以上	30(35)以下 *	
	T 45 タイプ	0.90 以上	45.0 以上	20 以下	
	T 35 タイプ		35.0 以上		

＊吸水率の（　）内の数値は 3.5mm 未満の厚さの板に適用する。
注）このほか，接着剤の種類による区分やホルムアルデヒド放出量による区分がある。

(5) その他
(a) 床材・床回り材・天井板類

床材には，図1・38に示すように，加工品としてさねはぎ床板，寄木用化粧板およびコンクリート床に埋め込むフローリングブロックなどがある。これらには，ナラ・ブナ・ラワン・マツなどが用いられることが多い。

床柱・床がまち・落し掛け・床地板・棚板などの床回り材には，表面化粧を施したものが用いられる（図1・8参照）。

天井板には，化粧薄板の張付け板や合板などが用いられる。

(b) 下見板

図1・39に示すように，横方向の板材を少しずつ重ねて縦に並べて張ったもので，建物の外壁の仕上げの一種として用いるものに下見板がある。下見板の上に縦に角材で押さえを打つものを**押縁下見板張**といい，押縁のないものを**南京下見板張**という。

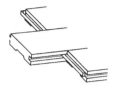
(a) さねはぎ床板

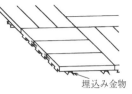
(b) フローリングブロック

図1・38 木材加工床板

図1・39 下見板の例

(c) 樹皮・コルク

スギおよびヒノキの樹皮は，耐久性・耐水性に優れるため，屋根ぶきまたは下見材に用いることがある。コルクは，コルクガシまたはアベマキの樹皮でつくる。粉粒状にして接着剤を添加し熱圧成形して板状とし，内壁面仕上げ，床仕上げ，断熱材・防音材などに用いられる。

(d) タケ材

タケはアジアが主産地であって，わが国にも30余種ある。わが国の主な竹の種類および用途を表1・11に示す。

タケはその表皮に美しい光沢があり，自然の丸みをもつ外観を特徴とするほかに，割裂性，弾力性，強さなどの大きい点，中空で軽量な点がある。また，乾燥すれば表面からの吸水・吸湿性が少ないため，伸縮変形の少ない点などもある。

建築用としては，床柱，落し掛け，押縁，窓格子などの装飾用などをはじめとし，図1・40のような土壁用のこまい，あるいは軒とい，たけがき（竹垣）などにも用いられる。

タケの伐採期の適否は木材以上にその耐久性および粘りに影響する。建築用材として，柔軟で粘り強さを要するものは，3年生前後がよく，強さを必要とするものは5年生前後がよい。

図1・40 土壁のこまいとして用いられるタケ

表1・11 主なタケの種類および用途

名称	主産地	用途	備考
マダケ	関東，近畿	建築，工芸，農工用	クチク（苦竹），マダケ，カワタケ，オガワタケ，カラタケなどの名があり，質強く，大材得やすく用途が最も広い。
ハチク	東京，栃木，新潟	建築，さお，かご用	ハチク，ミズタケ，オオダケなどの名があり，肉薄で粘り強く，大材得やすく，マダケについで用途が広い。
モウソウチク	鹿児島，東京，和歌山	床柱，タケ筒，家具	コウナンチク，ワセダケなどの名があり，肉厚く粘り強さ劣る。細割には適しない。
クロチク	京都，兵庫	化粧小壁その他装飾用	かんの色，紫黒色，径7cm以下のものが多い。2年くらいで伐り，装飾用とする。
メダケ	京都，静岡，神奈川	壁こまい，うちわ扇の骨	ナガヨダケ，シノダケなどの名があり，径3cm以下で節低く肉薄。
その他			シホウチク，ホウオウチク，ゴマダケ（クロチクの一種），ハンチクなどは床まわりに，キッコウチク，ホテイチク，クロチクは，地下窓などの化粧に，シチク（紫竹），ケイチク（柱竹）などは台湾で竹造建築に，ヤダケ，ハコネダケなどはメダケに似て装飾用，垣根などに用いられる。

コラム　木材の活用による温暖化防止

木材は，適切に森林を管理することで半永久的に再生産できる材料で，鉄やアルミニウムなどの金属やコンクリートなどの材料と異なり，炭素を貯蔵する特性（木材重量の約50%が炭素）をもち，地球温暖化防止に対して大きな貢献が可能な材料である。また，他の材料に比べて製造時のエネルギーが少なくて済むといった特徴もあり，きわめて環境共生的な材料といえる。省資源・省エネルギー，あるいは温暖化といった環境問題への対応が喫緊の課題となっている現在，木材のもつ環境性能が見直されてきている。

植物は，光合成により二酸化炭素を吸収し，一方で呼吸によって二酸化炭素を排出する。つまり，植物が生長するということは，二酸化炭素の吸収量が排出量を上回るということあり，成長がほぼ停止している成木より成長を続けている若木のほうが二酸化炭素の吸収能力が高い。よって，木材の炭素の吸収能力を最大限活かすためには，植える→育てる→収穫する→上手に使うというサイクルをしっかりと管理することが重要であるが，日本では国産の木材があまり使われておらず，手入れが行き届かないヒノキ，スギなどの人工林が増えている。今後は，適切な森林の手入れと国産の木材活用を拡大することで，温暖化防止への期待が高まっている。

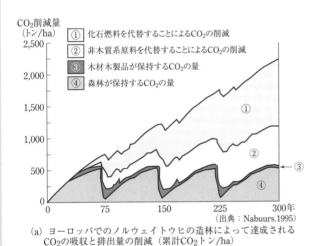

(a) ヨーロッパでのノルウェイトウヒの造林によって達成される CO_2 の吸収と排出量の削減（累計 CO_2 トン/ha）

若木の場合

二酸化炭素の吸収量＞排出量

二酸化炭素を吸収して成長

注：炭素放出量は，製造時に要するエネルギーを化石燃料の消費量に換算したものである。
（資料：林野庁「カーボン・シンク・プロジェクト推進調査事業」）
(b) 各種材料の製造時における炭素放出量

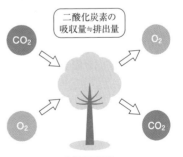

成木の場合

二酸化炭素の吸収量≒排出量

成長ほぼ停止

(c) 樹木と二酸化炭素

44 第1章 木 材

**第1章
演習問題**

【問題1】 木材に関する次の記述のうち，**最も不適当な**ものはどれか。

1. 繊維方向の圧縮強度は，せん断強度より小さい。

2. 膨張・収縮は，繊維方向より繊維に直角な方向のほうが大きい。

3. 木材の強度は，一般的に，同じ含水率の場合には密度が大きいものほど大きい。

4. 節は，一般的に強度上の弱点となる。

5. 木材の強度は，一般に，含水率が30％のときより15％のときのほうが大きい。

【問題2】 木材に関する次の記述のうち，**最も不適当な**ものはどれか。

1. 気中にある木材の含水率は，温度と相対湿度によって変化する。

2. 木材の含水率は，気乾状態よりも繊維飽和点のほうが大きい。

3. 辺材は，心材よりも腐朽しにくい。

4. 板目材などにおいて樹心側を木裏，樹皮に近い面を木表といい，木表の方が木裏よりも乾燥による収縮が大きく，材は木表側に凹に変形する。

5. 木材の互いに直交する三方向（繊維方向，年輪の半径方向，年輪の接線方向）の収縮率の大小関係は，年輪の接線方向＞年輪の半径方向＞繊維方向である。

【問題3】 木材に関する次の記述のうち，**最も不適当な**ものはどれか。

1. イエシロアリはヤマトシロアリよりも食害が激しい。

2. 大きな断面を持つ木材が燃えて，炭化する速度は通常，1分間に0.6 mm程度である。

3. 木材は260～270 ℃以上になると着火するため，木造建築では260 ℃を火災危険温度としている。

4. 木材の燃焼によって生じる表面の炭化層は，断面内部を燃焼しやすくする。

5. 木材の表面を焼いて炭化させて水分を除くと，外部からの腐朽・虫害を防ぐことができる。

【問題4】 木質材料に関する次の記述のうち，**最も不適当な**ものはどれか。

1. 合板とは，丸太及び角材などを薄く切り出した単板を，その繊維方向を交互に直交させて接着した材料である。

2. 普通合板は，耐力壁の面材として使用できる。

3. 構造用合板の1級のものは2級のものよりも高強度で品質がよい。

4. 構造用合板は，耐水性能によって特類と1類に区分され，特類は屋外や常時湿潤な状態で使用される。

5. 合板の強さは，一般に樹種によるよりも，成板のときの接着剤の種類および加熱，圧縮などの処理によるところが大きい。

【問題5】 木質材料に関する次の記述のうち，**最も不適当な**ものはどれか。

1. 集成材とは，ひき板または小角材等を繊維方向を互いにほぼ平行にして，厚さ，幅および長さの方向に集成接着した一般材をいう。

2. 集成材は，大断面材や長尺材の製造が可能である。

3. 集成材は，割れやくるいの発生が少ない。

4. 繊維板は，JIS A 5905によって種類や品質が規定されており，密度の軽い順に，ハードボード，MDF，インシュレーションボードに区分されている。

5. 構造用単板積層材（LVL）は，ロータリー単板を繊維方向を平行にして積層接着したものである。

第2章　構造用金属材料

2・1　鉄類

2・1・1　鉄の使われ方

　構造材料としての鉄は，コンクリート，木材などの構造材料に比べて圧倒的に強度が大きい。そのため，同一の強度を得る断面を小さくできるので，細長い構造物をつくるのに適する。19世紀の中頃に製鉄の技術が改良され，良質の鉄が量産されるようになり，それまでの組積的な建築から，自由な形態の建築が多くつくられるようになった（図2・1）。また，金属材料は加熱により溶解し，自由な形に成形できるという利点も有する。現在では，鉄，アルミニウム，合金などが構造材料および仕上材料として建築に多く用いられている。

　鉄が構造材料として最初に使われたのは18世紀中頃のヨーロッパといわれているが，そのころの鉄は**鋳鉄**と呼ばれ，現在の構造用の鉄よ

(a) 台北101（台北）

(b) 東京タワー（東京）

(c) ポルティコ（シドニー）
（組積造の上階に鉄骨造を増築した例）

図2・1　鉄の使用例

り炭素量が多く，強度は高いが脆いものであった。鋳鉄部材の製法は，溶かした鋳鉄を鋳型に流し込み，冷却し成形する鋳造という方法である。鋳造により自由な形をつくることができ，構造材料でありながら様々な装飾を施すことも可能であったため，建築の意匠にも影響を及ぼした。

わが国においては，9世紀ごろからたたらに代表される独特の製法で，高品質の鉄がつくられてきた。江戸時代に南部藩で開発された**南部鉄**は代表的な鋳鉄で，現在でも鉄器，茶の湯釜などに広く使われている。

製鉄技術の進歩により，鋳鉄よりも炭素量の少ない，粘り強い**鋼鉄**がつくられるようになった。鋼鉄は強度が大きく，かつ，大きな荷重を受けても塑性変形と呼ばれる伸び能力により，エネルギーを吸収することができる。現在では，大型構造物，高層建築には欠かせない構造材料となっている（図2·1（a），（b））。また，建物の用途変更での構造補強，建物の増築などにも鋼鉄の使用は適している（図2·1（c））。

2·1·2 鉄の種類

フェライト（ferrite）は，911℃以下の温度領域にある鉄の組織であり，**α鉄**ともいう。

オーステナイト（austenite）は，911℃〜1392℃の温度領域にある鉄の組織であり，**γ鉄**ともいう。1392℃を超えると**デルタフェライト**に変化する。**δ鉄**ともいう。1536℃を超えると鉄は液体になる。

マルテンサイトは，安定なオーステナイトを急冷する事によって得られる組織であり，刀の**焼入れ**によって，鋼をマンテルサイトへと変態させる。鉄は炭素を含むことで硬いが脆くなるので，高靱性が要求される一般工業製品には**焼もどし**をして，マルテンサイトにして使用する。また，常温でオーステナイトに応力を加えることでマルテンサイトを生じることもある。**形状記憶合金**は，この変態を利用したものである。

鉄に含まれる炭素は，鉄の諸性質に影響を与え，炭素量の多いものほど，硬質で強度は大きいが，脆く，加工性や溶接性に劣る。また，炭素量が少ないものほど軟質で強度は小さいが，粘り強く，加工性や溶接性に優れる（図2·2）。

炭素量によって，**錬鉄**（炭素量0.02％以下），**鋼鉄**（炭素量0.03〜1.7％），**鋳鉄**（銑鉄）（炭

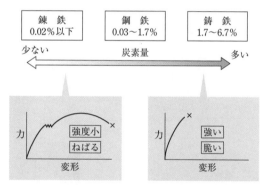

図2·2 炭素量と鉄の性質

表2·1 炭素鋼の分類

種類	炭素量(%)	引張強さ(N/mm²)	伸び（%）	焼入効果	用途
極軟鋼	0.15未満	320〜360	30〜40	否	電鉄板・鉄線・リベット・管
軟鋼	0.15〜0.28	380〜420	24〜36	〃	リベット・管・建築用棒鋼・形鋼
半軟鋼	0.28〜0.40	440〜550	23〜32	やや可	建築用材・軸類・工具・軌道
硬鋼	0.40〜0.50	580〜700	14〜26	良	軸類・歯車・工具・スプリング
最硬鋼	0.50〜0.60	650〜1000	11〜20	〃	工具・スプリング・鋼線

素量 1.7〜6.7％）に分類される。鋼鉄は，鉄と炭素の合金である炭素鋼（鋼）と，鋼の性質を改善向上させるため，または所定の性質をもたせるために合金元素を1種または2種以上含有させた**合金鋼**とに区別される。建築用の構造用鋼材には炭素鋼の中でも炭素量の少ない**軟鋼**，**半軟鋼**が多く用いられる。

2・1・3 製　　　鉄
(1) 製造工程

図2・3に示すように，鉄を作る主な材料は，鉄鉱石，コークス，石灰石などである。まず，これらを巨大な溶鉱炉（高炉）に入れ，約1,200℃の高温空気を吹き込み燃焼させる。比重の大きい鉄分は溶けて炉の底にたまり，**銑鉄**となる。また，鉱石中の岩石やコークスの灰などの不純物は，石灰石と結合して**スラグ**となる。スラグは，破砕して高炉セメントや骨材などの原料として用いられる。銑鉄は"ずく"ともい

い，純度約91％，炭素量2.5〜5％で一般に組織が粗く，かつ脆い。その破面を見ると，銀白色で比較的結晶粒の密なものと，ねずみ色で結晶粒の粗大なものがある。前者を**白銑**，後者を**ねずみ銑**という。

溶鉱炉から出た銑鉄は炭素量が多いので，転炉あるいは電気炉で純酸素を吹き付け，炭素を酸化させ適度な量として**鋼**とする。さらに，溶けた鋼を連続鋳造設備により鋼片とする。その後，圧延設備により加工し，鋼材とする。鋼材には線材，厚板，薄板，鋼管などがある。

圧延の過程では，鋼を720℃以下で加工する**冷間加工**と，900〜1200℃で加工する**熱間加工**がある。冷間加工は鋼の組織はち密になるが，加工度が進むほど内部に著しいひずみを生じ，粘り強さが減少する。

一般構造用の鋼材は圧延の過程で熱間加工されるため，**熱間圧延鋼材**という。

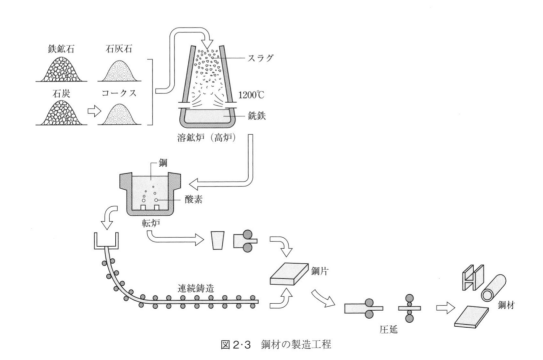

図2・3　鋼材の製造工程

（2）熱処理

焼なましは鋼を 800～1000℃ に熱し，その温度を数十分間保った後，炉中で徐々に冷却するもので，高温で鍛造または圧延したと同じように，鋼の組織は密になり，やわらかくなる。

焼入れは，冷水・温水または油に浸して急冷するもので，伸びが減少して脆さを増すが，強さ・硬さ・耐摩耗性が増大する。また，**焼もどし**は，焼入れした鋼を再度 200～600℃ に熱し，空気中で徐々に冷却するもので脆さを減少させる。

2・1・4 鋼の性質

（1）物理的性質

一般的な鋼（C：0.03～1.7％）の物理的性質は表2・2のとおりである。鋼の性質は，温度によっても異なるが，一般に常温では，比重・熱膨張係数・熱伝導率は，炭素量が増すほど減少し，比熱は増加する。鋼の熱膨張係数は，コンクリートの熱膨張係数とほぼ同じであり，この点が鉄筋コンクリート構造に都合がよい。

表2・2

比　重	7.79～7.87
融点（℃）	1425～1530
比　熱 (J/(kg·K))	427～452
熱伝導率 (W/(m·K))	36～59
熱膨張係数 (1/℃)	11.1×10^{-6}～11.7×10^{-6}

（2）機械的性質

鋼の力学的挙動に関連する諸性質を，機械的性質という。鋼は引張材として用いることが多いので，引張試験での応力度とひずみ度との関係は最も重要である。

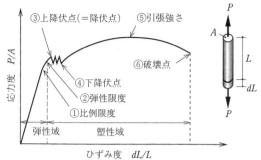

図2・4　鋼材の力学的性状

図2・4に示したように鋼に引張力を加えた場合，初めの間，ひずみ度は応力度に比例して直線的に大きくなる（弾性域）。両者に比例関係がなりたつ最大限度の応力度を**比例限度**（①）といい，このときの傾き（応力度／ひずみ度）を**ヤング係数**という。

引張力を除いた場合，応力度とひずみ度が完全に0に戻る最大限度の応力度を**弾性限度**（②）という。

引張力がさらに加わると，ひずみ度は増大するが，ある点で応力度はやや下がりはじめる。この点を**上降伏点**（③）あるいは一般的に**降伏点**といい，さらに外力が加わると，応力度は一定でひずみ度がやや増加する。この点④を**下降伏点**という。

それ以後は，応力度がまた増しはじめ，ひずみ度が急に大きくなり（**塑性域**），応力度は最大値をむかえる。この最大の応力度を**引張強さ**（⑤）という。その後は，伸びにより断面積が減少するため，見かけの応力度は低下し，破断に至る。この点（⑥）を**破壊点**という。

鋼のヤング係数は，200～220 kN/mm² で普通コンクリートの約10倍である。鋼のヤング係数は，鋼材の種類・強度にかかわらず，ほぼ一定の値である点が特徴である。

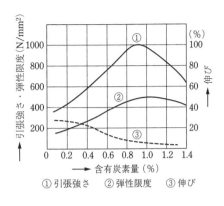

図2·5 含有炭素量と諸性質

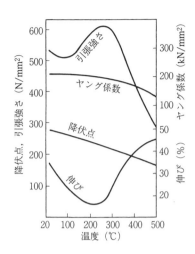

図2·6 温度と炭素鋼の性質

(3) 硬さ・靱性

鋼の硬さは，加力したときの表面のくぼみを評価する**ブリネル硬さ**などで表されるが，引張強さと密接な関係があり，引張強さの数値の約2.8倍である。また，**シャルピー衝撃試験**では，切欠きの入った角柱状の試験片に対して，高速で衝撃を与えることで試験片を破壊し，破壊するのに要したエネルギーにより試験片の靱性を評価している。

(4) 炭素の影響

図2·5に示したように，引張強さは炭素の増加とともに上昇し，約0.9％で最大となり，それ以上になると再び低下する。この間，伸びはだんだん小さくなる。

(5) 温度による影響

加熱されたときの炭素鋼の強さは，図2·6のようであり，約100℃まではあまり変化がないが，以後増大し200～300℃で最大となる。さらに500℃では軟化して，常温の約1/2，600℃で常温の約1/3，1000℃では0となる。このように鋼は，高温になると著しく強さが低下するから，鉄骨構造は火災に遭うと大きな被害を生ずる危険があり，**耐火被覆**を施すことが不可欠である。鋼材の耐火被覆には，岩綿（ロックウール）などの吹き付け工法とパネルにより被覆する工法などがある（図2·7）。

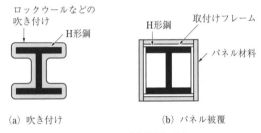

(a) 吹き付け　　(b) パネル被覆

図2·7 耐火被覆の例

2·1·5 構造用鋼材の種類

(1) 材 質

建築に使われる主な構造用鋼材の種類には次のようなものがある。JISでは鋼材の種別を英字と数字の組み合わせで表している。最初の英字は鋼材の材質・種類を表し，後ろの数字は鋼材の耐力（N/mm^2）を表し，原則として構造用鋼材では引張り強さの下限値を示し，棒鋼などの製品では降伏点の下限値を表す。

・**一般構造用圧延鋼材**（JIS G 3101：2015）

構造物，部材などに広く用いられる鋼材で，SS（Structural Steel）の記号で表される。SS330, SS400, SS490, SS540などがある。数字は引張り強さの下限値（N/mm^2）を表す。

・**建築構造用圧延鋼材**（JIS G 3136：2012）

SN（Steel, New structure）の記号で表され，SN材と呼ばれる。SN材は，建築鉄骨固

図2・8 鋼材によるフレームの例（東京フォーラム）

図2・9 耐候性鋼を用いた外壁（韓国ヘイリ）

有の要求性能を考慮した鋼材で，骨組みの塑性変形による地震エネルギーの吸収能力などに優れる鋼材である。SN400A，SN400B，SN400C，SN490B，SN490C などがある。後の記号は用いられる部材により区分しており，A種は溶接を行わない補助部材，B種は主要構造部材または溶接する部材，C種は厚さ方向特性が要求される部材となっている。

SN材に新たに溶接接合部の脆性的破壊を防止する性能を付加した**耐震建築溶接構造用圧延鋼材**がある。

・溶接構造用圧延鋼材（JIS G 3106：2022）

溶接性に優れた鋼材で，SM（Steel, Marine）の記号で表し，SM材と呼ばれる。建築の鋼板用には，溶接構造用高降伏点鋼板（JIS G 3128：2021）（SHY：Steel, High, Yield）がある。

・TMCP鋼

Thermo-Mechanical Control Process の略で，圧延の過程で鋼材の冷却と圧延を適切に制御する鋼製造法で強度を高め，合金成分含有量を低くすることで溶接性が改善された鋼材で，超高層ビル用，大スパン用の構造用鋼材として用いられる。

・耐候性鋼

鋼に，P, Cu, Cr, Ni などの元素を含有させ，大気中における適度な乾湿の繰り返しにより表面に緻密な錆を形成することで，腐食に耐える性質を増加させた鋼材である。建築構造用鋼材として，**溶接構造用耐候性熱間圧延鋼材（JIS G 3114：2022）（SMA）**が使われる（COR-TEN 鋼などがある）。**高耐候性圧延鋼材（JIS G 3125：2021）（SPH）**は特に高い耐候性を有する。

・高張力鋼

溶接構造用高降伏点鋼板（JIS G 3128：2021）。構造用および圧力容器用として，引張強さが高く，溶接性・靱性および加工性に優れる鋼材である。大地震時に優れた塑性変形性能が得られる。

・耐火鋼

FR鋼とも呼ばれる。一般鋼に対して高温時の強度が高い。耐火性能確保に必要な耐火被覆の低減あるいは省略が可能である。

・低降伏点鋼

添加元素を極力低減した純鉄に近いものであり，従来の軟鋼に比べ強度が低く，延性が極めて高い。制振ダンパーなどに用いることで地震時の建物の揺れが抑えられ，柱や梁などの主要構造部の損傷を未然に防ぐことが可能である。

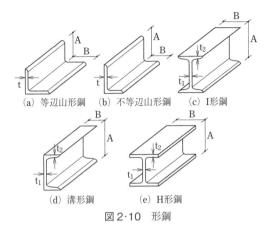

(a) 等辺山形鋼　(b) 不等辺山形鋼　(c) I形鋼
(d) 溝形鋼　　　(e) H形鋼

図2・10　形鋼

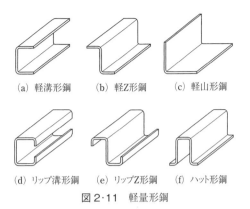

(a) 軽溝形鋼　(b) 軽Z形鋼　(c) 軽山形鋼
(d) リップ溝形鋼　(e) リップZ形鋼　(f) ハット形鋼

図2・11　軽量形鋼

表2・3　形鋼の寸法例

種類	$A \times B$ (mm)	t	t_1	t_2(mm)
等辺山形鋼	25×25 − 250×250	3～35		
不等辺山形鋼	90×75 − 150×100	7～15		
I 形 鋼	100×75 − 600×190		5～16	8～35
溝 形 鋼	75×40 − 380×100		5～13	7～20
H 形 鋼	100×50 − 900×300		4.5～45	7～20

A：長さ　B：幅　t：厚さ　　（JIS G 3192による）

(2) 形　　状

　形状や用途により次のような鋼材がある。
・形　鋼
　鉄骨構造の骨組みとして使われる重要な部材で，図2・10に示す**等辺山形鋼・I形鋼・溝形鋼・H形鋼**のほかに**不等辺山形鋼・球平形鋼・T形鋼**などがある。H形鋼は，他の形鋼に比べて，断面効率や剛性に優れており，広く用いられている。Hの横2本の部分を**フランジ**，縦1本の部分を**ウェブ**と呼ぶ。山形鋼は**アングル**とも呼ばれ，H形鋼の次に需要が高い。I形鋼はフランジの内側にテーパー（勾配）をつけてH形鋼と区別している。

・軽量形鋼
　冷間成形された肉厚が型鋼よりも薄く軽い鋼材。規格は**一般構造用軽量形鋼**（JIS G 3350：2009）で記号はSSC（Steel, Structure, Cold Forming）で表される（図2・11）。軽量鉄骨構造に広く用いられている。木造2×4工法の枠材を，軽量形鋼にしたスチールハウ

自由な形をつくることができる。
図2・13　熱押形鋼の断面例

図2・12　スチールハウス壁材の断面（外断熱）

スなどにも使用される（図2・12）。
・熱押形鋼
　熱間押出法により製造されるので複雑な形状をもつ形鋼の製造や，多品種少量生産の製造に適している。規格品の形鋼とは違い，意匠と構造を兼ねた建築用部材として，自由な設計が可能となる（図2・13）。
・鋼　管
　一般構造用炭素鋼鋼管（JIS G 3444：2015），**一般構造用角形鋼管**（JIS G 3466：2015）などがあり，給排水・冷暖房電気工事などの建築

設備工事，あるいは鋼管足場，パイプサポートなどの仮設用材に用いられる。最近はコンクリート充填鋼管構造(CFT)に用いられる(図2・14)。

・**鋼 板**

厚さ3.0 mm以下のものを**薄鋼板**，3 mm以上6 mm未満のものを**中板**，6 mm以上を**厚板**，150 mm以上を**極厚板**と呼ぶ。中板は，構造用鋼板，ボイラ・圧力容器用鋼板，床用鋼板などに使われる。薄鋼板は，軽量形鋼や鋼製型枠などの用途に用いられることが多い。

・**デッキプレート**（JIS G 3352：2014）

床に使用される板の長手方向に凸凹状の加工がされた鋼板である。SDPの記号で表される。コンクリートとデッキプレートによる合成スラブは，耐火性・経済性・作業安全性などに優れた床構造となる（図2・15）。

(3) **鉄筋コンクリート用棒鋼**

鉄筋コンクリート用の鉄筋には丸鋼・異形棒鋼を用いる。丸鋼は，径6～32 mmがよく使われる。異形棒鋼の径の呼び名にはD4，D5，D6，D8，D10，D13，D16，D19，D22，D25，D29，D32，D35，D38，D41，D51までの16種がある。

異形棒鋼は，コンクリートの付着をよくするために特殊な形状をもったもので，図2・16のようなものがある。

鉄筋は，**種類**と**降伏点**を組み合わせた記号により表示される。SRは**丸鋼**，SDは**異形棒鋼**を表す。例えば，SD295は異形棒鋼で，降伏点が295 N/mm^{2}以上となる。JISに規定されている鉄筋コンクリート用棒鋼（JIS G3112：2020）には，次のようなものがある。

丸　　鋼：SR235，SR295，SR785
異形棒鋼：SD295，SD345，SD390，
　　　　　SD490，590（A，B，），
　　　　　685（A，B，R），785R

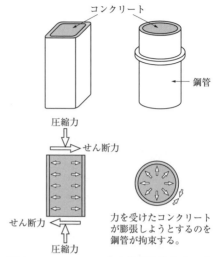

図2・14　コンクリート充填鋼管構造（CFT）

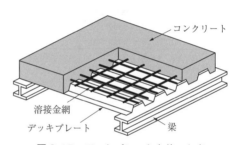

図2・15　デッキプレートを使った床

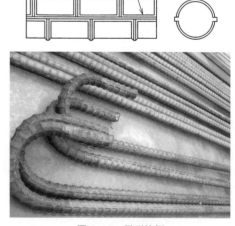

図2・16　異形棒鋼

2・1 鉄　類　53

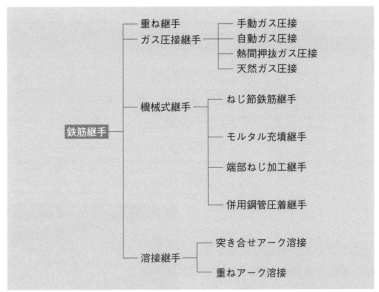

図2・17　鉄筋の継手の種類

鉄筋の継手方法には，図2・17に示すように大別して4種類ある。

重ね継手は鉄筋を所定の長さで重ねてコンクリートを打設することで力を伝達させる工法である。

ガス圧接継手は，鉄筋端部を突合せ，加熱と同時に加圧して，原子結合で鉄筋を一体化する工法である（図2・18）。

機械式継手は，スリーブ（カプラー）を鉄筋端部に被せ，鉄筋の節とスリーブの噛み合いやねじによる接合を利用して鉄筋を一体化する工法である（図2・19）。

溶接継手は，溶接ワイヤなどを使用してアーク溶接を行い，鉄筋を一体化する工法である。突き合せ方式が一般的である（図2・20）。

(4) 鋳　鉄

鋳鉄は脆いため，圧延・鍛造などの加工には向いていないが，型に流し込み作成する，いわゆる鋳物に向いており，複雑な形状の部材の作成が容易である。外観もよく，窓格子，門扉，さくなどの外装，各種装飾金物などに用いられる。また，可鍛鋳鉄は白銑を用いて鋳物をつくり，これに熱処理を施したものである。普通鋳

図2・18　ガス圧接継手

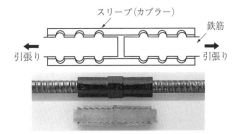

図2・19　機械式継手（ねじ節鉄筋継手）

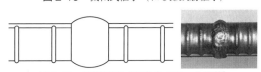

図2・20　溶接継手（突き合せアーク溶接）

表2・4 構造用合金鋼の代表例

鋼種別	組成（％） Ni	Cr	Mn	C	引張強さ (N/mm²)	降伏点 (N/mm²)	伸び (％)	特徴
クロム鋼	-	0.9～1.2	-	0.13～0.48	780～980 以上	565～835 以上	12～18 以上	引張強さ大,伸び衝撃力低下,脆く弱い
ニッケルクロム鋼	1.0～3.5	0.5～1.0	-	0.12～0.40	740～930 以上	580～785 以上	12～22 以上	強さ・硬さ・用途大
ニッケルクロムモリブデン鋼	0.4～4.5	0.4～3.5	0.30～1.2	0.12～0.50	830～1080 以上	685～930 以上	12～20 以上	衝撃値高く,切削容易
クロムモリブデン鋼	-	0.9～1.5	0.30～0.45	0.13～0.48	830～1030 以上	685～885 以上	12～18 以上	溶接によく，鉄鋼板として良好

（JIS G 4120～4105 による）

鉄に比べて，展性・延性が大きく，鋼のような粘り強さがある。ジベル・管継手・錠・車輪などに用いられる。

鋼を1500℃くらいで熱し，特殊な装置で鋳込んでつくられたものを**鋳鋼**という。炭素量0.1～0.5％を含有し，鋼と同じ降伏点・硬さをもつが，伸びは鋼に比べて小さい。構造用材のうち，鉄骨構造の柱脚，柱と梁の接合部などに多く用いられる。

2・1・6 合 金 鋼
(1) 性　質
合金鋼は，炭素鋼にほかの2,3の元素を加えたもので，炭素鋼では得られない優れた機械的性質または化学的性質をもっている。強さを目的とする**構造合金鋼**と，耐食性のほか特殊な目的をもった**特殊用合金鋼**とに分けられる。

(2) 構造用合金鋼の種類
炭素（0.5％以下）以外にニッケル・クロム・マンガンなどの金属を5％以下加え，強さと伸びを大きくしたもので**特殊鋼**とも呼ばれる。衝撃・耐疲労性もよい。表2・4は，構造用合金鋼の機械的性質・成分の例を示したものである。プレストレストコンクリートのPC鋼線には，引張強さ，粘りの大きいピアノ線材が用いられる。

(3) ステンレス鋼
ステンレス鋼は鋼にクロムを含有した合金鋼であり，表面に薄い保護皮膜（不動態皮膜）を

図2・21 ステンレス外装（韓国ヘイリ村）

生成するため，炭素鋼に比べて錆びにくく，耐食性，耐久性，意匠性などに優れる。ステンレスとは「Stainless」のことで，「錆びない」という意味である。建築構造用ステンレス鋼材（JIS G 4321：2000）では，SUS304A，SUS316A，SCS13AA-CF，SUS304N2Aなどを規定している。とくに，クロム18～20％，ニッケル8～11％のSUS304Aは，軟質であるがきわめて錆びにくい。建築では，屋根，内外装，装飾金物，食器・台所流しなどに広く用いられている。特殊用途として，極低温研究施設，原子炉関連容器・建屋などがある。

(4) 銅鋼
銅鋼は，銅0.2～0.3％を含む軟鋼であり，耐食性があり，ステンレス鋼より安価である。鋼矢板などに用いられる。

2・1・7 構造用金物

(1) ねじ類

図2・22にJIS規格製品のねじ類を示す。仕上げの程度によって黒皮, 半みがきの区別があるが, ふつう, 建築工事には前者が用いられる。ターンバックルもボルトの一種である。このほか鉄骨構造部材の接合に用いられる高力ボルトがある。

(2) アンカーボルト

コンクリートへの各種設備, 器具, 構造部材の接合にはアンカーボルトが用いられる。

アンカーボルトには図2・23のように先付アンカーと後付アンカーがあり, 後付アンカーはあと施工アンカーと型抜き工法に分けられる。あと施工アンカーは, コンクリート躯体に穴をあけ, あとから施工するタイプのものであり, 各種設備, 器具, 配管, ダクトなどの固定に広く用いられる。

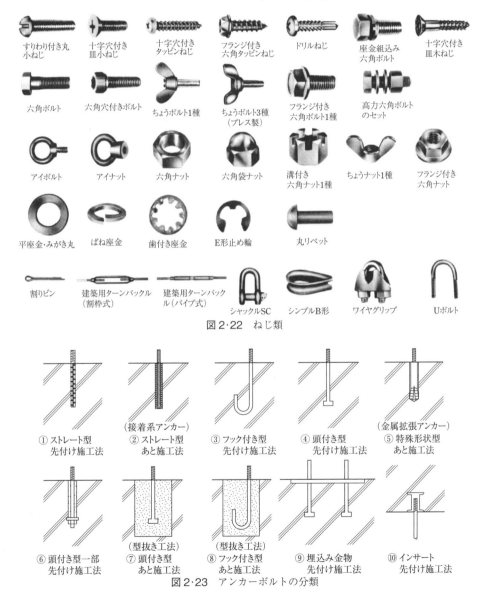

図2・22 ねじ類

図2・23 アンカーボルトの分類

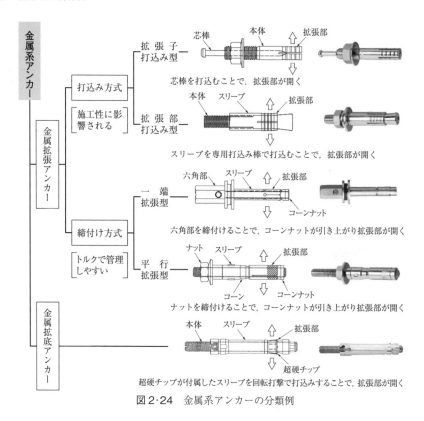

図2·24　金属系アンカーの分類例

　図2·24にはコンクリート躯体のあと施工アンカーとしてよく用いられる金属系アンカーの種類と仕組みを示す。金属系アンカーは，先端の定着が堅固となる必要がある。

　金属拡底式アンカーは，アンダーカットアンカーとも呼ばれ，あらかじめ穿孔された孔の底部に超硬チップが付属したアンカー本体または専用の拡径ドリルビットで，さらに大きな拡径部を形成して拡張させることで，堅固な定着が得られる。

　外壁のモルタル仕上げ，タイル仕上げの剥落防止補修には特別な機能を備えた**アンカーピン**が用いられる（図2·25）。

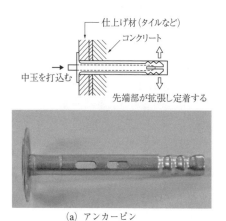
(a) アンカーピン

(b) 簡易型引張試験器によるアンカーピンの定着力の測定

図2·25　アンカーピンとアンカーピンの定着力の測定

2・2 アルミニウムとその合金

2・2・1 アルミニウムの使われ方

2002年5月に建築基準法が改正され，アルミニウム合金が建築構造材として認定されてから，アルミニウム建築がつくられるようになった。

アルミニウムは，展性・延性および引抜加工性に富み，軽い割には強く，やわらかくて加工しやすい。空気中では表面に酸化膜ができるが，これが保護の役割をするので耐食性が大きい。鋳造性がよく，再生利用しやすい。一方で，酸・アルカリに弱いのでコンクリートに接するところは防食をする必要がある。海水に対しても弱い。また，耐火に劣り，100℃以上になると強さが低下する。熱伝導性が高く保温性には乏しい。

図2・26 アルミニウムによる構造物の軽量化 (aluminum-House 山下保博)

2・2・2 アルミニウムの製法
(1) 材料

アルミニウム原料は，ボーキサイトであり，わが国では産出しないため輸入している。まず，ボーキサイトを水酸化ナトリウム液で溶かし，水酸化アルミニウム（Al_2O_3）の結晶を析出し，さらに電気分解することによりアルミ地金を製造する。地金を原材料として圧延・押出・鍛造・鋳造などの加工を行い，いろいろな形の製品素材に成形する（図2・28，図2・29）。

図2・27 アルミニウムのラチス状パネルを用いた壁要素（資料提供：SUS株式会社）

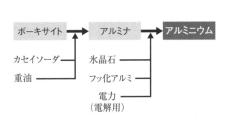

(a) アルミニウムの製法

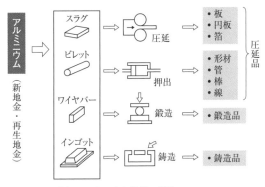

(b) アルミニウム製品の製造

図2・28 アルミニウム製品の製造工程

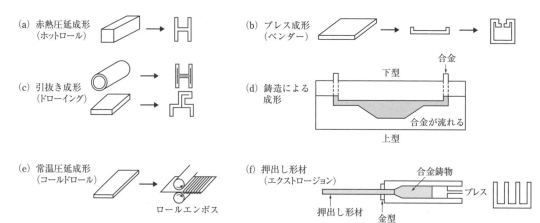

図2・29　成形技術の種類

(2) 加工

アルミニウムの加工技術には成形（曲げ・絞りなど）・切削・切断・接合・表面処理などがある。成形品には，板・線・棒・はくなどがある。屋根材・室内装飾・家具・建具・サッシ・カーテンレールなどに広く用いられている。

(3) 酸化皮膜処理

アルマイトは，電解法によって作られる酸化アルミニウムのち密な被膜であって，アルミニウム面だけでなく，ほかの金属面にも付着させることができる。この被膜は，耐食性が大で酸にも強く，また熱および電気の伝導率が小さい。

・塗装仕上げ

塗料を連続的に焼付けしたアルミ塗装板（カラーアルミと呼ぶ）のほか，アルマイト下地に塗装するアルミサッシ・ブラインド・建材などがある。カラーアルミは，屋根や外壁などの建材のほか，車両，各種機器などに用途が拡大している。

・表面仕上げ

機械的な表面仕上げ方法としては，エンボス加工，表面ダル（くもり）加工，ショットブラスト，研磨などがある。とくにエンボス加工は，建材や装飾材としてよく用いられる。

・接合

アルミニウムの接合法には，リベットやボル

図2・30　アルミフレームを用いたパネル構造
（資料提供：SUS株式会社）

(a)

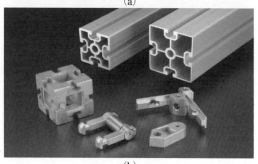

(b)

図2・31　アルミフレームの構成例
（資料提供：SUS株式会社）

トなどの締結材を用いて接合する機械的接合，ろう付けおよびはんだ付け，溶接法，接着剤法などがある。

2・2・3 アルミニウム合金

アルミニウム合金の種類はきわめて多いが，圧延用合金と，鋳物用合金に大別できる。

アルミニウムは加工しやすいがやわらかいので，強さ・耐食性を増すときにはマンガン・マグネシウムなどを加える。

(1) 純アルミニウム（1000系）

反射板・照明器具・装飾品・放熱材などに使用される。強度が低いため，構造材としては適さない。

(2) Al-Cu-Mg 系合金（2000系）

ジュラルミンと呼ばれる。鋼材に匹敵する強度があり，構造用材や鍛造材として使用される。比較的多くの Cu を添加しているため耐食性に劣り，厳しい腐食環境にさらされる場合には十分な防食処理を必要とする。

(3) Al-Mn 系合金（3000系）

Mn の添加によって純アルミニウムの加工性，耐食性を低下させることなく，強度を少し増加させたものである。アルミ缶・カラーアルミ・屋根板などに使用される。

(4) Al-Mg-Si 系合金（6000系）

強度・耐食性とも良好で構造用材・アルミサッシに多量に使用されている。鉄道車両・自動車部材・陸上構造・船舶などにも使用されている。

(5) Al-Zn-Mg 系合金（7000系）

比較的高い強度があり，溶接部の強度も良好なため溶接構造用材料として鉄道車両，陸上構造物などに使用される。

(6) 8000系合金（その他の合金）

低密度・高剛性材として開発された Al-Li 系合金，Fe を添加することによって強度と圧延加工性を付与したアルミはく用合金などがある。

2・2・4 アルミ製品

アルミの建築への用途として窓枠に用いられるアルミサッシがある。サッシにはほかに木製，鉄製，プラスチック製などがあるが，アルミが最も普及している。寸法精度が高く，複雑な形状も作れ，気密性，耐久性ともに優れる。しかしながら熱伝導率が高いので，内外の温度差により，結露しやすいという欠点がある。

2・3　金属の腐食とその防止

2・3・1　腐食

2種の異なった金属を電解質の溶液中に浸すと，電気化学的反応を生じ，イオン化傾向の大きな金属のほうが腐食される（図2・32）。例えば，銅板と鋼板とを相接して用いたり，アルミニウム板の屋根に鋼製の釘やねじを用いると，鋼板やアルミニウム板が腐食する。

鋼板は，湿気中または水中では水の分解によって電解作用を生じ，表面に錆を生ずる。そのほか，空気中のちり・煤煙，海浜地帯の塩分などによる腐食および土による腐食などがある。

また，金属は単独に用いても，金属の質が部分的に物理的に（ひずみの程度また組織の粗密さ）または化学的（成分または錆の程度）に異なる場合には，それらの間に局部電流が起こって腐食される。

2・3・2　金属の防食法

金属の錆は，酸素と湿気の存在により発生するため，金属の防食法には次のようなものがある。

(1) 水または湿気に接しないようにする。
(2) 異なる金属は相接して用いない。
(3) ひずみを与えると応力腐食を生じやすいので，均質な材質のものを選び，大きなひずみを与えないようにする。
(4) 異物の付着は錆の原因になるので，表面を平滑・清浄にする。また，部分的な錆は発生したらすぐに除去する。
(5) 保護被膜をつくる。これには，ペイント・ワニス・うるしなどを塗布または焼付けして金属材料の表面に塗装被膜をつくる方法，めっきにより金属の保護被膜をつくる

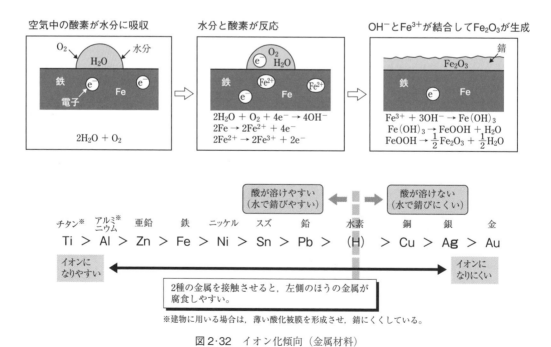

図2・32　イオン化傾向（金属材料）

方法，ほうろうによりガラス質の保護被膜をつくる方法などがある。また，アルマイト，鋼材の黒皮など酸化皮膜を形成させる。

(6) 鋼はアルカリ中で安定なため，モルタル・コンクリートなどで保護する。鉄筋コンクリートはこれを実用化したものである。

コラム　横浜「港の見える丘公園」に復元されたパリ中央市場に使われた鋳鉄の骨組み

図　パリ中央市場に使われた鋳鉄の写真

　パリの中央市場は，パリ市レ・アール地区に12世紀ごろから存在していたが，建築家ヴィクトール・バルタールの設計によって，鉄骨造パヴィリオンで構成された建造物に改築された。全体は12棟から構成され1854年〜1858年に6棟，1860〜1866年に3棟，1886年に1棟，最後の2棟は1935年に完成した。市場は主要部分を占める地上階と倉庫である地下階部分とからなる。地上階の鉄骨上屋はパリ郊外に復元されており，横浜の「港の見える丘公園」に設置された構造体は地下階部分であり，上部構造を支える柱，梁はすべて鋳鉄製で構成されている。建設時期はエッフェル塔（1889年）より前であり初期の鉄骨様式を知る上で貴重である。レ・アールには現在，中央市場はなく大型商店街となっており，フォーラム・デ・アール再開発国際コンペによって新たな商業施設が建設される予定である。

62 第 2 章 構造用金属材料

第 2 章
演習問題

【問題 1】 鋼材に関する次の記述のうち，**最も不適切な**ものはどれか。

1. 鋼材の炭素量が多いと，一般に，硬質で引張強さが大きくなる。

2. 鋼材の比重は，アルミニウム材の約 3 倍である。

3. 鋼材の温度が高くなると，一般に，ヤング係数及び降伏点は低下する。

4. 鋼材を製造するときに，熱間圧延の工程時に生じる黒い錆（黒皮）は，鋼材の表面に被膜を形成するので防食効果がある。

5. 鋼材を焼き入れすると，強さ・硬さ・耐摩耗性が減少するが，粘り強くなる。

【問題 2】 鋼材に関する次の記述のうち，**最も不適当な**ものはどれか。

1. 常温における鋼材のヤング係数は，すべての鋼種において $2.05 \times 10^5 \, \text{N/mm}^2$ である。

2. 鋼材の硬さは，引張強さと相関があり，ビッカース硬さなどを測定することにより，その鋼材の引張強さを換算することができる。

3. 一般構造用圧延鋼材 SS400 は，引張強さ $400 \, \text{N/mm}^2$ 級の鋼材として，建築物に用いられることが最も多い。

4. 建築構造用圧延鋼材は，SM 材と呼ばれ，JIS により建築物固有の要求性能を考慮して規格化された鋼材である。

5. 鋼材は，瞬間的に大きな負荷がかかったり，低温状態で負荷がかかったりすると，脆性破壊しやすくなる。

【問題 3】 鋼材に関する次の記述のうち，**最も不適当な**ものはどれか。

1. SS490 材は，SM490A 材に比べて，溶接構造に適している。

2. 長さ 10 m の棒材は，常温においては，鋼材の温度が 10 ℃上がると約 1 mm 伸びる。

3. 長さ 10 m の棒材は，常温においては，全長にわたって $100 \, \text{N/mm}^2$ の引張応力度を生ずる場合，約 5 mm 伸びる

4. 鋼材の温度が高くなると，一般に，ヤング係数及び降伏点は低下する。

5. SN490 材の引張強さの下限値は，$490 \, \text{N/mm}^2$ である。

第3章 コンクリート

3・1 コンクリートの発達と利用

3・1・1 古代・近代のコンクリート

5000〜9000年前の新石器時代の古代遺跡や2000年前の古代ローマの遺構では，せっこうや石灰が，石材や日干しれんがによる組石構造の接合目地や土間床などに使用され，いくつかは文化遺産として現在も残っている（図3・1）。

近代以降，工業の発達に伴い，石灰岩を主原料にしたコンクリートが圧縮力を，金属材料が引張力を受け持つ機能性複合材料として，**鉄筋コンクリート**（RC：Reinforced Concrete）が開発され，より長大で高層で軽量な建築の高性能化が図られるようになった。この建築に対する高性能な要求に応えるために，材料設計法や構造設計法や耐久設計法が確立された。

近代のセメント・コンクリート工業は，1757年にジョン・スミートンがイギリスのエディストーン灯台を石灰材料により再建着工したことや，1824年にヨセフ・アスプジンが天然セメントを分析して開発したポルトランドセメントの製造特許を取得したことが契機になる。1854年にウィリアム・ボゥートランド・ウィルキンソンが引張位置に鋼材を埋設するRC造の複合原理を初めて指摘して特許取得し，また，1867年にヨセフ・モニエが鉄網を埋設したコンクリートで巨大な植木鉢を製造する特許を取得した。これ以降，RC造は普及したが，現在まで，160年程度しか経過しておらず，耐久性や耐用性について未知の部分がある構造材料である。

ローマのパンテオンは，紀元前27年にアグリッパが建設した神殿で，128年にハドリアヌスが再建した。
コンクリート・ドームの特徴は，無筋で，骨材を下部から上部まで段階的に変え，上部は，軽い黄色凝灰岩と軽石しか用いず，ドームを軽量化した。また，ドーム内壁を彫り込んだように見せた凹状リブの格間を形づくることにより，構造をもたせたまま軽量化し，かつ陰影による美しさを表現した。

図3・1 イタリア・ローマのパンテオン

3・1・2 現代のコンクリート

コンクリートは，水，セメント，砂（細骨材），砂利（粗骨材），混和材料（化学混和剤および混和材）などの多種多様な材料を，練り混ぜて製造する（図3・2）。

64　第3章　コンクリート

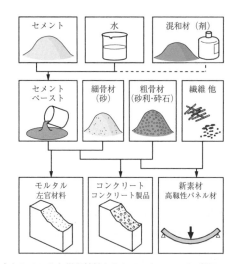

水とセメントと混和材料からセメントペースト（単にペーストということも多い）ができ、それに砂（細骨材）を混ぜてモルタルができ、さらに砂利（粗骨材）を混ぜてコンクリートができる。細骨材と粗骨材を合わせて骨材という。混和材料はコンクリートの性質を特徴づける決定的要因になる。
図3・2　コンクリートの構成

　RC造建築物は、多くがコンクリートをレディーミクストコンクリート工場（生コンクリート工場）で製造したり（図3・3）、特殊な状況では建設施工現場で直接製造し、トラックアジテータ（ミキサー車）に積まれて、法令で決められた時間内に施工現場へ運搬し、コンクリートを荷卸し検査した後、バケットやコンクリートポンプなどの施工機械を使って打ち込み、埋設鉄筋と一体化させてつくる。また、梁や壁など、あらかじめ工場内で製造したプレキャストRC造部材は、施工現場に運搬して、現場では組立て作業が主となり、工期や手間が省ける。

　現在、多様な高性能化技術の発展により、超高層RC造ビル（図3・4）が実現している。なお、特にコンクリートむき出しの仕上げを打放

高さ636.0 m（アンテナ含む高さ828 m）の206階建ての超高層RC造ビル。
図3・4　アラブ首長国連邦ドバイのブルジュ・ハリファ

セメントを貯蔵するサイロや砂・砂利置き場から、各材料をベルトコンベアによって、計量器を取り付けたミキサーに運び上げ、練混ぜ後、生コンクリート車に積み込み、各現場へ運搬する。
図3・3　レディーミクストコンクリート工場

安藤忠雄の設計によるRC造教会。打放しコンクリートのファサードに十字形の光窓をデザインしている
図3・5　大阪府茨木市春日丘の光の教会

し仕上げといい，美的観点を重視した建築物（図3·5）などに適用されている。

3・2 コンクリートの基本的性質

3・2・1 フレッシュ性状

コンクリートは，練混ぜ直後はドロドロした液体状態で，この流体から硬化していくまでのフレッシュコンクリートに関わる性質を**フレッシュ性状**という。

(1) 単位水量

単位水量は，コンクリート $1m^3$ に含まれる水量（kg）で表し，コンクリートの流動性や施工性に直接影響する。フレッシュコンクリートに，水を加える（加水という）と，粘性が低くなって，見かけ上，流動的になり，施工作業性が向上する。しかし，コンクリートを構成している骨材とセメントペーストが材料分離して不均質なコンクリートになり（図3·6），硬化後，強度・耐久性など様々な性能が低下する。また，加水はコンクリート容積に対するセメント量を相対的に少なくし，強度を低下させる。

このため，フレッシュコンクリートでは，レディーミクストコンクリート工場で製造後から施工現場への運搬や打込み時に，不正に加水されないよう，単位水量の管理が義務づけられている。

(2) 材料分離とブリーディング

材料分離とは，運搬中，打込み中または打込み後において，フレッシュコンクリートの構成材料の分布が不均一になる現象をいう。また，**ブリーディング**とは，材料分離の一形態で，打込み後，密度（比重）が大きい骨材などの沈降または分離によって，相対的に密度の小さい練混ぜ水の一部が遊離して上昇する現象をいう（図3·7）。遊離した水の上昇に伴って，埋設鉄筋や骨材の下部に水膜や空隙や水みちを形成し

たり，骨材の沈降に伴って骨材周囲に微細ひび割れを形成したり，鉄筋の付着強度やコンクリートの水密性を低下させる。

また，ブリーディング水とともに石灰分や泥分などの微粒物が，コンクリート上面に浮き出し沈積する。この沈積微粒物を**レイタンス**といい，強度も付着力も極めて小さく，コールドジョイント（図3·64）などの打継ぎ面欠陥の原因になる。なお，ブリーディングに伴って，コンクリート上面は沈下するが，埋設鉄筋などで沈下が拘束されて，不均一な沈下になると，沈みひび割れ（図3·63）を生じる場合がある。

ブリーディング量は，コンクリート表面の単位面積あたりの**浮き水量**をいい，**ブリーディング率**は，全水量（＝練混ぜ水）に対する浮き水

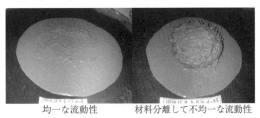

加水すると，見かけ上，軟らかくなるが，コンクリートの各構成材料が分離して，不均一な流動性になる。
図3·6 加水による材料分離

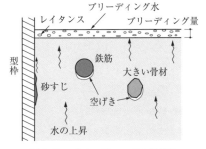

図3·7 ブリーディングの仕組み

量を百分率で表す（図3·8）。

粉末度が高く凝結の時間が早いセメントの使用，粒度の細かい細骨材の使用，単位水量を小さくする，低水セメント比にするなどによって，ブリーディング量は小さくできる（図3·9）。

ブリーディング量は，傾けて静置した鋼製容器内の浮き水を，所定時間ごとにスポイトで吸い取って計量する。

図3·8　ブリーディング試験

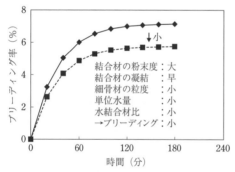

図3·9　ブリーディング試験の結果

（3）スランプとスランプフロー

スランプは，フレッシュコンクリートの軟らかさを表現する基本的な指標である。**スランプコーン**と呼ぶ円すい台形状の筒に，フレッシュコンクリートを詰め，そのスランプコーンを引き上げて，詰めたコンクリートの落ち込んだ長さを**スランプ**という（図3·10）。さらに，落ち込んだときの広がり直径を**スランプフロー**といい，これらの形状から，コンクリートの流動性がおおよそわかる（図3·11）。

スランプ時の全体形状について，もったりしているときは，細骨材量が相対的に多いか，あるいは粘性が大きい状態にある。また，粗骨材が中央に崩れず残ったまま，ペーストやモルタルのみ周辺に流れたときは，水量が多いか粘性が緩く材料分離している。

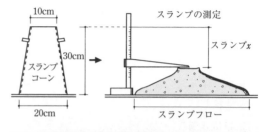

図3·10　スランプ試験

上左：水量不足で固い，上右：セメントや細骨材が過多でもったり，下左：良好，下右：スランプフローで品質管理する高流動コンクリート

図3·11　スランプ試験の結果

（4）空気量

コンクリートは，ミキサーで練り混ぜるとき，コンクリート容積の0.2～2％程度の空気を自然に巻き込む。この巻込み空気は，**エントラップエア**といい，1～数mm程度の大きな空気泡となる。エントラップエアは，強度低下を生じるため，打込み時に，適度な締固め作業などで消失させている。

一方，化学混和剤を使用して意図的に連行混入した微細な空気泡は，**エントレインドエア（連行空気）**といい，流動性と硬化後の凍結融解に対する耐久性を改善する。エントレインドエアは，0.025～0.5 mm 程度の独立した多数の球形の空気泡となり，フレッシュコンクリート中でボールベアリングの作用をして，流動性を増す。

このことは，水量が少なくても流動性を増す効果を得られることから，相対的に単位水量を減ずることができ，材料分離や強度低下を抑制できる。エントレインドエア 1 %あたり，単位水量 2～4 %を減少させることができる。

空気量は，**エアメーター**で計測し（図 3・12），エントラップエアとエントレインドエアを合わせた空気量で管理され，コンクリート容積の 3～6 %（4.5 ± 1.5 %）程度が標準になる（図 3・13）。

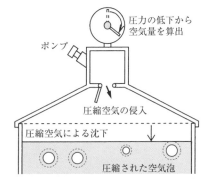

図 3・12 空気量試験のエアメーターの仕組み

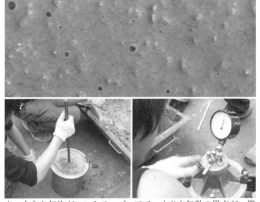

上：大きな気泡がエントラップエアで，小さな無数の黒点が，微細独立気泡となるエントレインドエア。下：空気量試験の様子。
図 3・13 練混ぜ直後のエントラップエアとエントレインドエアおよび空気量試験

（5）ワーカビリティー

ワーカビリティーは，材料分離を生じることなく，運搬，打込み，締固め，仕上げの作業が容易にできるフレッシュコンクリートの施工作業性を表す。単位水量を大きくすること，粗骨材の最大寸法を大きくすること，単位粗骨材量を増やすこと，細骨材の粒径を過度に大きくすることで流動性を増すが，それとともに，材料分離の傾向も大きくなる。このため，ワーカビリティーは，様々な施工方法に応じて，「良い」，「悪い」，「作業に適する」，「ワーカブルなコンクリート」など，定性的に言い表すことが多い。

（6）コンシステンシー

コンシステンシーは，一般に溶液の濃さを意味するが，フレッシュコンクリートでは，変形または流動に対する抵抗性の程度，すなわち軟らかさの程度（軟度）を表す。スランプやフローの大小関係に基づいて，コンシステンシーが「大きい」，「小さい」など，定性的に言い表すことが多い。コンシステンシーをスランプで表す場合，コンシステンシーの大きいコンクリートとは，材料分離の状態に関わらず，流動性の大きな軟らかいコンクリートを意味する。

（7）プラスティシティー

プラスティシティー（可塑性）は，容易に型枠に詰めることができ，型枠を取り去るとゆっくり形を変えるが，崩れたり，材料分離することのないような性質を表す。一般に，単位セメント量が多くなると，プラスティシティーが大きくなる。これも，材料分離しない状態に対して，「プラスティックなコンクリート」などと定性的に言い表すことが多い。

（8）ポンプ圧送性

ポンプ圧送性は，コンクリートをポンプで圧送する（図 3・14）ときの施工作業性の難易を表し，**ポンパビリティー**ともいう。レオロジーという粘弾塑性流体力学に基づいて，塑性粘度や降伏値を評価したり，ポンプ輸送管中のポンプ

圧送負荷や圧送量を評価したりして，ポンプ圧送に最適な流動性を品質管理している。

(9) フィニッシャビリティー

フィニッシャビリティーは，コンクリートの打上がり面を要求された平滑さに仕上げるために，コテ作業や均し作業（図3·15）した場合の施工作業性の難易を表す。これも，「良い」，「悪い」など，定性的に言い表すことが多い。

(10) 凝結の性状

凝結とは，コンクリートを練り混ぜてから，時間の経過に伴って流動性を失い，次第に硬くなる現象をいう。練混ぜ水の中に分散したセメント粒子は，水と化学反応（水和反応）して，コロイド状物質（C-S-H）や諸結晶体の水和物を生成する（図3·16）。その水和物が成長していくとともに，全体が流体から相互に接着し連続した固体になり，こわばりを生じる。やがて，指で押しても崩れず，強度発現する。

フレッシュコンクリートから**ウェットスクリーニング**によりモルタルを取り出し（図3·17），その強度発現の状態は，所定の針（棒）の進入度によって，貫入抵抗となる押込み圧力値を計測して，**凝結速度**となる始発時間（$3.5\ \text{N/mm}^2$に達した時間）と終結時間（$28\ \text{N/mm}^2$に達した時間）で表される（図3·18）。

図3·14　ポンプ圧送

図3·15　均し作業とコテ仕上げ作業

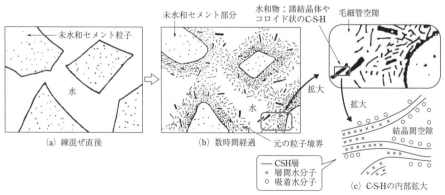

図3·16　セメント水和反応の概要

3・2 コンクリートの基本的性質　69

粗骨材の最小寸法になるふるいに，練混ぜ直後のコンクリートをこし通して（ウェットスクリーニングという），粗骨材とモルタルに分離する。凝結試験は，このウェットスクリーニングしたモルタルを鋼製型枠に詰めて行う。

図3・17　フレッシュコンクリートから凝結試験用のウェットスクリーニングしたモルタル

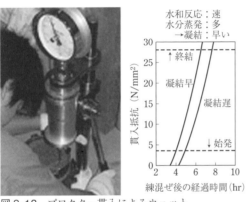

図3・18　プロクター貫入によるウェットスクリーニングモルタルの凝結試験

　凝結速度は，セメントや化学混和剤の種類や使用量によって異なる。また，塩化物は凝結を促進させ，糖類や腐葉土などの有機物は凝結を遅延させる。さらに，高温によってセメント水和反応を促進させたり，低湿で日射と風速が強まってコンクリート表面の乾燥を促して水分蒸発を多くすることなどは，凝結を阻害する。

3・2・2　硬化後の力学性状

　打込み後，時間の経過とともに，コンクリートは硬化が進み，強度発現していく。一般に，コンクリートの強度は，圧縮強度で表す。これは，RC造を設計する場合，コンクリート材料が圧縮を受け持つように考えることが多く，また，引張り，曲げ，せん断などのほかの強度は，圧縮強度からおおよそ推定できることによる。硬化していく時間経過を材齢といい，材齢に応じた圧縮強度の評価が重要になる。圧縮強度の発現は，材齢7〜14日で強度増進が大きく，材齢28〜90日でほぼ安定する。

(1) 養　　生

　強度発現は，セメントが水と水和反応して水和物を生成し，それが絡み合って成長することで生じる。この水和反応は，セメントの鉱物組成や水分の補充程度によって異なる。
　コンクリートが硬化していく環境条件の対応を養生という（図3・19）。終結以降で常に水分を補充する湿潤養生，空気中にさらして乾燥を伴う気中養生，練混ぜ時に与えた水分のみで養生する封かん養生，熱や蒸気を与えてセメント水和反応を促進させる促進養生や蒸気養生，高温・高圧の蒸気がまを利用したオートクレーブ養生，実構造物においては，シートをかぶせた養生やコンクリート表面に膜養生剤を散布して皮膜を形成させて水分の蒸発を防ぐ膜養生などがある。20±3℃に保った水中や湿砂中または飽和蒸気中の養生を，標準養生という。

上左：水中養生（湿潤養生），上右：封かん養生
下左：気中養生，下右：シート養生
図3・19　各種養生

(2) 硬化後の内部組織と空隙構造

　硬化したコンクリート断面について，肉眼や

光学顕微鏡で見分けられる巨視状況を図3·20に，電子顕微鏡での微視状況を図3·21に示す。

硬化したコンクリートの内部組織は，多種多様な材料を使って，それらの化学反応や物理現象を伴った結果，大小様々な空隙が形成されている。これらの空隙は，強度発現や耐久性に関わる仕組みの理解に必要かつ重要になる。

細骨材，粗骨材，硬化したセメントペースト，気泡跡となる空隙の散在などを見分けられる。

図3·20　硬化後の巨視的内部組織

硬化したセメントペーストは，けい酸カルシウム水和物 C-S-H，六角板状の水酸化カルシウム Ca(OH)₂ 結晶体，針状のエトリンガイト結晶体，薄い六角版状のモノサルフェート結晶体，アルミン酸カルシウム水和物，未水和セメント粒子，練混ぜ水が占める水隙や水隙の跡となる空隙などで構成される。

図3·21　硬化後の微視的内部組織

(3) 圧縮強度

コンクリートの**圧縮強度**は，セメントの水和反応を促す養生環境に応じて材齢の経過とともに増加していく（図3·22）。

湿潤状態下では，材齢7〜28日程度まで急激に増加し，その後，ゆるやかに増加する。湿潤状態から乾燥させれば，一時的に見かけ上，強度増加するが，その後の強度増加はほとんどなく停滞か低下する。そして，乾燥したコンクリートを再び湿潤させれば，強度増加するが，全期間湿潤養生した強度に及ばない。

また，夏場に打ち込んで，材齢初期に養生温度が高くなる場合，初期強度は高くなるが，長期強度は頭打ちになる。逆に，冬場に打ち込んだ場合，初期強度は低いまま，長期にわたって，徐々に強度増加していく。

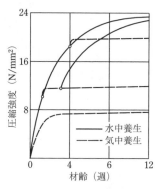

図3·22　各種養生と材齢と圧縮強度の関係

圧縮強度は，水と結合材となるセメントの質量比に強く影響していて，代表的な圧縮強度発現理論には，1918年に**アブラムズ**が提唱した**水セメント比説（水結合材比説）**がある（図3·23）。

セメントの品質が同じで，プラスティックでワーカビリティーのよいコンクリートの圧縮強度 F_c は，セメントペーストの水とセメントの質量比 W/C に反比例し，セメントの品質などによる実験定数を a，b として，式(1)になる。

$$F_c = \frac{a}{b^{(W/C)}} \qquad (1)$$

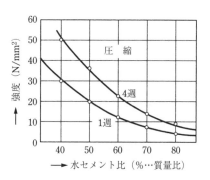

図3·23　水セメント比と圧縮強度の関係

また，1925年にリーセが提唱した**セメント水比説（結合材水比説）**がある（図3·24）。

圧縮強度 F_c は，水セメント比 W/C の逆数のセメント水比 C/W を用いると，正比例の直線関係になる。実験定数を a, b から，式(2)になる。

$$F_c = a \cdot (C/W) + b \qquad (2)$$

この式(2)は，アブラムズの式(1)よりも，さらに簡便で実用的なため，圧縮強度推定式として，現在，日本建築学会や土木学会の仕様書や指針などに広く適用されている。

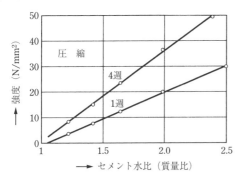

図3・24 セメント水比と圧縮強度の関係

圧縮強度を確かめる試験において，日本では，直径 100 mm で高さ 200 mm，あるいは，直径 150 mm で高さ 300 mm の円柱供試体を用いる。試験体の形状や寸法が異なると，養生環境だけでなく，同一養生と材齢でも圧縮強度は異なる。

直径は，粗骨材最大寸法（通常，20 ～ 25 mm）の3倍以上かつ 100 mm 以上が規定され，直径と高さの比は 1：2 を規準にしている。諸外国では，一辺 150 mm の立方体もある。

圧縮強度 F_c（N/mm²）は，圧縮試験時の最大荷重 P（N）と，供試体の圧縮作用面の断面積 A（mm²）から，式(3)となる。

$$F_c = \frac{P}{A} \qquad (3)$$

円柱供試体の圧縮強度試験において，供試体はコーン状破壊を生じる（図3・25）。これは，試験時の圧縮面端部の摩擦で，供試体端部の圧縮変形が拘束され，相対的に外部拘束がない中央付近の圧縮変形が大きくなり，やがて破壊に至るとき，変形拘束の端部がコーン状に残る。

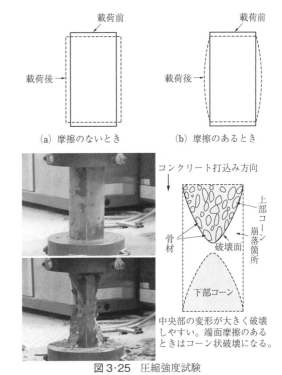

図3・25 圧縮強度試験

円柱供試体の高さと直径の比が小さくなると，摩擦拘束が大きくなり，圧縮強度が増加する。

既存の RC 造建築の耐震診断などでの構造体コンクリート強度の評価は，部材から**コアドリル**というドリルで円柱状のコアコンクリートを抜き取り，実施する（図3・26）。**コア供試体**では，高さと直径比が 2 未満の場合もあり，補正係数を乗じて，圧縮強度を評価している（図3・27）。

また，高強度コンクリートは，爆発のような瞬間的な脆性破壊の爆裂が生じる場合がある。高強度化で大きな加力に耐えるほど，大きな内部エネルギー＝仕事＝荷重×変形量が試験体内に蓄えられ，破壊時に，この内部エネルギーが一気に開放される様子が爆発に見える。

例えば，少量の水を注入しての膨らみきっていない内圧が低い風船を針で刺すと，針穴から内部の水が漏れ出るだけで破裂しない。一方，大量の水を注入してパンパンに膨らみきった内圧が高い風船を針で刺すと，風船内に蓄えられた高い内圧が一気に開放されて破裂する。

普通強度コンクリートと高強度コンクリートの圧縮破壊時の圧縮ひずみはほぼ同じ程度である。このため，圧縮試験時の荷重が大きく（風船のたとえで「注入水が多く」）なるほど，内部エネルギー（風船のたとえで「内圧」）が大きくなり，高い加力に耐えられない普通強度コンクリートは爆裂（風船のたとえで「破裂」）せず，高い加力に耐える高強度コンクリートは爆裂することになる。

コンクリートを直接引張って，その引張作用時の強度を計測する**直接引張強度試験**は，技術的に困難で一般化されていない（図3·28）。

簡便な試験方法として，円柱供試体を横倒しにして，割裂時の導入圧縮力を，引張作用力に換算した**割裂引張強度**の測定方法がJIS A 1113:2018に規定されている（図3·29）。割裂引張強度は，圧縮強度の1/10～1/13になる。

図3·26　コアドリルによる部材のコア抜き

図3·28　直接引張強度試験

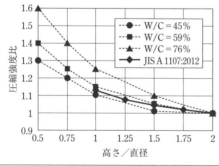

高さ直径比による圧縮強度の補正係数（JIS A 1107:2022）				
高さと直径の比	2	1.75	1.5	1.25	1
補正係数	1	0.98	0.96	0.93	0.89

図3·27　端面摩擦がある時の高さ直径比と圧縮強度比の関係

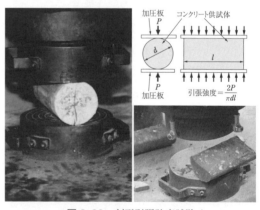

図3·29　割裂引張強度試験

（4）引張強度，曲げ強度，せん断強度

コンクリートは，圧縮強度と比較して，引張強度，曲げ強度，せん断強度が，かなり小さい。そのため，実際の構造物では，構造安全性を確保するために，引張やせん断負荷領域に鉄筋を埋設補強し，RC造にしている。

割裂引張強度 F_t（N/mm²）は，破壊時の圧縮荷重 P（N）を加力軸方向と直角に作用する水平荷重に換算するため，$2/\pi$ を乗じて引張荷重にし，その引張荷重による破断面積となる円柱供試体の直径 d（mm）と長さ l（mm）の積で除して，式(4)になる。

$$F_t = \frac{2P}{\pi dl} \quad (4)$$

また，一般に，柱や梁や床の各部材では，外力が作用すると曲げモーメントが生じ，部材にたわみなどの変形が生じる。曲げ強度は，そのような変形性状を考える指標になる。

曲げ強度試験は，角柱試験体（15 × 15 × 53 cm または 10 × 10 × 40 cm）を用い，3点曲げ載荷や，曲げ区間でせん断応力の影響を除いた4点曲げ載荷から求められる（図3・30）。曲げ強度は，圧縮強度の約 1/5 ～ 1/8 になる。

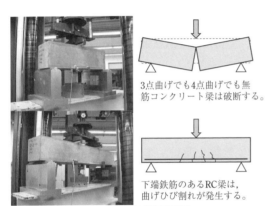

図3・30　曲げ強度試験

曲げ強度 F_b は，破壊時の曲げモーメント M，断面係数 Z（幅 b，高さ h の長方形断面では $Z = bh^2/6$）として式(5)になる。

$$F_b = \frac{M}{Z} \quad (5)$$

せん断強度は，地震による水平作用力の抵抗性の評価で，重要な評価指標である。しかし，直接引張強度試験と同様に，試験計測技術がかなり困難で，一般化されていない。せん断強度 F_s は，モールの応力円を利用して圧縮強度 F_c と引張強度 F_t から間接的に求める式(6)がある。

$$F_s = \frac{\sqrt{F_c \cdot F_t}}{2} \quad (6)$$

(5) 変形とヤング係数

材料に，力が作用すると変形が生じる。この力と変形の関係は，一般に，応力とひずみで表示され，**応力－ひずみ曲線**という。

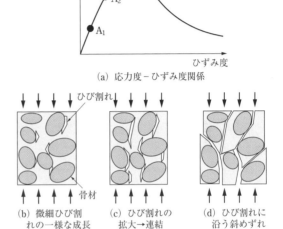

図3・31　圧縮時の応力ひずみ関係
（引用：市之瀬敏勝，建築学の基礎②　鉄筋コンクリート構造，共立出版，P22，2003）

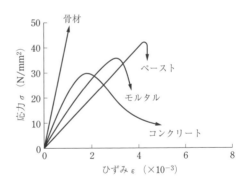

図3・32　コンクリート各構成材料との応力ひずみ関係の比較

硬化したコンクリートの圧縮加力では，載荷応力が高まるごとに，付着が弱い骨材界面に微細な破壊（微細ひび割れ）が生じ，それが拡大累積し，セメントペーストあるいはモルタルが徐々に壊れ始める。そして，ひび割れが連結成長して破壊する（図3・31）。

コンクリートを構成しているセメントペーストと粗骨材の元になる岩石の圧縮時の応力－ひずみ曲線は，コンクリートよりも強度が大きく，ほぼ直線的に変化する（図3・32）。

コンクリートでは，安全率を約3とし，圧縮強度の1/3応力を許容応力度と定めている。このため，コンクリートは，工学的に，圧縮強度の1/3応力まで弾性とみなす傾向がある。

弾性は，フックの法則が適用でき，応力σとひずみεが正比例の関係にある。弾性ひずみε_e，比例係数Eとして，式(7)で表される。

$$\sigma = E\varepsilon_e \qquad (7)$$

この比例係数Eを**弾性係数**あるいは**ヤング係数**という。

コンクリートの静的載荷の応力－ひずみ曲線は，厳密には曲線である。このため，正比例の直線性を表すヤング係数は，曲線の初期接線，接線，割線から求めている。

JIS A 1149:2022では，許容応力度設計法に対応して，原点（実際には少し荷重をかけて歪んだ点）と圧縮強度の1/3応力の割線勾配を静弾性係数と定めている（図3・33）。

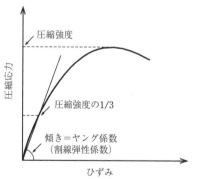

図3・33　圧縮時のヤング係数の求め方

(6) 体積変化
(a) 熱膨張係数

圧縮強度に比べて引張強度の小さいコンクリートは，様々な拘束条件によって収縮現象を妨げられると，引張応力が作用し，ひび割れる。このため，体積変化の評価は重要である。

材料を加熱し温度が上昇すると，材料の体積が増加する。一定の方向に沿う材料の長さの増加率を**線熱膨張係数**という。単に熱膨張係数というときは，線熱膨張係数を指す。

セメントは，水と接触した直後から水和反応が始まり発熱（水和熱）する。また，コンクリートは，この水和熱や，建物供用時の日中や季節の気象変化などによって，熱の影響を受けやすい。このため，コンクリートは，熱に起因して収縮や膨張の体積変化を現しやすく，その熱変形時のひずみを**温度ひずみ**という。

コンクリートの温度ひずみε_{temp}は，温度変化分ΔT（℃）と正比例の関係と見なすことができ，その傾きを熱膨張係数α_c（1/℃）として，式(8)で表される。

$$\varepsilon_{temp} = \alpha_c \cdot \Delta T \qquad (8)$$

コンクリートの熱膨張係数は，骨材の岩石的性質や骨材量，コンクリートの含水率や材齢などに影響を受け，常温の範囲でおよそ$7 \sim 13 \times 10^{-6}$/℃となり，10×10^{-6}/℃とすることが多い。鋼材の熱膨張係数がおよそ$10 \sim 12 \times 10^{-6}$/℃で，偶然，コンクリートとほぼ同じであったため，RC造として一体化しても，不都合なく利用できる。

(b) 自己収縮

セメントペースト，モルタルおよびコンクリートは，セメント水和反応によって，水和生成物や細孔などを形成しつつ，体積減少する。このセメント水和反応により凝結始発以後に巨視的に生じる体積減少を**自己収縮**という。

単位セメント量（単位結合材量）が多い高強度コンクリートや高流動コンクリート，また，セメントペースト量（結合材ペースト量）の多いマスコンクリートでは，無視できないほど自己収縮ひずみが大きく現れ，収縮ひび割れを引き起こしやすい。

(c) 乾燥収縮

コンクリートは，水を吸収すると膨張し，水が蒸発逸散すると収縮する。この乾燥に伴う収縮を**乾燥収縮**という（図3・34）。自己収縮と区別して乾燥収縮分として定義する場合や自己収縮を包含して全収縮として定義する場合がある（図3・35）。

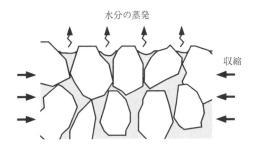

図3・34 乾燥収縮の仕組み

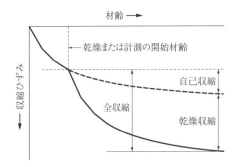

図3・35 材齢と収縮ひずみの関係

JIS A 1129:2010では，コンクリートの長さ変化試験方法が規定されている。これは，角柱試験体を7日間水中養生して十分に湿潤硬化させた後，20℃60%RHの恒温恒湿室で保管し，決められた乾燥材齢で体積変化の長さを計測する。

JASS 5では，有害な収縮ひび割れを発生させない標準的なコンクリートの長さ変化値は，ひずみで800×10^{-6}以下としている。

乾燥収縮ひずみは，単位水量や単位セメント量（単位結合材量）が多いと大きい。また，骨材品質も影響し，粗骨材のヤング係数や最大寸法が小さいとき，大きくなる。そして，体積が

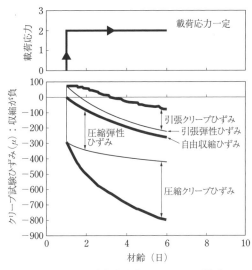

図3・36 一定載荷応力下のクリープ挙動

左：円柱供試体3本を連続設置して，同時に荷重を導入する圧縮クリープ試験，右：角柱試験体にテコ式で重り（＝荷重）を掛け続ける引張クリープ試験

図3・37 圧縮クリープ試験と引張クリープ試験

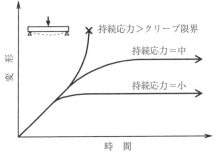

図3・38 持続応力とクリープ破壊

同じで乾燥を促す表面積が大きいほど大きく，乾燥期間が同じで部材寸法が小さいほど大きい。

(7) クリープとリラクセーション

収縮あるいは膨張しているコンクリートを，拘束し続けると，コンクリート内部に**拘束引張応力**あるいは**拘束圧縮応力**が作用し，引張あるいは圧縮の**クリープ**が現れる（図3·36）。クリープとは一定の外力をかけたままにしておくと，変形増大を続ける現象である（図3·37）。

作用する持続応力が小さい場合，クリープによるひずみは一定になるが，持続応力がある値を超えると最終的に破壊に至る。この値を**クリープ限界**と呼び，コンクリートの場合，最大強度のおよそ75〜85％になる（図3·38）。

また，コンクリート内部に拘束応力が生じている状況下で，収縮あるいは膨張していく変形を一定に保持し続けると，作用している拘束応力に対して，**リラクセーション**と呼ばれる**応力緩和現象**が現れる。

3・2・3 高性能コンクリートの性質

高性能コンクリートには，(1) 圧縮強度の向上を図った高強度化，(2)材料分離せず流動性をよくした高流動化（図3·39），(3)セメント水和反応時の発熱を低減した低発熱化，(4)水に浮くほど密度を軽くした超軽量化（図3·40），(5)引張に強く破断崩壊しにくくした高靭性化（図3·41），などがある。

図3·39 材料分離せず鉄筋のような障害物を乗り越えて自己充填していく高流動コンクリート

図3·40 水に浮く超軽量コンクリート

引張力や靭性を強化しないとトラス架構できず，引張に弱いコンクリートを高性能化
図3·41 内藤廣の設計の茨城県天心記念五浦美術館のエントランスホール天井の高靭性化したプレキャストコンクリート製トラス架構

また，産業廃棄物などを混ぜ込んだ高度有効利用や，コンクリートに直接植栽したり生物を住まわしたりした環境共生などの，(6)環境負荷低減・生物共生化などがある。例えば，**ポーラスコンクリート**（図3·42）と呼ぶセメントペースト量を減らして粗骨材を固めた空隙の多いコンクリートを土台に利用すると，その空隙に植物が根付きやすく，**緑化コンクリート**になる（図3·43）。そのほかに，海中に設置して空隙に魚類を棲まわせる魚礁などにも利用されている。

図3·42　ポーラスコンクリート

図3·43　緑化コンクリート

3・3 コンクリート構成材料の性質

3・3・1 セメント

(1) セメントの分類と概要

ヨセフ・アスプジンが開発したポルトランドセメントは，現代において，セメント・コンクリート工業の基幹材料として，様々な種類が開発され大量利用されている（表3・1）。

ポルトランドセメントは，普通，早強，超早強，中庸熱，低熱，耐硫酸塩の6種が，それぞれ低アルカリ形を含めてJIS R 5210:2019に制定されている。低アルカリ形は，コンクリートを劣化損傷させるアルカリ骨材反応の抑制対策に使われる。

これらの各種ポルトランドセメントをベースに，混和材料となるフライアッシュ，高炉スラグ，シリカ質混合材の3種を，それぞれあらかじめ混入（プレミックスという）した混合セメントがある。各混合セメントの混和材料混入割合は，A種，B種，C種の順に多くなる。

また，近年施行されたリサイクル法を考慮して，都市ゴミ焼却灰などを主原料に，必要に応

表3・1 セメントの種類と用途

種類		特徴	主な用途
ポルトランドセメント JIS R 5210 :2019	普通ポルトランドセメント	標準的な性質をもつ一般的なセメント。	建築・土木の各工事一般，コンクリート製品，左官材料
	早強ポルトランドセメント	普通ポルトランドセメントよりも粉末度が高く，C_3Sが多く，早期に強度を発現する。水和熱が大きい。	プレストレストコンクリート，工期を急ぐ工事や寒冷期の工事，コンクリート製品
	超早強ポルトランドセメント	早強ポルトランドセメントよりも粉末度が高く，C_3Sが多く，さらに早期に強度を発現する。水和熱が大きい。	緊急工事，寒中工事，グラウト用
	中庸熱ポルトランドセメント	C_3SとC_3Aを減じ，C_2Sを多くし，水和熱が小さい。初期強度は小さいが，長期強度は大きい。	巨大な建築物の基礎や，ダムなどのマスコンクリート
	低熱ポルトランドセメント	中庸熱ポルトランドセメントよりもさらにC_2Sが多く，水和熱が小さい。	マスコンクリート，高強度コンクリート，高流動コンクリート
	耐硫酸塩ポルトランドセメント	硫酸塩の浸食作用に対する抵抗性が大きい。	硫酸塩を含む海水や鉱泉水や地下水などに接するコンクリート
混合セメント JIS R 5211～5213 :2019	高炉セメントA種・B種・C種	潜在水硬性のある高炉スラグを混合。水和熱が小さい。初期強度は小さいが，長期強度は大きい。化学抵抗性，耐熱性，アルカリ骨材反応抵抗性に優れる。	マスコンクリート，暑中コンクリート，海水や熱の作用を受けるコンクリート，土中コンクリート
	シリカセメントA種・B種・C種	ポゾラン反応性を有するシリカ質の粉末であるけい石などを混合。水和熱が小さい。水密性・耐久性が良好。化学抵抗性が大きい。単位水量が増す。中性化が早い。	オートクレーブ養生をするコンクリート製品，左官工事
	フライアッシュセメントA種・B種・C種	ポゾラン反応性を有するフライアッシュ（石炭・石油燃焼灰）を混合。水和熱が小さい。初期強度は小さいが，長期強度は大きい。収縮が小さい。水密性や化学抵抗性が大きい。流動性がよく，単位水量を減らせる。	プレパックドコンクリート，注入モルタル，ダムなどのマスコンクリート
その他		特殊なセメントとして，超速硬セメント，膨張セメント，白色セメント，アルミナセメント，超微粒子セメント，油井セメント，エコセメント（JIS R 5214）などがある。	

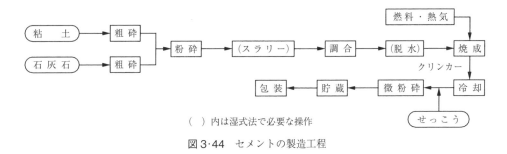

図3・44 セメントの製造工程

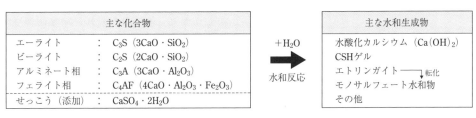

図3・45 ポルトランドセメントの化合物および水和生成物

じて下水汚泥を加えて，セメントに近い成分に調整製造されたセメントが開発された。これは，2003年にJIS R 5214でエコセメントとして規格化され，近年施行されたグリーン購入法などの影響で利用が増えている。

そのほか，JIS制定外として，呼称で特徴付けされた白色ポルトランド，速硬，膨張，油井，地熱井，耐酸性，地盤改良用，アルミナなどの各種セメントがある。

(2) セメントの性質

材料的性質による分類としては，水中で硬化する性質を水硬性といい，空気中で硬化する性質を気硬性という。また，水と反応して硬化するが，硬化物が水中で安定しない性質を水和気硬性という。ポルトランドセメントや混合セメントは水硬性材料で，石灰は気硬性材料である。

セメントの品質は，セメント種類によって異なるが，密度が約 $3.15 \sim 3.22$ g/cm^3 程度である。粉末度は，セメント1gあたりの全表面積となる比表面積で表し，普通が2500 cm^2/g以上，早強が3300 cm^2/g以上，超早強が4000 cm^2/g以上となる。凝結時間は，始発で約2時間，終結で約4時間となり，せっこうの混合量3〜5%で微調整される。セメントの水和熱や強度は，それぞれで異なる。

(3) ポルトランドセメントの主原料と鉱物組成と水和反応

ポルトランドセメントは，石灰石（主に炭酸カルシウム CaCO$_3$），粘土，けい石，鉄原料，せっこうを主原料とする。主原料の主要成分は，酸化カルシウム（生石灰）CaO，二酸化けい素（シリカ）SiO$_2$，酸化アルミニウム（アルミナ）Al$_2$O$_3$，酸化第二鉄 Fe$_2$O$_3$，三酸化硫黄 SO$_3$ となる。これらの主原料を混合粉砕し，ロータリーキルンという焼成装置で約 1450℃ の高温で焼成して，クリンカーと呼ばれる化合物とする。このクリンカーにせっこう CaSO$_4$ を添加して微粉砕したのが，セメントとなる（図3・44）。

ポルトランドセメントは，クリンカーの主要化合鉱物であるエーライト C$_3$S，ビーライト C$_2$S，アルミネート相 C$_3$A，フェライト相 C$_4$AF の4種類が，水とそれぞれ水和反応して，水和物を生成・累積し（図3・45），凝結して硬化し，強度が発現する。

セメントの強さは，セメントと標準砂との質量比1:3とした水セメント比50%のモルタ

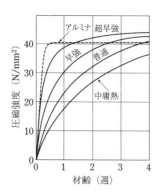

図3・46　セメント種類と標準養生の圧縮強度

ルの圧縮強度で表す（図3・46）。

　セメント強さをモルタルの圧縮強度で評価する理由は，水とセメントのみを練り混ぜたフレッシュセメントペーストでは，セメント粒子が凝集してダマになって，練りきれないことが生じやすく，そのため，細骨材を混合することで，練り混ぜ時に，セメント粒子の凝集体のダマを練り混ぜ中の細骨材が粉砕して，均一に練り混ぜられることによる。

　この水和反応は，C_3A が最も早く，C_3S がこれに次ぎ，C_2S は極めて遅い。したがって，C_3A の多いものほど早期（1日以内）に強度が発現する。このため，超早強，早強，普通，中庸熱の順にセメント強度の発現が小さくなる。C_3S は1日〜4週の強度，また C_2S は4週以降長期の強度発現の主因となる。ただし，強度発現が早いほど，長期強度の増進が停滞する傾向にある。

　セメントは，わずかな湿気でも水和反応を生じるため，製造後の貯蔵の際，防湿性が高い密封状態で保管しておく必要がある。これを怠ると，空気中の湿気によって，セメントが固化する。この貯蔵保管時などの不意の固化現象を，**セメントの風化**という。

　セメントペーストは，水和反応に伴って水和熱を発生し，温度が上がる。水和反応が速いものほど強度発現するとともに水和熱は大きく，$C_3A > C_3S > C_2S$ の順になる。水和熱は，場合によっては凝結および硬化の促進に役立つが，ダム，基礎などの部材厚の大きいマスコンクリートでは，内部に水和熱が蓄積されることで，温度上昇が生じる。やがて，外気により冷却されるが，表面部のほうが早く温度が下がるため，部材の表面と内部の体積変化量が異なって，拘束がかかり，**温度ひび割れ**と呼ばれるひび割れを起こすことがある。この場合，発熱量の少ない中庸熱あるいは低熱ポルトランドセメントを用いる。

　セメント硬化体の一部は，セメント中のカルシウム Ca 成分の循環により，セメントの原料としてリサイクル可能な材料である（図3・47）。

　セメントの主要成分の酸化カルシウム（生石灰）CaO は，水和反応により水酸化カルシウム $Ca(OH)_2$ になる。これが，空気中の炭酸ガス（二酸化炭素）CO_2 と長い年月の間に徐々に反応し中性化すると，最終的にセメント原料の石灰石（炭酸カルシウム）と同じ $CaCO_3$ になる。そして，焼成加工してセメントになる。

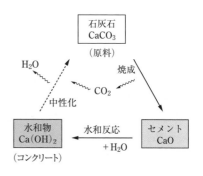

図3・47　セメント中のカルシウム Ca 成分の循環

3・3・2 骨材
(1) 骨材の分類と概要

骨材は，セメントなどの結合材で結合固化されコンクリートを構成する。コストのかかるセメント使用量を可能な限り減らして，骨材を相対的に多く使用することで，コンクリート全体としてコストを下げることができる。また，骨材のないセメントペースト単体だと，ヤング係数が小さく，収縮が大きい。

骨材には，粒径が小さい**細骨材**と粒径の大きい**粗骨材**がある（図3・48）。

上左：川砂利，上右：硬質左岩砕石
下左：人工軽量骨材，下右：再生粗骨材
図3・48 骨材の種類

天然骨材には，川砂，川砂利，山砂，陸砂，海砂，火山灰，火山れきがある。

人工骨材には，砕砂，砕石，人工軽量骨材，スラグ骨材，重量骨材などがある。

また，近年，良質の天然骨材が枯渇しているため，既存コンクリート中の骨材を再利用した**再生骨材**がある。

細骨材は，10 mm 網ふるいを全部通り，5 mm 網ふるいを質量で 85 % 以上通る骨材である。

粗骨材は，5 mm 網ふるいに質量で 85 % 以上とどまる骨材である。

川砂や川砂利は丸みをおびた形状で，砕砂と砕石は岩石をクラッシャなどで粉砕して粒度調整するため，角張った形状である。

人工軽量骨材は，けつ岩などを主原料に人工的に製造した骨材である。

一般的に，細骨材の密度は約 1.6 〜 1.7 g/cm³ で，粗骨材の密度は約 1.25 〜 1.35 g/cm³ である。スラグ骨材は，金属製錬などの際に発生するスラグを原材料として製造した骨材で，JIS A 5011 − 1 〜 4, 第 1 〜 4 部で規格化されている。

重量骨材は，主に放射線遮へい用コンクリートに用いられ，密度 7 〜 8 g/cm³ の鉄や，密度 4 〜 5 g/cm³ の鉄鉱石などがある。再生骨材は，骨材表面にモルタルが付着して，付着性能を阻害している。砕く工程を重ねるほど，元の品質に近い再生粗骨材が得られる。破砕時の微粉などは再生細骨材になる。

骨材はコンクリート容積の約 70 % 程度を占めるため，骨材の性質は，コンクリートのあらゆる性質に強く反映する。骨材に要求される性質には，物理的安定性，化学的安定性，清浄で有害物を含まない，堅硬で強固，付着力が大きくなる表面組織をもつ，粒子形状が薄片・細長状でない，粒度が適切，所定の質量（密度）をもつ，耐火性がある，などがある。

(2) 骨材の品質

骨材の品質は，含水状態，粒子形状，粒度，有害物質の含有量などで表される。また，高性能コンクリートでは，骨材原料である岩石の性質の強度や長さ変化なども必要となる。

(a) 含水率，吸水率，表面水率，密度

骨材は，内部に水を吸水することで含水状態が変動する。コンクリートを練り混ぜるとき，骨材の含水の有無が，練り混ぜ水の増減につながり，骨材の含水状態を把握しておくことは重要である。

骨材の含水状態は，**絶乾**，**気乾**，**表乾**，**湿潤**の4状態に区分できる（図3・49）。

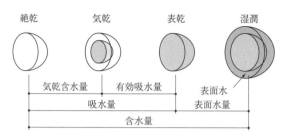

図3・49　骨材の含水状態

絶乾状態は，絶対乾燥状態の略称で，骨材中に水がない状態である。

気乾状態は，空気中で乾いている状態である。

表乾状態は，表面乾燥飽水状態の略称で，骨材内部が十分に吸水して，かつ表面水がない状態である。練混ぜ時に水量の変化がないので，標準状態としている。

湿潤状態は，骨材表面に表面水をもった状態である。

絶乾状態の骨材質量に対する含有水分量の比率を**含水率**といい，とくに表乾状態の含水率を**吸水率**という。また，表乾状態をベースに骨材表面外部に付着した水分の比率を**表面水率**という。

吸水率が小さい骨材ほど，空隙が少ない状態で，その欠陥が少ないことから堅固な骨材といえ，骨材選定の判断指標の一つになっている。また，レディーミクストコンクリート工場などで，大量の骨材を取り扱う場合，通常，湿潤状態で保管し，練混ぜ計量のとき，表面水率を用いて，練混ぜ水量および骨材量を補正している。これらの関係は，図3・50の計算式になる。

骨材の密度は，絶乾密度と表乾密度に区分して，JIS A 1109:2020，1110:2020に試験法が制定されている（図3・51）。コンクリートの調合設計では，使用材料の密度が必要となる。このため，練混ぜ水の増減に影響のない表乾密度を用いたり，また，かさ容積を利用する場合に絶乾密度を用いたりしている。

$$吸\ 水\ 率(\%) = \frac{吸水量}{絶乾状態の質量} \times 100$$

$$含\ 水\ 率(\%) = \frac{含水量}{絶乾状態の質量} \times 100$$

$$有効吸水率(\%) = \frac{有効吸水量}{絶乾状態の質量} \times 100$$

$$表\ 面\ 水\ 率(\%) = \frac{表面水量}{表乾状態の質量} \times 100$$

$$= (含水率 - 吸水率) \times \frac{1}{1 + \frac{吸水率}{100}}$$

$$表乾密度(D_s) = \frac{表乾状態の質量}{表乾状態の容積}$$

$$絶乾密度(D_d) = \frac{絶乾状態の質量}{表乾状態の容積}$$

$$D_s = D_d \{1 + 吸水率(\%)/100\}$$

図3・50　骨材に関係した水量と密度の計算式

左：表乾細骨材はコーンを抜いたとき適度な湿分により芯が残る，右：粗骨材の表乾密度を算定するための容積は水中に沈めたときの質量を利用する

図3・51　細骨材の表乾判定と粗骨材の表乾密度試験

(b) かさ容積，実積率，単位容積質量

骨材は粒状材料のため，実際の容積の計量が難しい。枡などの容器で計った容積を，**かさ容積**という。かさ容積には，骨材間の空隙も含まれている。

骨材が実際に占める容積（**実容積**という）の比率を，**実積率**（％）という（図3·52）。

かさ容積と実積率は，絶乾状態の骨材の質量より求める。また，かさ容積と骨材間の空隙の容積との比率を**空隙率**（％）という。

また，単位かさ容積中の骨材の絶乾質量を，**単位容積質量**（kg/m³）という。

骨材形状に丸みがあり球形に近いと，薄片・細長状よりも，実積率が大きくなる。これは，不規則な形状ほど，骨材が詰まりにくいためである。また，このことはフレッシュコンクリートの流動性にも影響する。

実積率の小さい不規則形状の骨材は，流動抵抗が大きく，スランプが小さく，所定の流動性を得るために単位水量やモルタル量が多くなる。

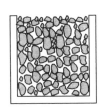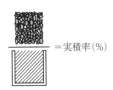

図3·52　骨材の実積率の考え方

(c) 粒度分布，最大寸法，粗粒率

骨材の粒子の大きさの分布を**粒度分布**という。粒度分布を測定する場合での試料の採取にあたっては，試料が偏らないように，ショベルで切り返して十分に混合する。

粒度分布は，網目の大きいふるいから順次骨材をふるっていく。各ふるいに残った粒子の質量を測定して，全体の中での質量百分率を求め，縦軸を通過率，横軸をふるい目の開きでの**粒度分布曲線**で表現する。

JASS 5では，コンクリートに適する細・粗骨材の標準粒度分布の範囲が決められている（図3·53）。

ふるい分けによって，粗骨材の最大寸法がわかる。最大寸法は，大きすぎるとフレッシュコンクリート時に鉄筋間を通過できなくなったり，材料分離しやすくなる。RC造建築では20 mm，25 mmを使う場合が多い。

粗粒率は，fineness modulus（細かさの係数）の略記号 f.m. やFMで表記される。粒度状態の目安になる指標で，80，40，20，10，5，2.5，1.2，0.6，0.3，0.15 mmの10個の各ふるいにとどまる骨材全部の質量百分率の総和を100で除した値である。

粗粒率は，値が大きいほど骨材粒子の大きいものが多く，粗い。通常の粗骨材は6〜7程度，細骨材は2〜3程度となる。

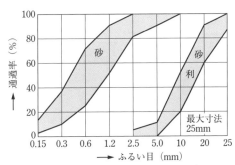

図3·53　骨材の標準粒度分布曲線

(d) 有害物質

骨材は，鉄筋コンクリートに有害にならないように，清浄で物理・化学的に安定している必要がある。悪影響に関係する物質を，骨材の**有害付着物質**，**有害含有物質**などといい，量的制限が設けられている。

有害付着物質には，有機不純物，泥分などの微粒分，塩化物，粘土塊などがあり，有害含有物質には，軟石，石炭や亜鉛などの硫化物，アルカリシリカ反応を起こす物質（反応性シリカ，雲母，ドロマイトなど）がある。

84　第3章　コンクリート

有機不純物には，フミン酸やタンニン酸を含む腐植土などがあり，水酸化カルシウムと化合して有機酸石灰塩を生じ，コンクリートの凝結や硬化を妨げる。

塩化物は埋設鉄筋の発錆につながる。海砂を使用する場合には散水により水洗いをして塩化物量を低減させる。JASS5では，骨材の塩分含有量を0.04％以下に制限している。

シリカや炭酸塩などの岩石鉱物の一部は，アルカリ分と化学反応を生じ膨張することがあり，これを**アルカリシリカ反応**（アルカリ骨材反応）という。アルカリシリカ反応を起こす骨材をコンクリートに使用すると，骨材の異常膨張が生じ，その膨張程度が大きくなると，コンクリート組織が崩れて，網目状のひび割れが多発する。骨材の反応性試験によって，無害でないことをチェックしている。

3・3・3　混和材料
(1) 混和材料の分類と概要

混和材料には，混和材と呼ばれるAE剤，減水剤，（高性能）AE減水剤，収縮低減剤，起泡剤，発泡剤などと，混和材と呼ばれるシリカフューム，フライアッシュ，高炉スラグ微粉末，石灰石微粉末，膨張材などがある（表3・2）。

混和剤は，セメント質量に対する添加率として使用量が決められる。液体系の混和剤を使用する場合，その使用量を単位水量の一部にする。

混和材で，水和反応により硬化するものは，セメント質量の一部に置換し，セメントと混合する結合材として使用している。反応しない混和材は，細骨材の一部として使用されている。

表3·2　混和材料の主な特徴

	混和材料の種類	機能
混和剤	AE剤	ワーカビリティー・耐凍害性の改善
	AE減水剤	ワーカビリティー・耐凍害性の改善，単位水量，セメント量の低減
	高性能AE減水剤	著しい単位水量の低減，耐凍害性の改善
	高性能減水剤	減水効果による強度増加
	水中不分離性混和剤	水中での材料分離防止
	（超）遅延剤	凝結・硬化時間の遅延
	促進剤	凝結・硬化時間の短縮
	防凍・耐寒剤	凝結・硬化時間の短縮
	急結剤	凝結・硬化時間の短縮
	防せい剤	鋼材腐食の抑制
	起泡・発泡剤	気泡の導入，膨張
	収縮低減剤	乾燥収縮の低減
混和材	フライアッシュ	単位水量の低減，耐久性の向上
	高炉スラグ微粉末	強度・耐久性の向上
	シリカフューム	強度・耐久性の向上
	膨張材	収縮補償，ケミカルプレストレス
	鉱物質微粉末	材料分離低減，ワーカビリティーの改善
樹脂系	ポリマー	ワーカビリティーの改善，接着性・耐久性の向上

(2) 混和剤
(a) AE剤

AE（air entraining：空気連行）剤とは，コンクリート中に直径約 30〜250μm 程度の多数の微細な独立気泡を混入する。親水基と疎水基（親油基）をもつ界面活性剤が主成分であり，疎水基に空気が閉じこめられ，液体中に気泡ができる（図3·54）。

(b) 減水剤

セメント粒子は，水と接すると凝集する。減水剤は，表面活性剤として，セメント粒子の表面に吸着し，陰イオンでおおわれた状態にする。これが，静電気的な反発作用を生じ，粒子凝集体を分散させ，流動性が向上する（図3·55）。高性能減水剤は，減水剤よりも高い減水性能を付与させている。

(c) AE減水剤

AE減水剤は，空気連行作用とセメント分散作用を併用させた化学混和剤である。高性能AE減水剤は，高い減水性能と空気連行作用をもち，スランプ保持性能も有する。

フレッシュコンクリートは，時間経過とともに，凝集によって流動性が低下し，スランプが低下する。これを**スランプロス**という。スランプ保持性能とは，時間経過してもスランプロスが少なく，流動性を保ち続ける性能である。

(d) 収縮低減剤

収縮低減剤は，アルコールなどの非イオン系界面活性剤が主成分で，コンクリートの毛細管中に存在する水の表面張力を低下させることで，収縮を低減させる化学混和剤である。コンクリート製造時の混入だけでなく，材齢が初期の硬化コンクリート表面に塗布しても，乾燥収縮低減効果が得られる。

(e) 起泡剤と発泡剤

コンクリートの軽量化手法の一つに多数の空気泡の混入があり，起泡剤や発泡剤が使われて

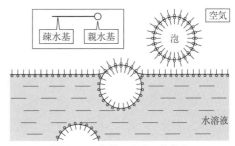

図3·54 気泡の生成の仕組み

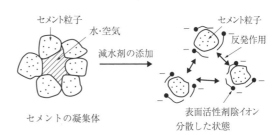

(a) セメント粒子の凝集に及ぼす減水剤の分散効果

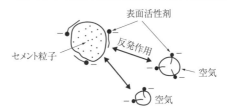

(b) 減水剤による空気の解放

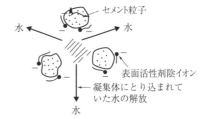

(c) 減水剤による水の解放

図3·55 減水剤の分散機構

いる。

起泡剤は，陰イオン系界面活性剤や樹脂石けんやゼラチンやガゼインなどのタンパク質誘導体などを主成分としている。練混ぜ中に起泡させたり，あらかじめ発泡機で泡立てて（プレフォーム法という），物理的に空気泡を導入する（図3·56）。

発泡剤は，アルミニウム粉末を主成分として

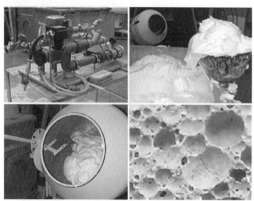

図3·56 発泡機で泡立てたプレフォーム法の気泡コンクリート

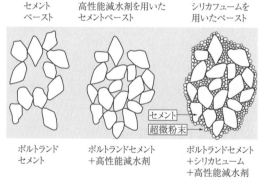

図3·57 超微粒子充填による緻密化

いる。アルミニウムは，セメント中の水酸化カルシウムなどのアルカリ類と反応して，水素ガスを発生させ発泡する。ALCパネルの製造で利用されている。

(3) 混和材

(a) シリカフューム

シリカフュームは，シリコン工場で生じるシリカ（SiO_2）の超微粒子で産業副産物である。

密度は 2.1〜2.2 g/cm³ 程度で，平均粒径 0.1 μm の完全球形で，比表面積は 200 000 cm²/g 程度の超微粒子になり，たばこの煙粒子より細かい。このため，フレッシュコンクリート中では，摩擦を低減するボールベアリング作用により，流動性を向上させる。

主成分のシリカ SiO_2 は非結晶質で比表面積が大きいため，**ポゾラン反応性**が高い。ポゾラン反応性とは，水硬性をもたないが，可溶性シリカなどがセメントの水和反応で生成する水酸化カルシウムと反応して，不溶性のけい酸カルシウム水和物を生成することをいう。

十分な湿潤養生を行うことで，ポゾラン反応の元になるセメント水和反応による水酸化カルシウムが多く生成され，結合体として内部組織を緻密化し，長期強度を増加させ，水密性や化学抵抗性が向上する（図3·57）。しかし，単位結合材量が多いと自己収縮も大きくなる。

(b) フライアッシュ

フライアッシュは，石炭火力発電所などから出る燃焼ガスから集塵器で採取されるアッシュ（ash：灰）で，産業副産物である。シリカフュームと同じように，ポゾラン反応性をもち，長期強度を向上させる。また，粒子形状が球形のため，ボールベアリング作用で，フレッシュ時の流動性を向上させる。

フライアッシュを混和することで，単位セメント量を相対的に減じて水和熱を低減したり，ポゾラン反応によりアルカリ性の水酸化カルシウムを消費するためアルカリシリカ反応抑制の効果もあるといわれているが，中性化が進展しやすい。

(c) 高炉スラグ微粉末

高炉スラグ微粉末は，高炉による溶鉱炉製鉄にて同時に生成する溶融状態のスラグを水で急冷して乾燥・粉砕した粉体で，産業副産物である。急冷することで，化学反応性（活性という）が現れる。

混合セメントとして結合材にするとき，高炉スラグ微粉末がセメント水和生成物のアルカリにより刺激されることで，水和反応する（これを**潜在水硬性**という）ことから，その混合割合を，シリカフュームやフライアッシュよりも増加できる。高炉セメント中の高炉スラグ微粉末の置換率は，A種が 5〜30 %，B種が 30〜

60%, C種が60〜70%と規格化されている。

スラグの置換率や粉末度が増大するほど、フレッシュ時の流動性やブリーディングが増大する。20℃以下の養生温度で、粉末度が小さく、置換率が大きいとき、水和熱やアルカリシリカ反応は、普通ポルトランドセメントよりも抑制できる。しかし、粉末度が大きいときや養生温度が高くなるときには、活性が増し、水和熱が高くなり、自己収縮も大きくなる場合がある。

また、コンクリートの初期強度発現が小さく、長期間養生する必要がある。

(d) 膨張材

膨張材は、水和反応によってエトリンガイトや水酸化カルシウムの結晶を生成し、その結晶成長や生成量による体積増大で膨張させる。

コンクリートの収縮補償や、ケミカルプレストレスを導入して、収縮ひび割れ抑制のために用いられている。

(4) 繊維系

繊維系の混和材料は、コンクリート中に不連続に分散させられる短繊維が主になる。短繊維には、鋼繊維、PVA繊維、ガラス繊維、炭素繊維、ポリプロピレン繊維などが製品化されている。細柔らかい毛髪状からつまようじ状や針金状まである（図3・58）。

繊維長は骨材と絡ませるため4〜60 mm程度が多く、繊維長／直径の比率を**アスペクト比**といい、約5〜5000程度まで幅広い。アスペクト比が小さいほど、高混入率で練り混ぜられるが、粒子形状に近づき繊維補強が弱くなる。一般に、流動性を考慮して、容積混入率約0.1〜2%程度で、RC造のかぶり部分の剥落防止やひび割れ抑制に用いられている。また、有機繊維は、高強度コンクリートの火災時の爆裂防止にも用いている。

PVA繊維は、有機物のポリビニルアルコールを原料にしており、ビニロン繊維ともいう。

ガラス繊維は、無機物のガラスや、コンクリート中のアルカリ分による浸食に耐性付けた耐アルカリガラスを原料にしている。

炭素繊維は、原料より、PAN系（ポリアクリルニトル）とピッチ系（石油または石炭）の二種類に区別される。

その他に、ポリプロピレン繊維がある。

(5) 樹脂系

樹脂系の混和材料には、高分子のEVA系、アクリル系、SBR系などを主成分としたポリマーがある。ゴムラテックスや樹脂エマルションに、安定剤や消泡剤を加えて、よく分散させて均質な液体状にしたポリマーディスパージョンや、それらを粉末にした再乳化形粉末樹脂がある。ディスパージョンとは分散剤という意味である。練混ぜ時に混入すると、硬化後、内部組織中に固着力を向上させる皮膜（ポリマーフィルムという）を形成し、曲げ強度やひび割れ抵抗性や物質遮断性を向上させている。

粗骨材を混合したコンクリートに用いられることは少なく、断面修復材などの補修補強材料として、ポリマーセメントモルタルなど、モルタルの利用が多い。

上左：毛髪状のPVA繊維，上右：つまようじ状のPVA繊維，
下左：鋼繊維，下右：短繊維を混入後の破断面
図3・58 繊維形状とコンクリート中の混合状況

3・4 コンクリートの調合設計

3・4・1 調合設計の基本的な考え方

コンクリートを製造するとき，各種構成材料の割合や使用量を，建築分野では**調合**といい，土木分野では**配合**という。調合は，コンクリートを製造するときに用いる各材料の使用量で表示する。

また，調合を定める手法全般を，**調合設計**という。そして，建築工事に関する仕様書または責任技術者によって，所要の品質が得られるよう指示された調合を，**計画調合**という。計画調合は，調合設計を行った結果としてコンクリート 1 m³ = 1000l の表示になる。質量表示を単位量（kg/m³）といい，容積表示を**絶対容積**（l/m³）という。

調合設計は，所要のワーカビリティー，強度，耐久性，その他の性能が得られるように考える手段であり，コンクリートに関するあらゆる知識が必要となる。

計画調合は，コンクリート 1 m³ = 1000l に対する各構成材料の割合になるため，各構成材料を割り付けた容積で考える（図3・59）。

各構成材料の割付けにあたって，重視する観点は，割り付けたときに生じるであろうフレッシュ時の流動性と硬化後の圧縮強度発現になる。

2018年版 JASS 5[1] までは，要求された圧縮強度と流動性を表すスランプと使用材料の品質から，長年にわたって蓄積されてきた多くの実績に基づき整理された標準値を利用して，調合設計が行われた。2022年版 JASS5 から，この

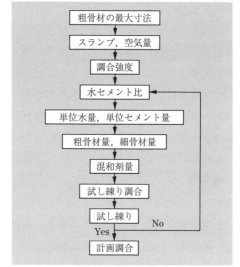

構成材料	1 m³の体積 (l/m³)	密度 (kg/m³)	1 m³の質量 (kg/m³)
セメント	100	3.15	315
水	175	1.0	175
砂	300	2.6	780
砂利	380	2.6	988
空気	45	0.0	0

図3・59 構成材料の割付けと調合設計例

図3・60 調合設計の手順

具体的な調合設計の手順が，コンクリートの調合設計指針・同解説で示されることになった。調合強度を設計し，それに応じたセメントペースト量を設計し，ついで，骨材量を設計して，試し練りを経て計画調合を得る（図3・60）。

3・4・2 調合設計の手順
(1) 調合強度の設計

調合設計で目標とする圧縮強度は，調合強度 F という。

---

(1) 建築工事は，日本建築学会の建築工事標準仕様書（JASS = Japanese Architectural Standard Specification）が基本に用いられ，鉄筋コンクリート工事は，その仕様書第5巻にあたり JASS5 と呼称される。JASS5 は約10年ごとに大改定されるとともに，大改定後に関連法律や関連 JIS が変わると，適宜，小改定される。現在，大改定の2009年版を小改定した2018年版から，大改定の2022年版 JASS5 が刊行されている。

調合強度 F は，調合を管理する場合に基準とする**調合管理強度** F_m が定義され，この調合管理強度 F_m に，製造・運搬時のばらつき変動に対する強度割増し補正を行って定める。

使用するコンクリートは，工事現場に供給され，構造体に打ち込まれるコンクリートのことを指す。その性能は，フレッシュ状態の性能および硬化後のポテンシャルの性能で表される。一般に，長期材齢の構造体コンクリートから抜き取ったコア供試体は，同材齢の標準養生の円柱供試体よりも，養生時の水分供給が少なく，強度発現が小さい。このため，構造体コンクリートの強度管理は，標準養生した円柱供試体との強度発現の差を，強度補正値として割り増し対応する。

表3·3に構造体コンクリートの圧縮強度の基準を示す。構造体コンクリートの圧縮強度は，材齢28日の調合管理強度 $F_m = F_{28}$ 以上とする。また，材齢91日の構造体から採取したコア供試体の圧縮強度は，**品質基準強度** F_q を満足しなければならない。さらに，現場水中養生および現場封かん養生の円柱供試体の強度は，施工上必要な材齢において施工上必要な強度が得られていることを確認するために使用する。

表3·3 構造体コンクリートの圧縮強度の基準

供試体の養生方法	試験材齢	圧縮強度の基準
コア [1]	91日	品質基準強度 F_q 以上 [2]
標準養生	28日	調合管理強度 F_m 以上
現場水中養生または現場封かん養生	施工上必要な材齢	施工上必要な強度

注1) 工事監理者の承認を得て構造体温度養生供試体とすることができる。
注2) 構造体温度養生供試体による場合は，品質基準強度 F_q に3 N/mm² を加えた値とする。

調合管理強度 F_m は，品質基準強度 F_q に構造体強度補正値 $_mS_n$ を加えた値となり，式（9）となる。

$$F_m = F_q + {}_mS_n \qquad (9)$$

品質基準強度 F_q は，実際の構造体コンクリート強度が満足すべき強度であり，式（10）のように，構造計算で適用する**設計基準強度** F_c，および，耐久上の品質を確保するための**耐久設計基準強度** F_d のうち，大きいほうの値で定める。

$$\left.\begin{array}{l} F_q = F_c \\ F_q = F_d \end{array}\right\} \text{大きいほうを } F_q \qquad (10)$$

設計基準強度 F_c は，18，21，24，27，30，33，36，39，42，45，48 N/mm² のいずれかをとるのが一般的である。設計基準強度が48 N/mm² を超える場合は高強度コンクリートを用いた設計になる。

耐久設計基準強度 F_d は，構造体の耐用年数となる計画供用期間の級に応じ，耐久性確保のために必要とした圧縮強度である。圧縮強度が大きいほど，コンクリートの内部組織が密実で CO_2 が浸透しにくく，中性化しにくい。この中性化に耐える期間を圧縮強度で表したのが，耐久設計基準強度 F_d となる。計画供用期間の級は，「短期」「標準」「長期」と，およそ200年を想定した「超長期」の4水準になる（表3·4）。

表3·4 コンクリートの耐久設計基準強度 F_d

計画供用期間の級	耐久設計基準強度 F_d（N/mm²）	大規模補修不用期間	供用限界期間
短期	18	30年	65年
標準	24	65年	100年
長期	30 [1]	100年	–
超長期	36 [1]	100年超	–

注1) かぶり厚さを10 mm 増やした場合，計画供用期間の級が，長期で27，超長期で30 N/mm² とすることができる。

構造体強度補正値 $_mS_n$ は，標準養生した円柱供試体の材齢 m 日の圧縮強度と，柱や梁などの材齢 n 日の構造体コンクリート強度の差として求める。なお，強度管理の材齢は，m が28日，n が91日，を標準とする。表3·5に，主要なセメントにおける構造体強度補正値 $_{28}S_{91}$ の標準値を示す。

表3・5 構造体強度補正値 $_{28}S_{91}$ の標準値

セメントの種類	コンクリートの打込みから28日までの期間の予想平均気温 θ の範囲(℃)	
早強ポルトランドセメント	$0 \leq \theta < 5$	$5 \leq \theta$
普通ポルトランドセメント	$0 \leq \theta < 8$	$8 \leq \theta$
中庸熱ポルトランドセメント	$0 \leq \theta < 11$	$11 \leq \theta$
低熱ポルトランドセメント	$0 \leq \theta < 14$	$14 \leq \theta$
フライアッシュセメントB種	$0 \leq \theta < 9$	$9 \leq \theta$
高炉セメントB種	$0 \leq \theta < 13$	$13 \leq \theta$
構造体強度補正値 $_{28}S_{91}$(N/mm²)	6	3

注）普通ポルトランドセメントや高炉セメントでは，暑中期間における構造体強度塑性値 $_{28}S_{91}$ は 6 N/mm² とする。

コンクリートは，原材料の品質，製造，運搬，打込みなどの様々な状況下で，ばらつく。調合強度 F は，標準養生した円柱供試体の在齢 m 日における圧縮強度で表示され，在齢 m 日は原則として 28 日とする。その値は，式(11)のように，調合管理強度 F_m に，3 回の強度試験結果の平均値以上（不良率を正規分布の標準偏差 1.73 における確率 4.182 %としている），あるいは 1 回の強度試験結果の 85 %以上（限りなく 0 に近い不良率で，正規分布の標準偏差 3.0 における確率 0.135 %としている），の大きいほうの値で定める。

$$\left. \begin{array}{l} F = F_m + 1.73\sigma \\ F = 0.85F_m + 3\sigma \end{array} \right\} 大きいほうを F \quad (11)$$

σ は，使用するコンクリートの圧縮強度の標準偏差であり，レディーミクストコンクリート工場の実績から定める。実績がない場合，$\sigma = 2.5$ N/mm²，または $\sigma = 0.1 \times F_m$ (N/mm²) の大きいほうの値とする。なお，レディーミクストコンクリート工場におけるコンクリート強度区分を呼び強度といい，呼び強度＝調合管理強度 F_m となり，$0.1 \times F_m$ は呼び強度から換算できることになる。

$$\left. \begin{array}{l} \sigma = 2.5 \\ \sigma = 0.1F_m \end{array} \right\} 大きいほうを \sigma \quad (12)$$

例えば，設計基準強度 $F_c = 24$ N/mm²，耐久設計基準強度 $F_d = 18$ N/mm² のとき，品質基準強度 $F_q = F_c = 24$ N/mm² になる。構造体強度補正値 $_{28}S_{91} = 3$ N/mm² のとき，調合管理強度 $F_m = 27$ N/mm² になる。標準偏差 $\sigma = 0.1 \times F_m = 2.7$ N/mm² より，1.73 σ を適用して，調合強度 $F = 31.7$ N/mm² になる。

図 3・61 に，標準養生した円柱供試体の調合強度 F の強度分布と構造体コンクリート強度分布における調合管理強度 F_m と品質基準強度 F_q の関係の例を示す。材齢 28 日の標準養生した円柱供試体の圧縮強度は，不良率 4 %で調合管理強度 F_m を満足する。また，材齢 91 日の構造体コンクリートの圧縮強度は，不良率 5 %（品質基準強度 F_q に対する正規分布の標準偏差 1.64 になる）で品質基準強度 F_q を満足する。さらに，構造体強度補正値 $_{28}S_{91}$ を用いて調合したコンクリートは，材齢 28 日の構造体コンクリートの圧縮強度が品質基準強度 F_q を不良率 50 %（品質基準強度 F_q に対する正規分布の標準偏差 0 になる）で満足する。

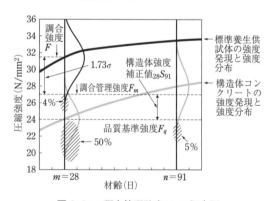

図 3・61 調合管理強度 F_m の概念図

(2) セメントペースト量

調合強度とスランプを考慮して，セメントペースト量を設計する。

まず，リーセのセメント水比説を利用して，調合強度 F に対応する水セメント比 x を式(13)から定める。セメント種類の影響は，セメント強度 K と実験定数 a, b で表現される。

$$F = K \cdot \left(a \cdot \frac{1}{x} + b \right) \qquad (13)$$

$$\therefore \quad x = \frac{W_g}{C_g} = \frac{a}{F/K - b}$$

なお，水セメント比 x は，あまりに大きいと，強度，耐久性，ワーカビリティー，均一性などに不具合が生じるので，セメント種類やコンクリート種類に応じて最大値が定められている。最大値を超えた場合，最大値以下の適当な水セメント比を採用する（表3·6）。

表3·6　水セメント比の最大値

セメントの種類		水セメント比の最大値（%）	
		短期·標準·長期	超長期
ポルトランドセメント	早強ポルトランドセメント 普通ポルトランドセメント 中庸熱ポルトランドセメント	65	55
	低熱ポルトランドセメント	60	
混合セメント	高炉セメントA種 フライアッシュセメントA種 シリカセメントA種	65	—
	高炉セメントB種 フライアッシュセメントB種 シリカセメントB種	60	

ついで，水セメント比 x と骨材の諸条件によって，単位水量の標準値が定められており，それを参照し補正計算して，単位水量 W_g を定める（表3·7）。なお，単位水量の上限値が 185kg/m³ 以下と規定されており，超えた場合は，高性能 AE 減水剤などを用いて，185kg/m³ 以下にする。

そして，水セメント比 x と単位水量 W_g から，単位セメント量 C_g を定める。なお，コンクリートの種類などによって単位セメント量の最小値が決められており，最小値を下回った場合，水セメント比の設定を変更し，それに応じて，単位水量を修正して，単位セメント量を最小値以上にする。

一般仕様のコンクリートの単位セメント量の

表3·7　普通ポルトランドセメントおよびAE減水剤を用いる普通コンクリートの単位水量の標準値（kg/m³）

水セメント比（%）	スランプ（cm）	粗骨材の種類（最大寸法）	
		砕石（20mm）	砂利（25mm）
40	8	163	152
	12	173	161
	15	181	169
	18	(192)	181
	21	(203)	(192)
45	8	158	147
	12	168	157
	15	176	164
	18	(187)	176
	21	(198)	(187)
50	8	157	146
	12	165	154
	15	172	161
	18	(183)	172
	21	(194)	(184)
55	8	155	144
	12	162	151
	15	168	157
	18	179	168
	21	(190)	180
60〜65	8	153	142
	12	160	149
	15	166	155
	18	176	165
	21	(186)	176

注(1)　表中にない値は，線形補間によって求める。
(2)　表中（ ）で示した単位水量が185kg/m³を超える場合は，高性能AE減水剤などを用いてできるだけ185kg/m³以下とする。
(3)　本表に用いた骨材の物理的性質は下表のとおりである。

骨材種類	砂	砕石	砂利
最大寸法（mm）	—	20	25
粗粒率	2.70	6.69	6.79
実積率（%）	—	60.0	63.7

最小値は 270 kg/m³ である。また，高性能 AE 減水剤を用いる普通コンクリートでは，粗骨材の分離が生じたり，ブリーディングが増大することにより，ワーカビリティーが悪くなることがあり，単位セメント量の最小値は 290 kg/m³ になる。

単位セメント量 C_g と既知のセメント密度 C_ρ からセメント絶対容積 C_v を定めて，セメントペースト量が定まる。

92 第3章　コンクリート

（3）骨材量

骨材量については，まず粗骨材を検討し，最後に細骨材を検討する。

単位水量と同様に，使用する骨材の諸条件に基づき，単位粗骨材かさ容積（m^3/m^3）を標準値から参照補正して算定する（表3・8）。

そして，粗骨材実積率（％）を用いて，**粗骨材絶対容積 G_v**（l/m^3）を式(14)で求める。

$$G_v = 単位粗骨材かさ容積 \times 実積率 \times \frac{1000}{100} \quad (14)$$

単位粗骨材量 G_g は，既知の粗骨材密度 G_p と粗骨材絶対容積 G_v から定める。

次に，**細骨材絶対容積 S_v** は，水，セメント，粗骨材，空気の絶対容積を，コンクリート1$m^3 = 1000\,l$ から差し引いた式(15)で求める。

$$S_v = 1000 - (W_v + C_v + G_v + A_v) \quad (15)$$

単位細骨材量 S_g は，細骨材密度 S_p と細骨材絶対容積 S_v から定める。

また，細骨材率 s/a を求める。細骨材率は，骨材中で，細骨材が占める容積比率になり，細骨材率 s/a ＝細骨材容積 S_v/（細骨材容積 S_v ＋粗骨材容積 G_v）で表す。

（4）計画調合

化学混和剤の使用量 SP_g を，単位セメント量 C_g に対する添加率から求める。そして，JASS5で指示する調合表を作成する（表3・9）。

計画の段階では，計画調合上の最大塩化物イオン量が $0.30\,kg/m^3$ 以下であることを確認する。$0.30\,kg/m^3$ を超える場合は，最大塩化物イオン量が $0.30\,kg/m^3$ 以下になるよう，各材料の塩化物イオン量の上限値を見直す。

計画調合は，この計算した調合で試練りを実施し，判定によって満足したときに決定されたとする。満足しない場合は，調合の調整を行う。

表3・8　普通ポルトランドセメントおよびAE減水剤または高性能AE減水剤を使用する普通コンクリートの単位粗骨材かさ容積の標準値　　　　　（m^3/m^3）

水セメント比（％）	スランプ（cm）	AE 減水剤		高性能 AE 減水剤	
		砕石(20 mm)	砂利(25 mm)	砕石(20 mm)	砂利(25 mm)
40 〜 60	8	0.66	0.67	0.67	0.68
	12	0.65	0.66	0.66	0.67
	15	0.64	0.65	0.65	0.66
	18	0.6	0.61	0.61	0.62
	21	0.56	0.57	0.57	0.58
65	8	0.65	0.66	−	−
	12	0.64	0.65	−	−
	15	0.63	0.64	−	−
	18	0.59	0.6	−	−
	21	0.55	0.56	−	−

注　表中にない水セメント比およびスランプに対する単位粗骨材かさ容積は補間によって求める。

表3・9　計画調合の表し方

品質基準強度 (N/mm²)	調合管理強度 (N/mm²)	調合強度 (N/mm²)	スランプ (cm)	空気量 (%)	水セメント比 (%)	粗骨材の最大寸法 (mm)	細骨材率 (%)	単位水量 (kg/m³)	絶対容積 (l/m³)				質量 (kg/m²)				化学混和剤の使用量 (ml/m³) または (C×%)	計画調合上の最大塩化物イオン量 (kg/m³)
									セメント	細骨材	粗骨材	混和材	セメント	*細骨材	*粗骨材	混和材		

注　＊絶対乾燥状態か，表面乾燥飽水状態かを明記する。ただし，軽量骨材は絶対乾燥状態で表す。
　　混合骨材を用いる場合，必要に応じ混合前のおのおのの骨材の種類および混合割合を記す。

3・5 コンクリートの欠陥

3・5・1 施工不良と初期ひび割れ

コンクリートは，現場施工における打込み直後に，コンクリートの沈下・ブリーディング，不適当な打込み順序，急速な打込み，不十分な締固め，初期養生中の急激な乾燥，型枠の早期除去，支保工の沈下などの施工不良により，ひび割れを発生しやすい。

(1) プラスチック収縮ひび割れ

まだ固まっていないプラスチック（＝可塑）状態のコンクリートから，急激に水分が蒸発することで，外気と接するコンクリート打設表面を収縮させ，やがてひび割れることをいう。田んぼの水が干上がった後に現れる網目状ひび割れと殆ど同じ状況にある。急激な水分蒸発を促す風と温度と湿度の関係が重要で，とくに風速が大きい場合に水分蒸発量が大きくなり，ひび割れ発生しやすい（図3・62）。

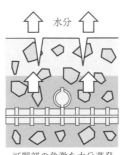

図3・62　プラスチック収縮ひび割れ

(2) 沈みひび割れ

コンクリート打設後に生じるブリーディング現象や沈降により，内部の鉄筋にそってひび割れが生じる（図3・63）。部材側面では，急速な打込みや締固め不足による目詰まり領域がひび割れ発生起点になりやすい。

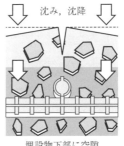

図3・63　床の配筋に沿った沈みひび割れ

(3) コールドジョイント

先に打ち込んだコンクリートと，後から打ち込んだコンクリートとの間が，完全に一体化していない継ぎ目である（図3・64）。打重ねのときの締固め不良などで発生する施工欠陥である。

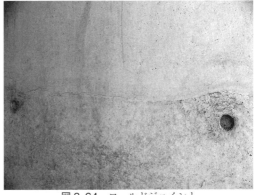

図3・64　コールドジョイント

3・5・2 拘束による収縮ひび割れ

(1) 収縮ひび割れの事例

初期材齢からしばらく経過すると，コンクリートの体積変化に伴う収縮ひび割れが現れやすくなる。（図3・65）。

平板を拘束した時に現れる収縮ひび割れ（図3・66, 67）と，開口部周辺に現れる収縮ひび割れに大別できる。収縮ひび割れの原因には，セメントの水和熱，コンクリートの自己収縮，コ

ンクリートの乾燥収縮，気象作用などによる環境温度・湿度の変化，部材表裏面の温度・湿度の差，などがある。

(2) 収縮ひび割れの対策

収縮ひび割れの対策には，材料による制御と拘束状態の制御がある。材料による制御は，収縮を低減するよう，セメント種類や混和材料や骨材量を調整する。拘束状態の制御には，次の3つがある。

1) コンクリートがひび割れる方向と直角に，補強鉄筋を埋設し，ひび割れ発生を補強抑止する。開口部の四隅に，斜め補強筋を埋設する方法などになる。

2) 部材内部に埋設している鉄筋の量（鉄筋比）を増やすと，部材内部を全体的に拘束することになり，ひび割れ発生の本数は増えるが，各ひび割れの幅を小さく分散できる。各ひび割れの幅が小さいと，漏水や劣化因子の侵入を抑制でき，耐久性の向上につながる。

3) 埋設鉄筋の付着や縁を切って，局部的にひび割れを集中させる目地によって，その他にひび割れを入らないよう制御することができる。このような目地を**収縮目地**という。

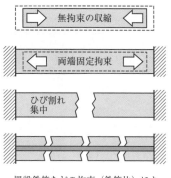

図3・65 収縮ひび割れ発生の仕組み

図3・66 下部の拘束による収縮ひび割れ

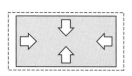

壁やスラブのような平板の無拘束の収縮。長手方向が大きく収縮する。

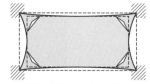

四隅の拘束により，四隅から引っ張れた状態になり，平板の隅角部にひび割れが発生する。

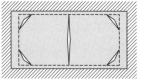

柱や梁などによる四辺全体の拘束により，隅角部のひび割れとともに，長手方向の収縮量と長辺の長さに応じて，ひび割れが発生。

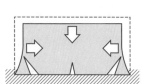

下拘束だけの時，平板の収縮に応じて下部が引っ張れた状態になり，下部の端部や中央がひび割れる。

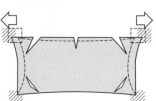

上拘束が，熱膨張などで外側へ移動すると，平板への引張作用が強まり，上部の端部や中央がひび割れる。

内部拘束：表面と内部で，乾燥や熱の差が大きいと，乾燥や熱に伴って収縮が大きくなる表面が，ひび割れる。

図3・67 平板状の部材の収縮ひび割れ

3・6 コンクリートの耐久性

3・6・1 コンクリートの劣化事例

RC造について，コンクリート表面部分から埋設鉄筋までにあるコンクリートを**かぶり**といい，その厚みを**かぶり厚さ**という。RC造の耐久性は，かぶりコンクリートの状態が重要となる（図3・68）。

劣化は，劣化因子となる酸やアルカリが，適度な水分や酸素の供給によって侵入・浸透して生じる（図3・69）。

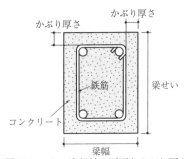

図3・68　RC造部材の断面とかぶり厚さ

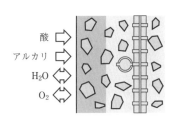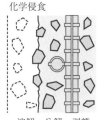

図3・69　化学侵食，凍害，アルカリシリカ反応による劣化

コンクリート表層部や内部を化学反応によって溶解や分解することで損傷させる**化学侵食**，コンクリート内部の毛細管や空隙の水分が凍結融解したときの凍結膨張により損傷させる**凍害**，コンクリートに使用している骨材がアルカリやシリカや炭酸塩に反応して異常膨張する反応性品質で，適度に水分供給された場合に骨材膨張し始め，微細ひび割れを発生累積して損傷させる**アルカリシリカ反応**などがある。

化学侵食は，コンクリート表層部を風化させる（図3・70）。凍害（図3・71）やアルカリシリカ反応（図3・72）は，コンクリート表層部に網目状ひび割れを生じ，スケーリングして風化させる。

また，長期間，二酸化炭素や塩分がコンクリート内部に浸透し，埋設鉄筋位置まで到達すると，鉄筋の不導体皮膜が破壊して，適度な水分と酸素の供給で鉄筋が発錆する（図3・73）。この鉄筋の錆は，鉄筋有効断面を欠損させるとともに膨張を伴い，その膨張圧で周囲のコンクリートにひび割れ損傷を与える。かぶり厚さが浅い場合，かぶりコンクリートを剥離させ，さらに鉄筋腐食が拡大すると広範囲のかぶりを剥落させる（図3・74）。

図3・70　酸による化学侵食実験の表面風化

図3・71　凍害による網目状ひび割れとスケーリング

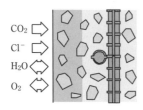
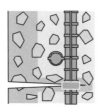
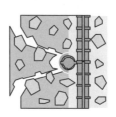
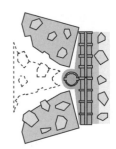

中性化や塩害の劣化因子が，時間とともに，かぶりコンクリート内部へ浸透。

ひび割れやコールドジョイントは，劣化因子を深く浸透させ，埋設鉄筋の腐食を助長する。

かぶり厚さ不足も含めて，劣化因子が最浅の埋設鉄筋まで浸透すると，腐食錆膨張で剥離。

劣化因子が最深の埋設鉄筋まで浸透すると，腐食錆膨張が広範囲に生じて剥落。

図3・73　鉄筋腐食による劣化

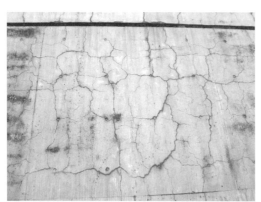
図3・72　アルカリシリカ反応による網目状ひび割れ

図3・74　塩害の鉄筋腐食で床下部のかぶり剥落例

3・6・2　劣化の対策

　RC造建築物の長寿命化に有効な対策は，維持管理といえる。耐用限界に対する維持管理は，表層のかぶり部周辺が主になり，モニタリングによる劣化変状の点検，状態把握調査，補修・補強，修復がある。それらの工法技術は，劣化因子の侵入ルートにあたる表層仕上げ，かぶり部コンクリート，埋設鋼材，部材の耐荷力・変形に区別でき，複数の工法を組合せて（図3・75），多角的に耐用性の維持や向上を図っている。

　表層仕上げでは，表面被覆材・塗装材を塗布

して，劣化因子を遮断する場合，あるいは劣化因子の侵入を抑制して劣化速度を低減する場合の表面処理や，ひび割れを注入式補修材などで埋めるひび割れ補修がある。

かぶり部コンクリートでは，かぶりをはつって補修材を詰める断面修復や，電気化学的に再アルカリ化や脱塩して，劣化因子を除去したり，劣化因子を抑制したり，劣化速度を低減させたり，供用時の初期状態に戻す工法がある。

埋設鋼材では，鋼材腐食の発生や進行を抑制するため，腐食速度を低減させる防錆・防食工法，また，鋼材腐食量を除去し，供用時の初期状態に戻す錆落し・差替え工法がある。

部材の耐荷力・変形では，補修・補強時に元の性能と同程度に回復させる打換え，元の性能以上の性能を付与する鋼板・FRPの接着補強や表層の増厚補強などがある。

RCの維持管理の技術は，経年劣化作用を踏まえて，埋設鉄筋の腐食発錆を抑制することと，部材表層にて劣化因子の浸透・侵入を抑制することになる。

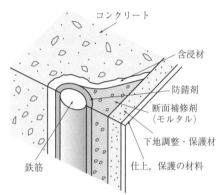

図3・75 表層仕上げ，断面修復，埋設鉄筋の防錆を組合せた補修工法

コラム　ロンシャン礼拝堂とひび割れ

スイス国境からほど近いフランス東部のロンシャンには，近代建築巨匠のスイス人建築家ル・コルビュジエが設計したノートル-ダム-デュ-オー・ロンシャン，通称ロンシャン礼拝堂（チャペル）が，ゆるやかな傾斜の丘の上に建っている。1950年に計画され1955年に竣工した（図1）。

南面の正面の塔の中腹部には，ぱっくり開いた大きな縦ひび割れが見える。また，湾曲厚壁の東の空に反り返る白い壁面には，右上から左下につながる複数の大きな斜めひび割れの補修跡が見える（図2）。

南面壁体はRC軸組フレーム内に荒石を組積しただけなので，おそらく南東側の地盤が少し沈み込んだために壁体表面部がゆがみ，大きな斜めひび割れが入ったことが考えられる。また，壁が基礎に固定されて，上部構造が気象変化等で収縮したため，端部斜め収縮ひび割れが発生したとも考えられる。さらに，塔内部にはひび割れは見えないが，スタッコ調仕上げで表面被覆した組積造の塔が縦に大きくひび割れるということは，南西側の地盤が少し沈み込んだためのズレ変形とも考えられる（図3）。

東面左隅部には，建物内外をつなぐ鉄筋コンクリート製の貝殻の跡が刻まれた打ち放し仕上げ扉が取り付けられているが，取っ手周辺から四方八方へひび割れている（図4）。3つの貝殻跡は，偶然にも，ひび割れがずれていて無事である（図5）。

98　第3章　コンクリート

図1　ロンシャン礼拝堂

図2　南面の塔の縦ひび割れと南面壁体の斜めひび割れ補修跡

　貝殻跡RC扉の取っ手金物周辺部の収縮ひび割れの発生を考えてみる。コンクリートは，打込み後から材齢2〜3年程度，コンクリート内部の水分が徐々に逸散し乾燥し，その乾燥に伴って収縮変形が起きる。

　四角い開口を持つコンクリート板は，乾燥に伴って，開口部の四辺周辺のコンクリートがそれぞれ開口を大きくする方向，すなわち内向きに収縮し，4つの隅角部が対角方向に最も引っ張られた状態になり，対角方向に逆ハの字型あるいはハの字型にひび割れる。

　この開口部に取っ手金物が埋め込まれた場合，対角方向の逆ハの字型あるいはハの字型にひび割れるとともに，開口時の四辺各辺の最大収縮変形が起きる中央部も拘束されて，大きな拘束引張力が作用するので，その四辺各辺の中央部もひび割れが発生する（図6）。

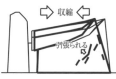 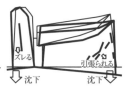  

季節や日中の気象変化などで建物上部が収縮しているのに，建物下部が地面に固定拘束されると，建物端部に斜めひび割れが発生。

地面が不同沈下すると，建物端部に斜めひび割れが発生。

図3　南面のひび割れ発生原因の推測　　図4　東面左隅部の貝殻跡RC扉と取って金物周辺部

  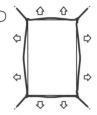 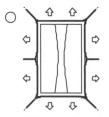

開口隅角部が2方向から引張られ，対角線上に，最も拘束応力が厳しく作用し，ひび割れやすい。また，開口四辺の長手方向中央部は，自由収縮変形から，最も収縮量が大きくなる。

開口隅角部とともに，左図の長手方向中央部の最大収縮変形を，埋込金物で拘束することで，拘束応力が大きく作用し，長手方向中央部もひび割れやすい。

図5　東面左隅の貝殻跡RC扉と収縮ひび割れ　　図6　開口部の収縮ひび割れの仕組み

3・7 セメント・コンクリート製品

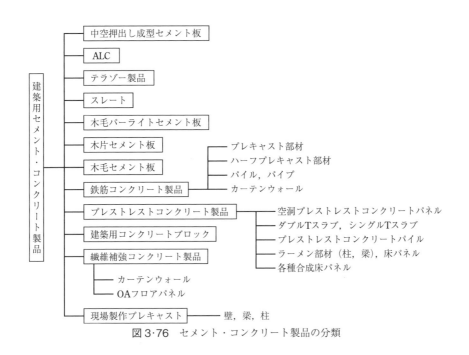

図3・76 セメント・コンクリート製品の分類

3・7・1 セメント・コンクリート製品の概要

セメント・コンクリート製品は，工場において，十分な品質管理のもとで，継続的に製造される標準仕様のプレキャストコンクリート部材をいう。製品の品質が安定し，省力化，工期短縮などが図れる。100種類以上の製品が製造されている。図3・76にセメント・コンクリート製品の分類を示す。

3・7・2 建築用コンクリートブロック

補強筋を埋設するための空洞をもつコンクリートブロックは，積み上げて配筋した後，モルタルなどを充填して，壁体や塀を構築する。このコンクリートブロックは，JIS A 5406:2019 で，断面形状により，**空洞ブロック**と**型枠状ブロック**に分類される（図3・77）。断面形状は，両方

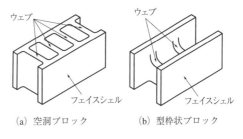

図3・77 基本形コンクリートブロック

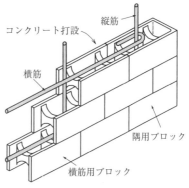

図3・78 型枠状ブロックの積み方例

ともフェイスシェルという表層面を，ウェブという部品で接合しているが，ウェブの作り込みが異なる。また，それぞれ基本形ブロック以外に，隅用や半切の**異形ブロック**がある。

基本形の空洞ブロックは，縦横どちらか1方向に補強筋を配筋した空洞部に充填材を部分充填して使用するタイプになる。基本形の型枠状ブロックは，縦横の2方向に補強筋を配筋し連続した充填材が充填できる全充填タイプになる（図3·78）。

なお，型枠状ブロックでは，横筋をウェブの上に直接置く場合，フェイスシェル外面からの吸水が大きいと発錆して構造補強できなくなるため，2006年のJISからフェイスシェル吸水層の厚さを肉厚の2/3以下にすることが決められている。

3・7・3 テラゾ

テラゾは，補強用モルタル層の上に大理石や花崗岩などの砕石粒，顔料，セメントなどを練り混ぜたコンクリートを打ち重ね，硬化した後，表面を研磨やつや出しして仕上げたブロック及びタイルをいう。

JIS A 5411:2014では，階段，壁，間仕切りなどに補強鉄線を有して用いられるテラゾブロックと，床などに補強鉄線無しで用いられるテラゾタイルに区分している。

3・7・4 軽量気泡コンクリート（ALC）

ALCは，石灰質原料およびけい酸質原料を主原料とし，オートクレーブ養生（温度約180℃，圧力約10気圧の条件下で行う促進養生）した**軽量気泡コンクリート**のことをいう。

ALCは，密度が約 0.5 g/cm^3 の軽量で断熱性に優れている。しかし，多孔質のため吸水性が大きく，使用にあたっては，防水性のある表面処理が必要である（詳しい用途は第9章参照）。

3・7・5 空胴プレストレストコンクリートパネル

内部に空胴を有するプレストレストコンクリート製の板状製品である。あらかじめPC鋼材を配置し緊張しておくプレテンション形式により，コンクリートを打ち込む。通常は促進養生して，コンクリートの強度が発現すると，定着していたPC鋼材を緩め，コンクリートと鋼材の付着によって，コンクリートにプレストレスが導入される（図3·79）。プレストレスが導入されたパネルは，曲げに対してかなり強くなる（図3·80）。

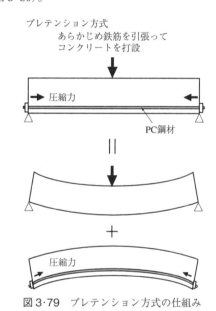

図3·79　プレテンション方式の仕組み

PC鋼材のプレストレス作用により，破断しにくい。
図3·80　空胴プレストレストコンクリートパネルの曲げ試験

第3章 演習問題 **101**

第3章
演習問題

【問題1】

下表に示す計画調合の計算結果に関する次の記述のうち，誤っているのはどれか。ただし，セメントの密度は 3.15 g/cm³，細骨材の表乾密度は 2.60 g/cm³，粗骨材の表乾密度は 2.65 g/cm³ とし，骨材は表面乾燥飽水状態とする。

単位量（kg/m³）			
水	セメント	細骨材	粗骨材
170	315	793	1007

(1) 水セメント比は 54.0 % である。

(2) 単位容積質量は 2285 kg/m³ である。

(3) 空気量は 4.5 % である。

(4) 細骨材率は 48.5 % である。

【問題2】

下記の調合条件で 1 m³ のコンクリートを製造する場合，各材料の計量値に関する次の記述のうち，誤っているのはどれか。ただし，セメントの密度は 3.15 g/cm³，細骨材の表乾密度と表面水率はそれぞれ 2.62 g/cm³ と 2.0 %，粗骨材の表乾密度は 2.70 g/cm³ で，粗骨材は表乾状態とする。

水セメント比 （%）	空気量 （%）	細骨材率 （%）	単位水量 （kg/m³）
50	5	42.5	170

(1) 練混ぜ水の計量値は 155 kg

(2) セメントの計量値は 340 kg

(3) 細骨材の計量値は 748 kg

(4) 粗骨材の計量値は 1043 kg

第2編
内外装材料

1章	非鉄金属材料 ———— 104	第6章	プラスチック ———— 139
2章	石材 ———— 108	第7章	塗料・仕上塗材 ———— 146
3章	ガラス ———— 113	第8章	接着剤 ———— 154
4章	セラミックス ———— 118	第9章	外壁パネル ———— 160
5章	左官材料 ———— 129	第10章	インテリア材料 ———— 166

サグラダ・ファミリア贖罪聖堂での建設中の中央交差上部のドーム（2010年3月）。双曲線型円すい台状の天窓から差し込む光で，天窓周囲のモザイクタイル仕上げがきらめく。写真撮影の1週間後，ドームの仕上げが完成し，写真中の建設用仮設床が外され，間近でドームの仕上げ詳細等が見られなくなった。

第1章　非鉄金属材料

1・1　銅および銅合金

1・1・1　特徴

銅は，鉄や鋼と違って，融点や変態点や降伏点がない。また，銅あるいは銅合金は，リサイクルが積極的に行われている。

長所は，延展性が高く加工しやすい。熱や電気の導伝性が，銀についで高い。空気中では塩基性炭酸銅 $CuCO_3 \cdot Cu(OH)_2$ を主成分とする緑青を表面に生じて，内部の腐食を防ぐため耐食性などがある。緑青は，過剰に摂取しない限り毒性が低い。さらに，銅イオンは，殺菌作用をもち，耐水性があり，清水に侵されない。

短所は，濃硫酸や硝酸に溶解されやすく，海水に侵されやすい。アンモニアなどのアルカリ性溶液にも侵食される。

1・1・2　種類

銅は，固溶体を作りやすいため，黄銅（真ちゅう），青銅（ブロンズ），白銅（洋白）などの銅合金としても多用されている。固溶体は，2種類以上の元素が互いに溶け合い，全体が均一の固体になることをいう。

1・1・3　製法

黄銅は，銅 Cu に亜鉛 Zn を混ぜる。銅／亜鉛の質量比率は，鍛錬用が 70／30，鋳造用が 60／40 になる。引張強度は，亜鉛 Zn が増えるほど高まる。空気中の耐食性は大きい。板や建築金物に使われる。5円硬貨にも用いられる。

青銅は，銅 Cu にスズ Sn を混ぜる。銅／スズの質量比率は，鍛錬用が 96～88／4～12 で，鋳造用が 88／10 で亜鉛 2 も混ぜる。耐食性，耐摩耗性がある。建築金物，弁，コックに用いられる。10円硬貨にも用いられる。

白銅（洋白）は，銅 Cu にニッケル Ni と亜鉛 Zn を混ぜる。銅／ニッケル／亜鉛の質量比率は，65／18／17 になる。金物や装飾品に用いられる。100円硬貨にも用いられる。

黄銅，青銅，白銅の色合いは，銅合金の銅含有の質量比で決まる（図1・1）。

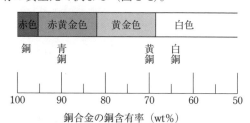

図1・1　銅含有率と銅合金の色合い

左：スイス・クールのオフィスビルの銅板装飾の扉，
右：上野の東京国立博物館の銅合金製の階段手すり

図1・2　銅合金の使用例

1・1・4　用途

薄板材では，屋根葺き，下見張り，といなど
に利用されている。また，電熱線や建築金物や
装飾建材などでは，面材・線材としても利用さ
れている。一般に，緑青の変化も含めて自然の
発色が好まれ，塗装なしで使用されている（図
1・2）。さらに，殺菌作用から，抗菌性の絨毯や
マットなどにも利用されている。

1・2　亜鉛

1・2・1　特徴

亜鉛は，イオン化傾向が大きいため，酸やア
ルカリに弱く，単体で建材として用いられるこ
とはない。イオン化傾向の小さい金属と接触さ
せておくと，亜鉛自体が溶けて，下地の金属の
腐食を防ぐ犠牲防食の作用があり，亜鉛めっき

表1・1　亜鉛めっき鋼板の種類と特徴

種類	名称	特徴
溶融亜鉛めっき鋼板	JIS G 3302 :2022　溶融亜鉛めっき鋼板（含亜鉛鉄板）	古くから屋根・外壁等の建築材を中心に使用され，耐食性に優れるとともに，加工性，塗膜密着性および溶接性に優れる。トタン板と呼ばれる。
	JIS G 3317 :2022　溶融亜鉛5％アルミ合金めっき鋼板	亜鉛とアルミニウムのもつ耐食性に加え，加工性にも優れ，とくに塗装も容易に施せる。
	JIS G 3321 :2022　溶融55％アルミ－亜鉛合金めっき鋼板	質量比率でアルミニウム55％＋亜鉛43.4％＋けい素1.6％からなる合金めっき鋼板で，アルミのもつ耐熱性や熱反射性などに加え，亜鉛とアルミの耐食性を併せもつ。また，耐酸性にも優れ，美麗で経済性が高い。ガルバリウム鋼板と呼ばれる。
電気亜鉛めっき鋼板	JIS G 3313 :2021　電気亜鉛めっき鋼板	溶融亜鉛めっき鋼板に比べ，亜鉛の付着量が少ない。しかし，鋼板を高温に加熱することなしにめっきされるので，原板の性質をそのまま受け継ぎ，加工性が良好である。
塗装亜鉛めっき鋼板	JIS G 3312 :2019　塗装亜鉛めっき鋼板（含カラー亜鉛鉄板）	溶融亜鉛めっき鋼板に合成樹脂塗料を焼き付け塗装している。耐久性や加工性に優れる。
	JIS G 3318 :2019　塗装溶融亜鉛5％アルミ合金めっき鋼板	溶融亜鉛－5％アルミ合金めっき鋼板を塗装原板として焼き付け塗装している。原板の優れた耐食性と加工性をもつ。
	JIS G 3322 :2019　塗装溶融55％アルミ亜鉛合金めっき鋼板	耐食性に優れた溶融55％アルミ－亜鉛合金めっき鋼板を原板にし，合成樹脂塗料を焼き付け塗装している。裏面からの腐食に対しても格段の耐久性を発揮する。
	塗装電気亜鉛めっき鋼板	電気亜鉛めっき鋼板に合成樹脂塗料を焼き付け塗装している。美麗な外観と優れた加工性をもつ。
	樹脂化粧鋼板（塩ビ鋼板など）	鋼板に各種の樹脂などを接着したり塗布したりしている。
	プレコート鋼板	用途に応じて原板，塗料などを特別に設計している。
	印刷塗装鋼板	グラビアオフセット方式により，木目，石目，布目などをインキでプリントしている。
	エンボス鋼板	塗装鋼板自体に機械的に色々な凹凸模様の加工を施している。
	特殊塗装鋼板	印刷によらないで意匠性をもたせたハンマートーン塗装鋼板，リシン塗装鋼板などがある。
	断熱亜鉛鉄板	原板に断熱材料を接着した複合材料で，強靱，軽量，防火，耐震などの表面処理鋼板の特長に加えて，断熱，防露，防音などの特性を付加している。施工が容易で経済的。

106 第1章　非鉄金属材料

として多用されている。めっきすることで，表面保護作用もかねていて，耐久性を増す。鋼板に亜鉛めっきを施した亜鉛めっき鋼板として利用されている。

1・2・2　製法

　亜鉛めっき鋼板の種類と特徴を表1・1に示す。亜鉛めっきの仕方によって，**溶融亜鉛めっき鋼板**，**電気亜鉛めっき鋼板**，**塗装亜鉛めっき鋼板**の3分類がある。溶融亜鉛めっきは，高温で溶かした亜鉛を入れためっき槽に材を浸し，材表面に被膜をつくる。電気亜鉛めっきは，めっき槽に材を浸してから，電気分解によって亜鉛を材表面に被膜させる。塗装亜鉛めっきは，亜鉛めっき鋼板を原材にして，その材表面に合成塗料樹脂を焼き付け塗装する。

　それぞれ，めっき金属として亜鉛単体だけでなく，質量比で，アルミニウム55％＋亜鉛43.4％＋けい素1.6％の合金を，溶融55％アルミ－亜鉛合金めっき鋼板といい，**ガルバリウム鋼板**ともいう。アルミを加えることは，めっき層表面に強固な不動態皮膜を形成して，めっき層を保護し，高い防食性を発揮する。

1・2・3　用途

　亜鉛単体の溶融亜鉛めっきや電気亜鉛めっきをした鋼板が**トタン板**である。めっき厚さは，0.026〜0.054mm程度である。トタン板は，軽くて安く，価格の割に耐久性は良く，安普請の建物に多用されている。

1・3　チタン

1・3・1　特徴

　チタンは，耐食性や耐久性が非常に優れているため，建築材料として最近よく使われるようになった。純度の高いチタンは塑性に優れ，鋼鉄と似た銀灰色の外観をもつ。

　チタンは鋼鉄と同等の強度で，密度は$4.5g/cm^3$と鋼鉄の半分で軽く，熱膨張率や熱伝導率も小さい。空気中では常温で酸化被膜を作り内部が保護される。アルミニウム，バナジウム，モリブデンなどを加えた**チタン合金**もある。建材としての短所は，高価で，加工しにくく，溶接できないことである。そのため，かみ合わせなどによった接合方法を考慮する必要がある。

1・3・2　製法

　自然界には化合物として主に鉱石の中に含まれる。鉄分を含む鉱石からチタンを精錬する方法は，チタンは高温で炭化物や窒化物を作りやすいので，まず炭素と熱して鉄を除いた後，さらに炭素と熱しながら塩素を通じて塩化チタンとし，還元させて金属チタンとする。

1・3・3　用途

　チタンTiは二酸化チタンとして主に白色の顔料として使用される。屋外での使用に向いておりセメント用の顔料などにも使用されることもある。チタンは建築物の外装材として使われる他，その強さや軽さ，並外れた耐蝕性，極端な温度に耐えることができるといった性質から，航空機，自動車など様々なものに使用される。

　耐久性が優れるため，メンテナンスのしにくい屋根材（図1・3），外装材，モニュメント，かすがいなどの補強金物（図1・4），塩害などに耐える海洋構造物などに使われる。

図1・3 チタン製屋根，福岡ドーム

破風の隅部や梁の大理石部材を接合固定するのに，耐久性が優れるチタン製かすがいが使われている
図1・4 パルテノン神殿の修復に使われているかすがい

1・4 その他の合金

1・4・1 スズ

スズ Sn は，青白色の光沢があり，展性，延性が大で 0.01mm のはく（箔）にすることができる。また，融点は金属中最も低い。空気中または水中では錆にくいが，うすい酸には侵される。スズは，錆止めや防湿などを目的として鋼板，鉛管，銅器，食器などの表面のめっきあるいは箔として用いられるが，合金としての用途が広い。鋼板にめっきしたものをブリキという。

1・4・2 鉛

鉛 Pb は，軟質で展性，延性が大で，空気中ではその表面に炭酸鉛の被膜ができ，これによって内部を保護する。酸その他の薬液には侵されないが，アルカリには侵される。例えば，コンクリート中に埋め込む場合などには，適当に表面をおおう必要がある。衛生工事や防止用，防湿用，レントゲン室内張り，外装材などに用いられる。

1・4・3 スズ・鉛合金

スズ・鉛系の合金には，器具用，はんだ，ろう（金属接合用合金）などがある。器具用はスズ器と呼ばれる。建築金物，装飾金物類は，約 20％の鉛を含んでいる。はんだは，融点が約 180℃で低く，作業は容易であるが，強さ，硬さは小さい。一般の建築鉄板類の接着工事に用いられる。ろうは融点が高く（830〜890℃），接合部の機械的性質がよい洋白ろう，黄銅ろうなどがある。

1・4・4 可融合金

可融合金は，スズ，鉛など比較的融点の低いものを適当に配合し，純スズ（232℃）よりさらに低温で溶けるようにしたものである。金属の接合用のほか，スプリンクラーの散水頭，ヒューズなどに用いられる。

1・4・5 ニッケル

ニッケル Ni は展性，延性に富み，美しい青白色の光沢があって耐食性であるから，空気中および水中でも酸化して，色のさめることが殆どない。単体では主にめっきとして装飾用に広く用いられるが，合金としても用いられる。ニッケルクロム合金は，常温加工が容易で優れた機械的性質をもっている。

第2章 石材

2・1 種類と特徴

　石材は，岩石から所要の材形に成形した材料である。日本では，現在，耐震のために，構造材料としての石材利用は殆どないが，内外装材として多用されている。

　岩石は，石灰岩のように単一鉱物から構成されるものは稀であり，多くは多種の鉱物成分が混じり合っている。この岩石を構成する鉱物を**造岩鉱物**という。造岩鉱物には，石英，長石，雲母，角閃石，輝石，蛇紋岩，方解石，緑泥岩，かんらん石，白雲石などがある。

　石材表面は，内外装材として利用するとき，意匠性の重要な要素になる。この石材表面の組織構造を**石理**という。例えば，花崗岩は結晶質石理になり，磨くとガラス表面のようにピカピカと光り輝く。玄武岩は非結晶質石理になり，つや消しのにぶい光かたになる。

　岩石における天然の割れ目を，**節理**や**石目**といい，採石する時の割りやすさに利用している。節理は，火成岩に特有の性質である。

　建築用石材の自然石は，成因によって，**火成岩**，**水成岩**，**変成岩**に分類できる（図2・1）。

　火成岩は，マグマの冷却・凝固によって生じた造岩鉱物の集合体であり，大きな塊状である。マグマの冷却過程で組織が変化し，凝固した位置の深さによって，**深成岩**，**半深成岩**，**火山岩**に分かれる。代表的な深成岩に花崗岩がある。シリカ質（けい酸）SiO_2の量により，酸性（60％以上），中性（52〜60％），アルカリ性

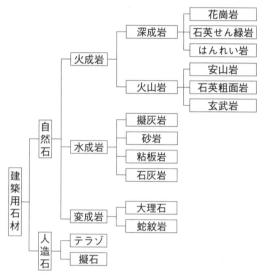

図2・1　岩石の成因による分類

（52％以下）に分かれる。

　水成岩は，**堆積岩**ともいう。砕けた岩石分や水に溶けた鉱物や動植物物質が沈殿堆積したもので，層状になる。砕けた岩石の大きさにより，**頁岩**（けつがん）（原粒0.05mm以下），**砂岩**（原粒0.05〜2mm），**礫岩**（れきがん）（原粒2mm以上）に分けられる。また，沈殿岩として，珪藻類遺骸や有機物を含んだ**珪藻土**や，**石灰岩**がある。

　変成岩は，火成岩や水成岩が地殻変動と熱の影響で，変成作用を受けて，鉱物成分が変化した岩石である。圧力による変成作用で結晶化されたものを**結晶化片岩**といい，マグマとの接触で高熱作用を受けたものを**接触変成岩**という。また，JIS A 5003:1995（石材）では，石材の圧縮強度のレベルによって，**軟石**，**準硬石**，**硬石**

表2・1　各種石材の用途

区分	岩石名	石材名	特性	用途
火成岩	花崗岩	稲田石, 御影石, 北木石, 万成石, 庵治石, 蛭川石	圧縮強さ・耐久性大, 耐火性小, 質は硬い, 大材が得やすい。	構造用, 装飾用
	安山岩	鉄平石, 小松石, 白河石, 那須石	耐久性・耐火性大, 色調不鮮明	間知石, 割石, 内外装材
	石英せん緑岩	折壁御影（黒御影）	大材は得にくい。	装飾用
水成岩	凝灰岩	大谷石, 竜山石, 若草石, 青葉石	軟質軽量, 加工性・耐火性大, 吸水性大, 風化しやすい。	石垣, 倉庫建築, 室内装飾, 外装材
	砂岩	日の出石, 多胡石, 諫早石, インド砂岩	耐火性・吸水性・摩耗性大	基礎, 石垣, 内外装材
	粘板岩	雄勝スレート, 玄昌石	へき解性, 吸水性小, 質は緻密, 色調は黒	屋根材, 内装材
	石灰岩	葛生	不純物の量により純白から灰色まである。生物の集積で生成。貝などの化石がよく見られる。	コンクリート骨材, セメント原料, 石灰原料, 内装材
変成岩	大理石	寒水石, あられ大理石, オニックス, トラバーチン, さらさ	質は緻密, 光沢あり, 酸・雨水に弱い, 石灰岩が変成	室内装飾用
	蛇紋岩	蛇紋, 鳩糞石, 凍石	大材は得にくい。	化粧用

表2・2　圧縮強度による石材の区分

種類	圧縮強さ (N/cm²)	参考値 吸水率(%)	参考値 見かけ比重 (g/cm³)
硬石	4903 以上	5 未満	約 2.5〜2.7
準硬石	981 以上 4903 未満	5 以上 15 未満	約 2〜2.5
軟石	981 未満	15 以上	約 2 未満

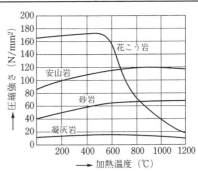

図2・2　各種石材の加熱温度と圧縮強度の関係

に分類される。石材の用途や区分を, 表2・1, 表2・2に示す。

石材の長所は, 不燃性で, 圧縮強度が大きく, 耐久性, 耐水性, 耐化学性に富み, 耐摩耗性がある。短所は, 圧縮強度に比べて引張強度が小さく脆い。長大材や架構材に不向きで, 質量があり, 加工が困難である。

一方, 多くは不燃性であるが, 高温火熱によって, 花崗岩は約600℃で熱膨張により崩壊する（図2・2）。また, 石灰岩や大理石は約700〜1000℃で主成分の炭酸カルシウム $CaCO_3$ が分解し粉体化して, 圧縮強度が低下する。

2・2　製法

石材の形状は, JIS A 5003:1995（石材）より, 角石, 板石, 間知石, 割石, 薄片状に大別される（図2・3）。角石や間知石は, 基礎や擁壁に用いられる。板石は, 敷石や, 外装材では厚さ

25 mm 程度，内装材では厚さ 20 mm 程度の薄板で用いられる。

石材は，加工や仕上げの技術が，自動機械化により高度化しており，薄板に対して，取付け用の埋込み金物を納める細密加工も可能となっている。取り付け方法は，湿式と乾式の工法に大別できる。

湿式工法は，モルタルを用いて接着固定する方法であり，外壁の場合はだぼピンや金物の接着固定にモルタル（とろ）を用いる。硬化に時間がかかり，エフロレッセンス（白華）の発生などの欠点がある。床の例を図2·4に示す。

乾式工法は，ボルトナット，アングル，アンカーボルトなどの金物により石材をはめ込み固定する。金物は，ステンレスなど錆びにくいものが使用される。外壁の例を図2·5に示す。

石材の仕上げは，石材表面に凹凸を付けた叩き仕上げ，石材表面をなめらかにした磨き仕上げ，急熱急冷で石材表層を弾き飛ばして粗面化したジェットバーナー仕上げなどがある。また，叩き仕上げには，びしゃんという道具で叩いたびしゃん叩きや小叩き，突付き，のみ切り，げんのうで叩いたこぶ出しやげんのうこづきなどがある。磨き仕上げには，粗磨き，水摺り，本

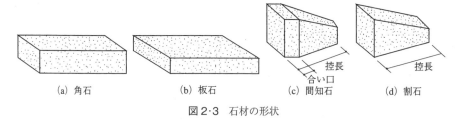

(a) 角石　　(b) 板石　　(c) 間知石　　(d) 割石

図2·3　石材の形状

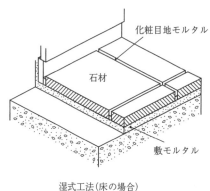

図2·4　湿式による石材の取付け方法例：イラン・イスファハンのイマームモスクの床工事

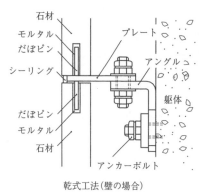

図2·5　乾式による石材の取付け方法例：中国・上海の高層ビルのバック・マリオン形式の外壁工事

磨きなどがある。

人造石は，大理石，蛇紋岩，花崗岩などの美しい砕石（**種石**という）に，白色ポルトランドセメントや顔料を加えて硬練り成形し，とぎだしや洗いだしによって表面を仕上げたものである（図2・6）。大理石系砕石を種石にしたものを**テラゾ**，大理石以外の種石を使用して天然石材に似せたものを**擬石**という。床や内外装壁などに多用されている。

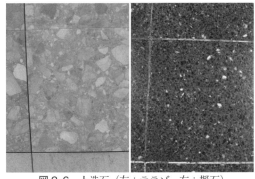

図2・6　人造石（左：テラゾ，右：擬石）

2・3　用途

図2・7〜2・10に，石材を壁，床，屋根，外壁などに使った古今東西の建築例を示す。

図2・7　屋根例：ギリシア・ミケーネにある紀元前13世紀頃の石造の円錐形天井ドームのアトレウスの宝庫：3300年前の遙か昔に，円錐形に組み上げた屋根の架構技術が素晴らしい。

図2・9　内壁例：大正時代に建設され，戦後，愛知県明治村に移築された大谷石とれんが装飾によるフランク・ロイド・ライト設計の旧帝国ホテルの内観：栃木県特産の軟石にあたる凝灰岩の大谷石を，内壁や外壁の主材に利用。

図2・8　床例：マレーシアの大統領府が設置されている新都心プトラジャヤにあるピンクモスク：モスク建物全面に桃色花崗岩を張り付けており，床は鏡のように磨き込まれた光沢のある本磨き仕上げ。

図2・10　外壁例：スペイン・バルセロナのアントニ・ガウディ設計の外壁に叩き仕上げ花崗岩を取り付けた石切場の別名をもつ集合住宅カサ・ミラ：建物表層の叩き仕上げの量感ある花崗岩は，建物躯体の鉄骨に固定しただけのカーテンウォール方式。

コラム　パルテノン神殿における修復作業とRCれんが混合造柱の撤去

　ギリシア・アテネのパルテノン神殿は，約2450年前のBC432年に竣工し，時を経て，1986年から20年以上にわたって，2008年現在も修復作業が行われている（図1）。1975年からアクロポリス遺跡群の修復事業の議論が始まり，1979～1987年にかけて，現在の修復の原則となるギリシア語の「アナスティローシス（Anastylosis：倒れた柱を元に戻す，残存部材による再構築）」を確立した。アナスティローシスとは，欠けているところを全部直して元の姿に復原するということは絶対になく，修復というよりは補修であり，倒れないようにするために補強する保存を意味する。

　どうしても復原する場合，その理由は2つあり，教育上の目的と，構造上の問題で地震その他倒れないように必要なところを補強している。その他は手をつけないのがパルテノン神殿の修復原則で，どこをどう手を加えるかは議論で決め，できるだけ余計なことはせず，新材を用いる場合は，どうしても用いなければならない箇所に用いる状況にある。また，創建当初の姿に戻すことはなく，遺跡は遺跡のままにしておくべきとのスタンスで，遺跡を現状のまま補修補強して保存しようとしている。パルテノン神殿の修復は，1986年に始まって2009年現在で，9割方終わっていて，神殿周辺に拡大している。

　この現在の修復作業以前に，パルテノン神殿は何回か修復されてきた。1834年のギリシア独立後，神殿の調査と修復が始まり，北面列柱は今から約80年前の1923～1930年に本格的に修復された。しかし，アナスティローシスの修復ポリシー確立以前の修復は，当時の先端技術を用いた修復だったが問題があった。石材固定で埋め込んだ鉄のかすがいが，錆びて膨張して石材を圧迫し，ひび割れ破壊を誘発した。このため，現在，当時の鉄のかすがいをすべて取り出す作業を行っている。また，当時，正確な修復よりも見た目の美しさを優先し，大理石の位置を並び変えたことも度々あり，現在，その石を外し，巨大な立体パズルとして，正しい位置を特定しはめ直す作業を行っている。

　さらに，昔の修復にて，北面列柱の欠損部分は，無垢の大理石でなく，れんがと補強鉄筋とコンクリートで組み上げて，外周のみ大理石板を貼ったRCれんが混合造柱を取り付けていた（図2）。中央にれんがを積み，外周に細形鉄筋を埋め，表層を大理石板でカバーして，柱部材を構成していた。それらの列柱は2002年に外して，現在，無垢の大理石の新材柱に交換した。撤去するまでの約80年間，多くの人々が無垢の大理石と勘違いして鑑賞していたことになる。

図1　パルテノン神殿の北面列柱の修復作業（2003年）

図2　撤去されたRCれんが混合造柱（2003年）

第3章 ガラス

3・1 種類

　ガラスは，けい酸のような酸性分と，ソーダ灰（または酸化ナトリウム）のような塩基性分を含む原料を，1種類または2種類以上混合して，さらに，融点を下げるための融剤（くずガラスなど）または酸化剤，還元剤，清澄剤，着色剤，乳白剤などが適宜用いられ，1400～1500℃の高温で溶融し，結晶が生じないように冷却固化して加工した材料である（図3・1）。

　調合した原料を高温（1400～1500℃）で溶融したものを**種ガラス**といい，種ガラスを徐々に冷却し，800～1250℃に下げて粘りをもたせて成形する。

　建築用ガラスは，けい酸とアルカリの一種とその他の塩基性分を主成分としている。表3・1にガラスの分類を示す。**ソーダ石灰ガラス**は板ガラスに利用され，**カリ石灰ガラス**（ボヘミアンガラス）はステンドグラスなどに利用されている。

図3・1　ガラスの製造工程

表3・1　ガラスの分類

主成分	種類	性質	用途
けい酸だけ	石英ガラス	耐熱性大，熱膨張率小，融点高い。	理化学用器具
けい酸とアルカリの1種類およびその他の塩基性分	ソーダ石灰ガラス	用途が最も広い。	窓ガラス，びんおよび一般器具など
	カリ石灰ガラス	ボヘミヤンガラスと呼ばれる。薬剤に侵されることがない。	理化学用器具，プリズム，工芸器など
	フリントガラス（カリ鉛ガラス）	クリスタルガラスともいい，熱および酸に弱いが，光の屈折率大。	レンズ，高級食器，模造宝石など
けい酸とほう酸およびアルカリ	ほうけい酸ガラス	耐熱性大，熱膨張率小。	理化学用器具，光学用器具など
けい酸を含有したもの	ほう酸ガラス	耐熱性大，熱膨張率小。	理化学用器具
けい酸と1種類のアルカリ	水ガラス	けい酸ソーダは，代表的なものである。	防水剤，防火剤および接着剤

3・2 製法

透明板ガラスは，溶融ガラスを溶融したスズ液面上に導き，研磨作業なしに平滑に成形するフロート法でつくられる（図3・2）。

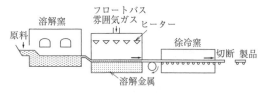

図3・2　フロート法による透明板ガラス製造

その他，溶融したものを，ロールで鉛直に引き上げて成形するフルコール法や，いったんロールで鉛直に引き上げたものを水平に曲げて成形するコルバーン法もある。また，2本のローラーの間を溶融ガラスが通り，型板ガラスをつくるロールアウト法がある。これは，1本のローラーに型模様を彫ることにより，さまざまな模様の板ガラスをつくることができる。

摺り板ガラスは，透明板ガラスの片面を珪砂や金剛砂で不透明に摺り加工する。光を通すが視線は通さない。表面に無数の細かい傷がつき，強度は透明ガラスの約2/3になる。

強化ガラスは，板ガラスを軟化点近くまで加熱した後，常温の空気を均一に吹き付けて急冷したものである。急冷による熱応力のため，表面に薄い圧縮層を形成し，曲げ強度が3～5倍になる。割れたときに，破片が尖らず粒状になって安全であるが，成形後に切断などの加工はできない。

3・3 特徴

3・3・1 物理的性質

密度は，2.2～6.0g/cm^{3}で成分・組成によって変化する。建築用板ガラスは，約2.5g/cm^{3}である。普通板ガラスの圧縮強度は，成分・組成によって変化するが，常温で600～1200 N/mm^{2}になる。引張あるいは曲げ強度は，約50N/mm^{2}になる。硬さは，モース硬度で約6と硬いため，傷つくことが少ない。

3・3・2 光学的性質

ガラスは，採光や透視を主目的に利用されるため，屈折率，反射率，透過率などの光学的性質が重要になる。組成，厚さ，熱履歴，光の波長，入射角によって変動する。

屈折率は，密度が大きいほど，波長が長いほど，入射角が大きいほど，大きい。普通板ガラスで，約1.5前後となる。反射率は，入射角0°（垂直入射）の時に約4％，50°を超えると急増し，90°近くで全反射する。

光が，厚さ3mmの汚れのない普通板ガラスに直角に当たる際の透過率は約90％，摺り板ガラスの場合で約85％である。ほこりが付いたり，傷ついたガラスでは，この透過率が低下し，例えば障子紙と同じ程度の約35％になることもある。

透過率は，波長によって異なり，また，厚いほど内部の吸収量が増すので小さくなる。一般のガラスは，0.32μm（320nm）以下の紫外線を透過しない。

着色ガラスは，様々な金属を含有させて可視

光線の吸収率を変え，屈折率，反射率，透過率の量を制御することで得られる。ガラス表面を粗にしたり，凹凸をつけたり，着色したりして，透過した光を拡散させ，光が直接目に入らないようにやわらかい光にしたものになる。摺り板ガラス，型板ガラス，乳白ガラスなどがある。

3・3・3　熱的性質

　ガラスは，比熱や熱膨張係数が大きく，熱伝導率が小さい。このため，部分的に加熱されると，温度差によって熱応力が発生し，熱割れを起こすことがある。温度差の大きくなりやすい熱線吸収板ガラスや，網封入により欠陥がある網入板ガラスでは，熱割れを生じる可能性が高い。太陽の放射熱を吸収・放熱したり，反射したりして，建物への熱的影響を制御する要素にもなる。フロート板ガラス，熱線吸収板ガラス，熱線反射板ガラス，複層ガラスによって，熱線遮断性は異なる。

3・3・4　音響的性質

　ガラスの遮音性能は，取付け構法によって変化する。コンクリート壁と比較して，遮音性は低い。ガラスの総厚さが 10mm 以下のとき，単板，合わせガラス，複層ガラスとも，平均透過損失は 30dB 以下となる。

3・3・5　化学的性質

　化学薬品の貯蔵容器に用いられているように，化学薬品に対して安定性がある。ただし，強酸性のフッ酸には溶解する。この性質を利用してエッチングや艶消し加工が行われる。また，組成にもよるが，一般にガラスはアルカリに侵食されやすい。

　また，長時間使用すると，空気中の炭酸ガスと水分により表面が風化して，くもりを生じることもある。しかし，一般に耐久性・耐候性があり，半永久的といえる。以上の各種板ガラスの特徴を表 3·2 に示す。

表 3·2　各種板ガラスの特徴

品種	概要	透視性	拡散性	防眩性	熱線遮断性	断熱・防露性	防火性	割れにくい	耐貫通性	割れても安全	防盗性	現場切断可
JIS R 3202 :2011　フロート板ガラス〈網入〉	フロート板ガラスは溶融金属の上に流して製板する。良好な平滑平面を有し，ゆがみなく透明性や採光性に優れ，大面積の使用が可能である。	◎ ○					○					○ ○
JIS R 3203 :2017　型板ガラス〈片面みがき〉〈網入〉	片面に各種型模様をつけたもの。薄手（2.0mm），厚手（4.0, 6.0mm）がある。		○ ○ ○	○ ○ ○			○					○ ○
JIS R 3208 :1998　熱線吸収板ガラス〈網入〉〈型板〉〈網入〉	一般ガラス組成に鉄，ニッケル，コバルト，セレンなどを微量添加したもの。色調はブルー，グレー，ブロンズがある。	○		○ ○ ○	○ ○ ○		○					○ ○
JIS R 3221 :2002　熱線反射板ガラス	無色や熱線吸収ガラスの表面に金属被膜を形成させたもの。可視光反射率も 30～40% でミラー効果もある。			○	○							○
JIS R 3205 :2005　合わせガラス〈熱線吸収〉〈網入〉	2 枚～数枚のガラスを透明なプラスチックフィルム（ポリビニルブチラールなど）で張り合わせたもの。破損による脱落や飛散を防ぎ，貫通も防止できる。	◎ ○ ○			○				◎ ◎ ◎	◎ ◎ ◎		
JIS R 3209 :2018　複層ガラス〈熱線吸収〉〈網入〉	2 枚以上の板ガラス周囲にスペーサーを使い一定間隔（6, 12mm）をもたせ，中空部に完全乾燥空気を封入したもの。熱貫流率が単板の 1/2。	◎ ○ ○			○ ◎	○ ○	○					
JIS R 3206 :2023　強化ガラス〈熱線吸収〉	一般板ガラスに特殊な熱処理を施し表面に圧縮応力を生じさせたもの。曲げ，衝撃，熱に強い。	◎ ○			○			◎ ◎		○ ○		
JIS R 3222 :2023　倍強化ガラス〈熱線吸収〉	熱処理工程により，フロート板ガラスの約 2 倍に耐風圧強度を高めたもの。	◎ ○			○			◎ ◎				

注：○特性のあるもの，◎特性の優れたもの，（日本建築学会「建築材料用教材」P32, 1998 より）

3・4 用途

3・4・1 板ガラス類

フロート板ガラス，熱線吸収板ガラス，熱線反射ガラス，型板ガラスなどの板ガラスは，窓ガラスやガラス壁面として使用される。透明ガラスは，採光と透視に使用される。不透明ガラスは，光の拡散を利用して採光しながら透視を防ぐ。熱線反射ガラスは，金属薄膜によって赤外線の反射率を高め，可視光線に対してハーフミラー的効果がある。

3・4・2 ガラス繊維

ガラス短繊維は，溶融ガラスを小孔から出し，圧縮空気で吹き飛ばす方法で製造する。直径は$1 \sim 30 \mu m$である。ガラス長繊維は，小孔から高速で引き出して製造する。ガラス繊維は，プラスチックやセメント系材料の補強に用いたり，ガラスウールとして，不燃性の断熱材料や吸音材料として用いたりする。

3・4・3 ガラス成形品

波板ガラスやガラス瓦は，屋根葺き材料として，屋根面の採光に使用されている（図3・3）。溝形ガラスやガラスブロックは，壁を構成して壁面採光に使用される（図3・4）。なお，ガラスブロックは，金属型枠を用いてプレス成形する押出し法で製造している。プリズムガラスは，主に床に組み込まれて他階への採光に使用されている。

3・4・4 ガラスの取付け方法と建築事例

一般の板ガラスは，シーリング材やガスケットなどを用いて，地震動などによって割れない様に，クリアランスを設けて，はめ込み固定し

図3・3 屋根例：群馬県月夜野のグラスアート美術館入口のガラス瓦の屋根葺き

図3・4 壁例：東京都銀座のレンゾ・ピアノ設計のガラスブロックを外壁全面に適用したエルメス館

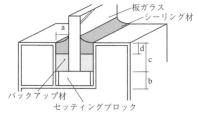

a：面クリアランス　b：エッジクリアランス
c：かかり代　　　　d：充填深さ
　　ただし　a、d≧6

図3・5 板ガラスの一般的な取付け方法

ている（図3・5）。

近年，サッシを使わずガラスの透明感を強く演出できるストラクチャル・シーラント・グレ

図3・6 DPG構法によるオーストリア・ウィーンのシェーンブルン宮殿の屋上テラス風除室

図3・7 ガラスリブを用いたガラス構造体による宮城県仙台市の伊藤豊雄設計のせんだいメディアテークの南面ファサード

ージング（SSG：Structural Sealant Glazing）構法やドット・ポイント・グレージング（DPG：Dot Point Glazing）構法などによるフレームレス構法により，ガラスカーテンウォールが普及している。

SSG構法は，強力な接着力を持つ構造用シリコンのシーリング材を用いて，板ガラスを室内側に設置した金属支持部材などに直接接着する。このため，建物外表層にガラスを支持するサッシやフレームをなくすことができる。なお，シーリング材の接着耐久性の劣化抑制のため，紫外線カット率の高い熱線反射ガラスがよく用いられる。

DPG構法は，ガラスの四隅に穴を開けて，止め金具やワイヤーでガラス面を4点で固定支持する。このため，ガラスを止めるフレームをなくすことができる（図3・6）。

この他，板ガラスを金物などで吊り，自重のたわみを除去した板ガラス吊り構法（ガラススクリーン構法，グラサード構法）などがある。板ガラスの天端の表裏に2枚の特殊金属を溶着してかすがいを設け，布製のカーテンのように大板ガラスを吊り下げてスクリーンを形成する。

また，フレームレス構法に，ガラスリブを組み合わせて，ガラスを構造部材として用いるガラス構造体（図3・7）などがある。

図3・8，3・9に，採光と装飾性を兼ねたガラスの適用例を示す。ガラスを止めるサッシフレームの状況で，大規模空間にも適用できる。

図3・8 イタリアの国鉄ミラノ駅：鉄骨造によって，巨大ヴォールト5本を隣接構成し，大量のガラス天窓で採光

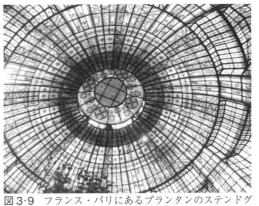

図3・9 フランス・パリにあるプランタンのステンドグラス製天井ドーム

第4章 セラミックス

4・1 概要

　粘土は，鉱物質の岩石が風化・分解した0.01mm以下の細かい粒子の集合体で，湿潤すると粘って塑性的な性質を示す。塑性とは，力を加えると変形し，力を除いても元の形に戻らない性質をいう。**カオリン**と呼ばれる純粋な粘土の主成分は，アルミナ Al_2O_3 とけい酸 SiO_2 になる。天然では，酸化鉄 Fe_2O_3，石灰石（生石灰，酸化カルシウム）CaO，酸化マグネシウム MgO，酸化カリウム K_2O，酸化ナトリウム Na_2O_3 などの不純物を含む。不純物の少ない粘土ほど，焼成後の状態や品質が安定する。

　このような鉱物質の粘土を成形し，火で焼き固めるための技術やその製品を，**窯業**あるいは**セラミックス**という（図4・1）。

　セラミックスは，粘土焼成材料であり，土器，

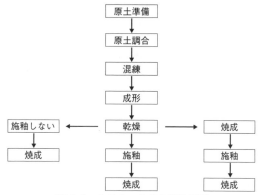

図4・1　セラミックスの製法工程

れんが，瓦，タイル，衛生陶器などがある。一般に，セラミックスは硬くて強く，耐水・耐火・耐久性に富み，美しい外観をもたせられ，建築用品として普及している。

4・2 種類

　セラミックスは，素地原料や焼成温度から，**土器**（原料：普通粘土，焼成温度：790〜1000℃），**陶器**（原料：有機物含む粘土，焼成温度：1080〜1250℃），**せっ器**（原料：良質粘土，焼成温度：1000〜1350℃），**磁器**（原料：普通粘土に長石と珪石を混合，焼成温度：1250〜1450℃）の4種類に分けられる。高温のものほど質は緻密で，吸水率は小さく，硬くて強い。表4・1にセラミックスの種類と特徴の概要を示す。

　焼成する窯の形式は，トンネル窯，登り窯，ホフマン窯，だるま窯などがある。

　トンネル窯は，窯に焼き物を詰めてから一度に焼成し冷却して窯出しするような不連続焼成方式ではなく，温度分布のついたトンネル状の部屋の中を，台車に積まれた焼き物が少しずつ移動しながら熱を受取して焼きあがっていく連続焼成の窯になる。

表 4・1　セラミックスの種類と特徴の概要

種類	素地の原料	焼成温度	素地の吸水	素地の特性	施釉	製品例
土器	アルミナが少なく、酸化鉄の多い低級粘土で、石灰質・長石質・ケイ石質がある。	800℃前後	吸水性：大	有色（灰色、褐色）、不透明、多孔質、強度や硬さが低い。	ほとんど施釉しない。	粘土瓦（黒）、れんが（普通）、土管
陶器	木節粘土やがいろめ粘土などの可塑性粘土に石英・陶石・ろう石、少量の長石原料を配合。	1000℃前後	吸水性：大	有色、不透明、多孔質、たたくと濁音がする。	多くが施釉する（フリット釉）。	釉薬瓦、外装タイル、内装タイル、衛生陶器
せっ器	有機物を含まない良質粘土。	1200℃前後	吸水性：小	有色、不透明、多孔質、たたくと清音がする。	無釉、施釉（食塩釉、マンガン釉、ブリストル釉）	粘土瓦（耐寒）、テラコッタ、舗道れんが、外装タイル、内装タイル、床タイル、陶管
磁器	良質粘土に石英・長石・陶石などを配合。	1450℃前後	吸水性：なし	白色、透光性あり、緻密で硬い、たたくと金属製音がする。強度大。	無釉、施釉（石灰釉、タルク釉）	外装タイル、内装タイル、床タイル、モザイクタイル、衛生陶器

　登り窯は、斜面に沿って階段状に焼成室を数室並べた連房式で、一番下の部屋が胴木間（どうぎま）という薪をくべる燃焼室になる。その上の各焼成室が煙突の役割をもち、連続的に焼成でき、単室の窯と比べて熱効率がよく、多くの焼き物を一度に焼けるので量産に向いている。

　焼成窯の内部温度は、温度計の他、粘土その他でつくった三角錘状のゼーゲルコーンで測定する。ゼーゲル番号（SK）が大きいほど、高温で軟化してコーンが曲がる。例えば、SK-10：1280℃、SK-20：1530℃になる。また、素地表面に釉薬をかけて（図4・2）焼成したり、焼成後に施釉して再焼成することで、肌理の状態や耐久性は大きく変化する。

　表面仕上げには、次の3種類の方法がある。釉薬は、石粉に着色用の各種金属酸化物の微粉を水に混ぜた液体であり、これを素地の表面に塗布して焼成すると、有色の硬いガラス層ができる。

　食塩釉は、素地の焼成途中に、窯の中に食塩を投入し、素地表面に黒褐色のガラス質（けい酸ソーダ）被膜を形成させる。色、つや、吸水性は釉薬より劣るが、安価にできる。

図4・2　イラン・イスファハンにあるタイル製造工房の手作業によるタイル施釉

　いぶしは釉薬を使わず、古来、焼成の終わりに松葉をいぶして、黒煙中の炭素を素地に吸着させ、銀灰色の炭素膜を形成させていた。現在は、無釉素地を焼成した後、空気を完全に遮断し、むし焼きにする燻化工程が行われる。燻化では、LPG（メタンガス）などで素地表面に銀灰色の炭素膜を形成させる。いぶしは、表面を緻密にして、吸水率を小さくする。焼成前に表面を木片で磨くと、焼成後に銀灰色の光沢を放つ。主に、和瓦の表面仕上げに用いられている。

4・3 特徴

　土器は多孔質で吸水性が大きく脆弱である。**陶器**は，吸水性がやや大きく，強度がやや高い。**せっ器**は，緻密で吸水性が小さく，強度が高い。**磁器**は，白色半透明で，緻密で吸水性が最小となり，打音が金属音になるほど堅硬で最強である。いずれも釉薬を施した場合，吸水率が低下し，凍害を生じにくい。また，化学薬品に対する抵抗性は，他の材料に比べて大きい。

　圧縮強度は曲げ強度や引張強度と比較して大きい。耐摩耗性は一般に大きいが，その度合いは，密度の小さいものより大きいものが，また内部より外部が大きい。施釉すれば，釉薬が摩耗するまで耐摩耗性は著しく向上する。

4・4 用途

　土器製品は，れんが，土管，瓦がある。陶器製品は，瓦，タイル，テラコッタ，衛生陶器がある。せっ器製品は，れんが，床用タイル，テラコッタ，硬質瓦，陶管がある。磁器製品は，高級タイル，高級衛生陶器がある。

4・4・1　れんが

　れんがの寸法は 210 × 100 × 60mm を基準とする。様々な積み方を実現するために，基準のれんがを，七五，半ます，二五，羊かん，半羊かんなどに切断したものを用いる（図4・3）。

　この他，開口部，壁隅などに，異形れんがを用いることもある。

　普通れんがは，JIS R 1250:2011（普通れんが及び化粧れんが）で規格化され，最も多く用いられる。密度 1.5 ～ 2.0g/cm³，吸水率 10 ～ 15wt％以下，圧縮強度 15 ～ 30N/mm² 以上になる。鉄分など不純物の多い低級粘土を用いるため，酸化鉄により赤れんが色に発色する。

　空洞れんがは軽量，断熱，防音を目的に，内部を空洞にしたものである。

　舗道れんがは，道路，建物屋上の舗装に用いられている。高温で焼成し，耐久，耐水，耐摩耗性が高い。

　耐火れんがは，煙道，高温炉の内張りに使用されている。

　その他，鉱滓れんがや珪灰れんがもある。

　れんがは，耐火性や遮音性に優れるため，地震を考慮しない諸外国では構造材料として用いられるが，日本では二次部材や装飾用として用いている。

　図4・4～4・6に，古今東西のれんがを主に利

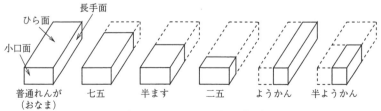

図4・3　れんがの形状の呼び名

図4・4 ギリシア・テサロニキにある11世紀に造られたビザンチン様式のれんが構造のパナイア・ハルケオン教会

図4・5 辰野金吾設計のJR東京駅の赤れんが壁：れんが目地は、高度な職人技術が必要な目地を盛り上げた覆輪目地仕上げ

用した様々な建築物の事例を示す。

4・4・2 粘土瓦

粘土瓦は、形によって**和瓦**（図4・7）と**洋瓦**（図4・8）に、また、焼成方法によって**釉薬瓦**，**いぶし瓦**，**無釉瓦**に分類できる。

洋瓦は、明治以降の洋風建築に用いられて以降，普及した。**フランス形**，**S形**，**スパニッシュ形**，**イタリア形**などがある。

図4・6 韓国ソウルの北村（伝統建築地区）のれんが壁

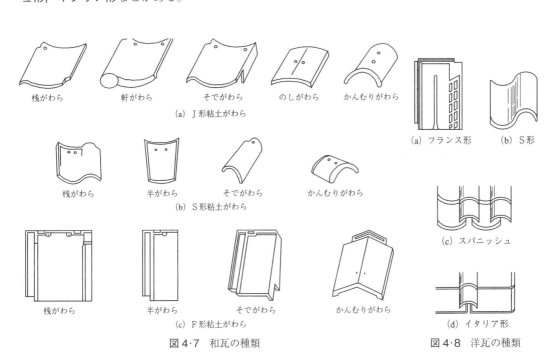

図4・7 和瓦の種類 図4・8 洋瓦の種類

122 第4章 セラミックス

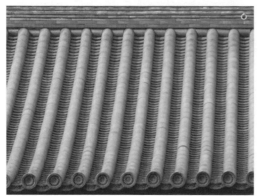

図4·9　上野の東京国立博物館の本瓦葺き

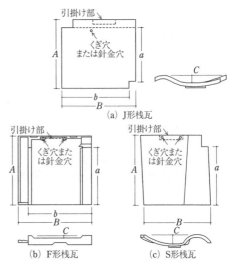

図4·10　桟瓦の形状

和瓦は，産地名で呼称されることがあり，いぶし瓦は遠州，三州，京瓦など，釉薬瓦は能登，石見などがある。最近は，地方色が薄らぎ，施釉のトンネル窯による工場大量生産が多くなってきている。

瓦の生産技法は，6世紀に朝鮮半島を経て伝来した。瓦は，防火性，断熱性，耐候性があり，水と雪にも強い。短所は，重いことにある。比較的広い屋根面となる寺院建築では，平瓦と丸瓦を交互に並べる**本瓦葺き**が多い（図4·9）。現代の建物では，平瓦と丸瓦をつなげて1枚にした**桟瓦**を用いた葺き方が多い。

この他，軒，袖，棟の交点を葺くための角，隅の瓦など，特殊な形状の役物瓦がある。

寸法は，一般に，315×315mm（働き長さ245×幅275mm），305×305mm（働き長さ235×幅265mm），295×295mm（働き長さ225×255mm）の3種類が基本となる（図4·10，表4·1）。3.3m²（1坪）あたりの葺き枚数は，それぞれ49，53，56枚となる。

JIS A 5208:1996（粘土かわら）は，和瓦だけにある。曲げ破壊荷重は，桟瓦で1500N以上，のし瓦で600N以上と規定されている（図4·11）。

表4·1　桟瓦の寸法

形状	寸法区分	寸法(mm) 長さA	寸法(mm) 幅B	働き寸法(mm) 長さa	働き寸法(mm) 幅b	谷の深さ（山の高さ）C(mm)	3.3m²当たりの葺き枚数（概数）
J形	49A	315	315	245	275	35以上	49
	49B	325	315	250	265		
	53A	305	305	235	265		53
	53B	295	315	225	275		
	56	295	295	225	255	30以上	57
	60	290	290	220	250		60
S形	49A	310	310	260	260	50以上	49
	49B	335	290	250	250	40以上	
F形	40	350	345	305	305	(35以上)	40
備考	寸法区分と3.3m²当たりの葺き枚数が対応している。						

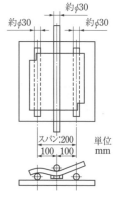

栃木県宇都宮市の1895年に建てられた旧篠原家住宅（国指定重要文化財）の和瓦は，現代のJIS和瓦と違って手作りのため，形状のゆがみが大きく，曲げ破壊荷重が少し小さい。

図4·11　JIS A 5208:1996での和瓦の曲げ破壊試験図

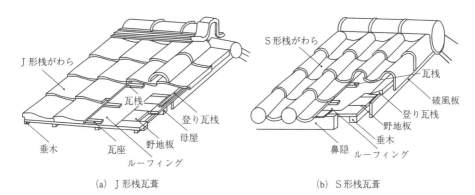

(a) J形桟瓦葺　　　　　(b) S形桟瓦葺

図4・12　和瓦葺き

また，吸水率は，釉薬瓦で12wt％以下，いぶし瓦や無釉瓦で12wt％以下と規定されている。一般に吸水率の小さい瓦は，耐凍害性が高い。

瓦の屋根葺きは，1枚ずつ重ねて葺く。垂木の上に野地板を張り，防水用ルーフィングを貼って，瓦桟を取り付ける。これに瓦を引っかけて，釘などで固定する（図4・12）。

図4・13，4・14に，様々な瓦の用途を示す。瓦は，古今東西で使われている。

4・4・3　タイル

タイル張りは，建物を耐水化し，耐久性を向上させる。材質と色彩は，半永久的である。下地の付着状態や伸縮の違いで剥落することがある。JIS A 5209:2020（セラミックタイル）の分類では，吸水率による種類，釉薬の有無による種類，成形方法による種類に区別される。

吸水率による種類では，煮沸法や真空法での強制吸水率によって，Ⅰ類が3％以下，Ⅱ類が10％以下，Ⅲ類が50％以下の3種類になる。

釉薬の有無による種類では，無ゆうタイルと施ゆうタイルの2種類になり，磁器質タイルは無ゆうが多く，せっ器質タイルや陶器質タイルは施ゆうが多い。

成形方法による種類では，押出し成形とプレス成形の2種類になる。

図4・13　イタリア・コモ湖畔の民宿ビアンカのフランス瓦

図4・14　中国・上海にある豫園の龍の背を模してうねった動きの瓦葺き

呼び名は，**内装タイル**，**外装タイル**，**床タイル**，**モザイクタイル**に大別される。モザイクタイルは，7cm角以下のタイルであり，長方形以外に円形や三角形もある。通常，30cm角に表を紙張りした単位で施工する。モザイクタイル

以外でも，裏面にネットや孔あきのテープなどを使って，多数のタイルを30cm角に連結したユニットタイルがある。

タイル厚さは，内装タイルやモザイクタイルが4〜8mm，外装タイルが5〜15mm，床タイルが7〜20mmである。JIS A 5209:2020により，長辺と短辺の寸法も定められ，れんが寸法を基準にしたものが多い（図4・15）。出隅や

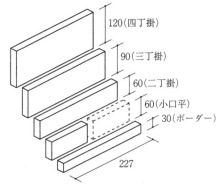

図4・15 タイルの形状呼び名と寸法

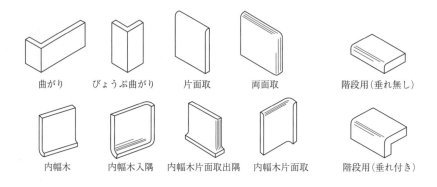

図4・16 役物タイルの種類

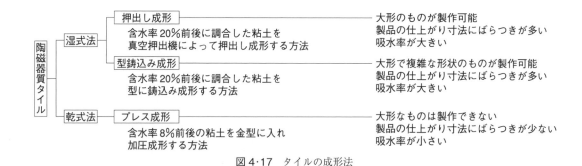

図4・17 タイルの成形法

入隅で用いる特殊形状の役物タイルもある（図4・16）。成形法は，湿式と乾式の2方法ある（図4・17）。湿式は，大きい寸法や複雑な場合に適する。多孔質で，趣きのある表面となりやすく，付着性もよい。乾式は，寸法精度が良好で，表面に型押しできる。

タイルの選択にあたっては，タイル自体の品

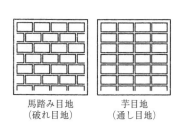

図4・18 タイルの割付

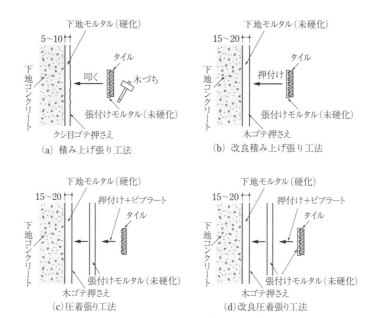

図4·19 タイルの後張り工法の種類

表4·2 タイルの後張り工法の概要

後張り工法の種類	概要
積み上げ張り工法	タイルの裏面にモルタルをのせ，平らにならして，硬化した下地モルタル面に押し付けるように張り付ける。その上から木槌でタイル面を叩き，張り付けモルタルがタイル裏面にいきわたるようにする。
改良積み上げ張り工法	コンクリート躯体の上に下地モルタルを15mm程度の厚さに塗り，これが硬化しないうちに張り付けモルタルを比較的薄くのせたタイルを押し付けて張る。
圧着張り工法	硬化した下地モルタル面に張り付けモルタルを塗り，その上にタイルを押し付け，木槌またはビブラート（タイル張り用振動工具）を用いて圧着する。
改良圧着張り工法	硬化した下地モルタル面に張り付けモルタルを塗り，これが硬化しないうちにタイル裏面に同じ張り付けモルタルを塗って押し付けた後，木槌またはビブラートを用いて圧着する。圧着張り工法に比べて良好なタイルの接着が得られ，タイル剥離の事故が少なくなるという利点がある。

質だけでなく，構造体との取付け工法，納まり，コストなどを考慮する。

タイルの割付は，外装，内装，床など，張る場所によって様々なパターンがある。代表的な割付は，**馬目地（破れ目地）**と**芋目地（通し目地）**になる（図4·18）。

タイル張り工法は，あらかじめ施工されている下地にタイルを張り付ける**後張り工法**，コンクリートを打ち込む前に合板型枠やプレキャストコンクリート用型枠にタイルを配置しておく**先付け工法**，金物などでタイルを固定する**乾式工法**の3種類がある。

グエル公園内の様々な部材は，破砕タイルの張付けも含めて，工場で3m程度のプレキャスト部材として生産され，運搬後，施工現場で部材同士の組立と接合によって造られた。また，破砕タイルは，近隣のタイル製品工場から出る大量の産業廃棄物となる廃陶器を安く入手し，リサイクルしたものである。
図4·20 スペイン・バルセロナにあるアントニ・ガウディ設計のグエル公園の破砕タイル

126　第4章　セラミックス

1630年に建てられたモスク建物の内外表層には，数百万個のモザイクタイルや絵付けタイルが装飾される。職人達の手作業による。大規模な修復作業では10年以上もかかり，タイル職人棟梁の家系を中心とした徒弟制度によって維持管理保全が行われている。
図4・21　イラン・イスファハンのイマーム広場内にある王のモスクのタイル装飾

シーラーズ大学に隣接附属のナランジェスタン博物館の最も有名で華やかな絵付けタイル。イラン中世の有名詩人の詩をモチーフにしている。
図4・22　イラン・シーラーズの華麗な絵付けタイル

図4・23　コンクリート躯体に取り付けられていたテラコッタ（大形の平形タイル）

建築現場では後張り工法がよく用いられ，積み上げ張り工法，改良積み上げ張り工法，圧着張り工法，改良圧着張り工法などがある（図4・19，表4・2）。

図4・20～4・22に，モザイクタイルや絵付けタイル装飾が美しい古今の建物例を示す。

4・4・4　テラコッタ

テラコッタは，イタリア語で焼いた（cotta）土（terra）を意味し，粘土を素焼きにして作った器や塑像などの総称である。日本の埴輪もテラコッタの一種になる。日本では，明治より本格的に使用されるようになった。

古いテラコッタは，立体中空の大形部材，開口部，じゃ腹，パラペット，内外装壁の装飾に用いられていた。現在のテラコッタは，規格外の大形の平形タイルで用いられている（図4・23）。素地はせっ器質が多いが，陶器質もある。

4・4・5　セラミックメーソンリーユニット

れんがは，組積造の主要材料として広く用いられている。組積造については，地震動の水平荷重時耐力への適切な補強を行えば，耐震性能が確保できる。このため，木材資源を消費する合板型枠に依存しない環境負荷低減や，構造と仕上げを兼ねて工数を減らした施工省力化などの利点から，建設省（現国土交通省）は，れんがと同様に，粘土焼成により作製されたセラミックユニットなどを構造材料とした **RM**（補強組積：Reinforced Masonry）**構造**を提案し，階数5階建て程度の建築が可能となっている。

セラミックメーソンリーユニットは，組積造がれんがやコンクリートブロックと同様の形状をした陶器質，あるいはせっ器質のユニットで，JIS A 5210：1994（建築用セラミックメーソンリーユニット）に規格化され，仕上材料の用途から中層の構造用途まで含まれている。中実，穴あき，空洞，横空洞，型枠の基本形ユニットがある（図4・24）。鉄筋で補強して壁体を構成

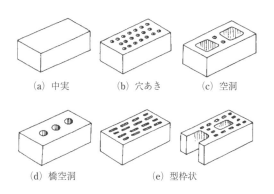

図4·24 セラミックメーソンリーの基本形ユニット

図4·25 衛生陶器の一例：スペイン・バルセロナにあるカサ・ミラの水回り設備

することができる。ユニットの長さが300mm未満をセラミックれんがといい，300mm以上をセラミックブロックという。

使い方から，外部形状の基本となる**基本形ユニット**と，隅用や半切などの用途になる**異形ユニット**に区分され，さらに，釉薬の有無によるくすり無しとくすり有りに区分される。また，圧縮強さによる区分もある。短所は，目地からの吸水で，**エフロレッセンス（白華）**を起こすことがある。

4・4・6 衛生陶器，陶器製品

衛生陶器は，手洗器，洗面器，浴槽，大・小便器，洗浄用タンク，流しなどの衛生設備に用いる窯業製品の総称である。衛生陶器は，使用目的から，表面が滑らかで，吸水性がなく，耐汚性があり，湯や酸やアルカリに強いことが必要になる。衛生陶器は，純白を好まれるため，鉄分の少ない長石粘土を主原料に，陶石，石灰石，ろう石，その他を混ぜる。釉薬の原料は，亜鉛華（酸化亜鉛）ZnO，鉛丹 Pb_3O_4，石灰石 CaO，ほう酸 B_2O_3 などを用いる。

JIS A 5207:2022（衛生器具－便器・洗面器類）では，素地により，次の3種類に分類している。**溶化素地質**は，高級陶土を素地とし，素地の一部が溶けるまで焼きしめたものになる。吸水性はほとんどない。**化粧素地質**は，耐火粘土を素地とし，溶化素地を表層に薄く融着したものである。**硬質陶器質**は，陶器素地をよく焼きしめたものである。

図4·25に衛生陶器の一例を示す。

また，陶器製品は，建築物内外の装飾や取っ手やドアノブなどの建築部品などに用いられている。図4·26に，陶器ブロックを外壁にした建築例を示す。

六角形の陶器製ブロックを特別生産し，幾何学状に組み合わせて，スペイン伝統の格子窓のセロシアを型取った外壁を現代風にアレンジしている。

図4·26 2005年開催の愛知万博のアレハンドロ・サエラ・ポロが設計したスペイン館の外装陶器ブロック

| コラム | 擬態語のイメージ伝達と材料テクスチャの関係 |

　ビザンチン時代のアヤソフィアのモザイクタイルは，ガラス片に溶着された金箔がきらびやかに輝き，いにしえの栄華のたたずまいを，私たち現代人に見せつけている（図1）。

　また，サグラダ・ファミリア贖罪聖堂の円すい台状の天窓にデザインされたヤシの葉モザイクタイルは，陽光と反射光が輝き，こぼれ日がさし込む森のたたずまいを映している（図2）。

　このような魅力的なイメージを最大限に引き出すよう建築材料を使いこなすには，材料の品質情報だけでなく，官能検査などを利用した人の嗜好情報も重要となる。

　日本語の擬態語は，あやふやで曖昧なイメージの意思疎通（コミュニケーション）にとても有用なアイテムである。すべすべ，つるつる，べたべた，ぺたぺた，ふかふか，などの擬態語を，材料テクスチャの見た目による乾湿感，硬軟感，粗滑感のイメージ強弱度合いに関連づけ，例えば，触ってみたくなる材料テクスチャの考察を試みた。

　その結果，手触りが良さそうに思う「好感」，テクスチャの予想がつきにくく予想を確かめたい「確認」，高価そうに思う「希少」，どんな手触りか知りたい「興味」，などが触ってみたくなる主要因であり，もこもこ，ふかふか，ぱさぱさ，という表現のように，軟らかく丸みがあり空気を含む感じのとき，また，ざらざらしていて，とても硬くあるいはかなり軟らかい感じのとき，つるつる，つやつや，すべすべで，硬くてしっとりと綺麗に感じるとき，のような材料テクスチャがイメージされるとき，思わず手が出てしまう。

　かんな引き立ての木目模様が美しいすべすべな木肌，しっとり深みのあるつやつやな漆塗り肌，陽光きらめくざらざらな花崗岩肌，姿が映るつるつるの大理石肌，風になびくふかふかな綿毛の布地肌。これまで思わず手触りした壁面の材料テクスチャ実例になる。いいなと感じた表層の肌理（きめ）が，魅力的なイメージに直結した場面である。

図1　アヤソフィアの精緻なモザイクタイルによるマリアの壁画

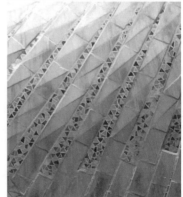

図2　サグラダ・ファミリア聖堂のこぼれ日がさすヤシの葉モザイクタイル

第5章　左官材料

5・1　石灰系材料

5・1・1　特徴

　石灰石には，炭酸カルシウム $CaCO_3$ の石灰岩や，$CaCO_3$ に炭酸マグネシウム $MgCO_3$（5～30%）を含む白雲石（ドロマイト）などがある。

　漆喰などの原料に使われる消石灰（水酸化カルシウム）$Ca(OH)_2$ は，石灰石あるいはカキの貝殻などを焼いて，生石灰（酸化カルシウム）CaO にしたものに，水を加えて消化（水酸化）してつくる。消化とは，生石灰に水を加えると容積を増して微粉になることをいう。化学反応式は次のようになる。

　　$CaCO_3 \rightarrow$（加熱）$CaO + CO_2$　　（焼成反応）

　　$CaO + H_2O \rightarrow Ca(OH)_2$　　（消化）

　この消石灰 $Ca(OH)_2$ が，空気中の炭酸ガス CO_2 と反応して，炭酸カルシウム $CaCO_3$ に徐々に変化して硬化する。このため，石灰は気硬性である。

　JIS A 6902:2008（左官用消石灰）左官用消石灰に規定され，上塗り用と下塗り用がある。

　白雲石（ドロマイト）の場合は，酸化マグネシウム MgO が消化して，水酸化マグネシウム $Mg(OH)_2$ を含んだドロマイトプラスターが得られる。硬化は，$Ca(OH)_2$ および水酸化マグネシウム $Mg(OH)_2$ が，空気中の炭酸ガス CO_2 と反応して，$CaCO_3$ および酸化マグネシウム MgO に徐々に変化して硬化する。このため，ドロマイトも気硬性である。

5・1・2　漆喰（しっくい）

　漆喰は，石灰，砂，のり，すさを主な材料として，これらを水でよく練って塗る古くからある塗り工法である。伝統的な漆喰の種類を表5・1に示す。

表5・1　伝統的な漆喰の種類

土佐漆喰	糊材を使わず腐った稲わらで粘りをもたせ，耐水性に優れている。高知地方で古くから使われている。
南蛮漆喰	下塗り用の漆喰で，濃い糊を用いた粘り気の多い漆喰。
糖蜜漆喰	消石灰に糖蜜や粘土を混ぜたもので，台湾で古くから用いられている。
ムチ漆喰	珊瑚や琉球石灰岩が原料の沖縄地方の漆喰。
がんぜき	松葉の煮汁を混ぜた熊本地方特有の漆喰。水路の水漏れや石積みの防水目的に用いられている。
天川漆喰	長崎県地方で行われている三和土（たたき）の一種。安山岩の風化した土に消石灰を混ぜてたたきあげる。
屋根漆喰	瓦ぶき屋根で，雨漏りを防ぎ，また瓦を安定させるための瓦のなじみ取りや面戸塗り用の漆喰。南蛮漆喰や土佐漆喰が使われる。
ノロ漆喰	仕上げに使うきめの細かい漆喰。
狸石灰	消石灰，のり，すさおよび砂以外に粘土を混ぜたもの。
型抜き漆喰	額縁の模様や人形の型抜きに用いるもの。
手作り漆喰	漆喰彫刻や鏝絵など漆喰の細工物用のもので，砂は混ぜずに糊やすさもそれほど多く入れない。すさは短く切り，顔料を混入して色物漆喰として使用されることもある。
灰土	消石灰と粘土を混ぜ合わせたもので，糊を入れないもの。
八斗漆喰	松葉を煮詰めたものに，石うすで引いた赤土，川砂，貝灰，松葉，卵を練り混ぜたもの。

微粉砕した消石灰（水酸化カルシウム）$Ca(OH)_2$ または生石灰（酸化カルシウム）CaO を水でよく練り合わせたものを石灰乳（石灰クリーム）という。

継ぎ材は，収縮ひび割れや亀裂の分散のため，10〜50 mm に切って砕いた植物繊維のすさを加える。麻，または日本紙やこうぞやみつまたなどの紙すさ，グラスウールやナイロンやビニロンなどの化学繊維が用いられる。

のり剤は，こてで壁や天井を塗れるように，付着性とフレッシュ時の可塑性を向上させるために加える。つのまたや銀杏草の煮汁の海草のり，セルロースなどの化学のりが用いられる。

その他，強度の維持と増量のために，砂を混ぜる場合もある。

2007 年に，日本建築学会の建築工事標準仕様書第 15 巻（JASS 15）左官工事が改定され，漆喰塗り工事も制定以来 50 年ぶりに内容が見直され，**本漆喰塗り，土佐漆喰塗り，既調合漆喰塗り**の 3 項目に区分された。

本漆喰塗りは，海草のりを現場で炊いてつくる現場調合の伝統的漆喰塗り工法である。土佐漆喰塗りは，全国的に認知度が高い土佐漆喰を現代工法として位置づけた漆喰塗り工法である。既調合漆喰塗りは，海草のりだけでなく化学のりの適用もあり，最も利用されている工場生産による漆喰の塗り工法である。

漆喰は，硬化後，表面が炭酸ガスに接して次第に炭酸カルシウムとなり，硬い被膜を形成する。漆喰には白色仕上げしたもの以外に，黄土，群青，べんがらなどの顔料で着色した色漆喰がある。

長所は，硬化に時間がかかるため練り置きができる，取扱いが容易で安価である，継ぎ材によって亀裂が分散して目立たない，砂や顔料を混ぜて着色できる，耐火性などがある。

短所は，硬化に時間がかかる，水湿に弱い，下地との付着力に劣る，乾燥収縮量が大きい，などがある。また，化学のりの使用では，漆喰中にて，のり成分が分解されずに永久に残るため，漆喰の耐久性が低下する場合がある。

5・1・3　ドロマイトプラスター

水で練ったドロマイトプラスターは，主成分の水酸化マグネシウムが水と反応してコロイド状に変化しやすくなるため粘性が高くなり，のりを用いないで塗壁に使用できる。JIS A 6903:2008（ドロマイトプラスター）に品質が規定されている。漆喰より施工が簡単で経済的である。しかし，乾燥収縮が大きく，すさなどの繊維を混入しても大きな亀裂が発生しやすい。このため，施工時に入念なこて押さえを行う。また，漆喰と同様に，水湿に弱い。

5・1・4　用途

図 5·1〜5·4 に，漆喰やドロマイトプラスターの石灰系左官材料の建築事例を示す。いずれも建物の意匠表現を強めた好例である。

建築の壁面装飾に使われるフレスコ画は，生乾きの漆喰を下地に，絵の具顔料を漆喰に浸透させて，定着させている。素早く仕上げる高度な絵画技術が必要になる。

漆喰仕上げした外壁の開口部周囲に，型紙を用いたフレスコ画技法で，花柄模様を転写している。
図 5·1　イタリア・コモ湖畔の民宿ビアンカの花柄模様を転写した華麗な外壁

図5・2 ローマ国立博物館マッシモ宮に展示されている紀元前20〜10年に描かれた古代ローマのリヴィア家の内装フレスコ画

図5・3 左官職人の入江長八が33歳時に松崎浄感寺（長八記念館）に奉納した漆喰こて絵「飛天」

沖縄地方の民家は，台風などに耐えるよう，屋根に厚く漆喰を盛るムチ漆喰が多用される。

図5・4 沖縄・那覇のムチ漆喰の民家

5・2 せっこう系材料

5・2・1 特徴

せっこうは，水和気硬性材料であり，結合水の状態により，次の3種類がある。また結晶状態により，α形とβ形に分かれる。

無水せっこう $CaSO_4$ は，二水せっこうや半水せっこうを，焼成温度が200℃より高くなるか焼成時間が過度に長くなるなど，完全に焼いて，結晶水の全部をなくしたものである。

二水せっこう $CaSO_4 \cdot 2H_2O$ は，半水せっこうの微粉末に，加水すると生じる。

半水せっこう $CaSO_4 \cdot 1/2H_2O$ は，二水せっこうを180〜190℃で焼いて作る。結晶水の一部を残して，**焼せっこう**ともいう。この焼せっこうに水を加えて練ると，焼成のとき失った水を吸収して化学的に硬化し，加水後約20分で硬化するため，このままでは塗壁施工に適さない。

せっこう原料について，二水せっこうである天然せっこうは，淡紅色透明の方解石などがあるが，日本では産出量が少ない。このため，堆肥工場の製造過程や火力発電所の排気ガスの脱硫過程で回収される産業副産物としての**化学せっこう**の利用が多い。

せっこう系左官材料は，硬化時間を調整したせっこうプラスターとしての塗壁材料や，せっ

こうボード（プラスターボード）に成形加工した既成部品として建物に利用している。

5・2・2 せっこうプラスター

せっこうプラスターは，JIS A 6904:2006（せっこうプラスター）に規定され，焼せっこうを主原料とし，必要に応じて混和材料，増粘剤，凝結遅延剤などを混入した粉状の塗り壁材料である。下塗り用の**現場調合プラスター**と，上塗り用および下塗り用の**既調合プラスター**がある。

現場調合プラスターは，建築現場において骨材を調合の上，水と練り合わせて使用するせっこうプラスターである。

既調合プラスターは，あらかじめ骨材，混和材料等が混入されており，建築現場において水を加えるだけで使用できるせっこうプラスターである。

また，**下塗り**とは，上塗りを施す下地をつくるために，壁面に塗りつける工程であり，**上塗り**とは，下地または下塗り面に，そのまま仕上げとして薄く塗りつける工程である。

混和材料には，せっこうの硬化時間を緩和するため，消石灰 $Ca(OH)_2$ やドロマイトプラスターなどが混合される。凝結時間の始発は，1時間以上である。終結は，現場調合プラスターの下塗り用が16時間以内，既調合プラスターの下塗り用が10時間以内，上塗り用が8時間以内になる。

長所は，のりやすさを必要とせず，水和反応により内部まで一様に同じ硬さをもち，弱酸性のため，木材の腐食を防ぎ，油性塗装できる。よく調整すると乾燥収縮が少なくなり，結合水をもつから防火性も大きい，などがある。

短所は，長時間の練り置きができず，硬化時に膨張しやすく，下地から剥がれやすい，弱酸性のため防錆していない金物は錆びる，などがある。

5・2・3 せっこうボード（プラスターボード）

せっこうボードは，半水せっこう（焼せっこう）に，軽量化と弾性を与えるために軽量骨材のパーライトやおがくずの細粒を混ぜて，水で練り，板状に固め，その両面にせっこう液を染み込ませた厚紙を張り，圧縮成型したものである。JIS A 6901:2014（せっこうボード製品）およびJIS A 6301:2020（吸音材料）に品質が規定されている。

長所は，防火性があり，準不燃材料になる。防腐性が大きい，吸湿性が小さい，熱伝導率が小さい，加工が容易，などがある。**孔あきボード**では吸音性があり，表面に油性塗装もできる。

短所は，加工が容易であるがゆえに欠けやすく，有機物混合材が15％以上で防火性能が低下し，耐水性に難点，弱酸性のため防錆していない金物は錆びる，などがある。

間仕切り壁や天井張りに多く用いられ，その表面に壁装材料，塗料などを用いて仕上げる場合が多い。化粧加工したボード用原紙を用いた化粧せっこうボード，ボード用原紙およびせっ

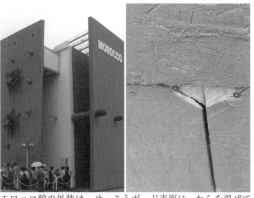

モロッコ館の外装は，せっこうボード表面に，わらを混ぜて土壁を模した赤茶系塗料で塗装し，木ねじで構造体に固定している。木ねじの固定部分とせっこうボードの欠けた部分の様子から，せっこうボードの利用が分かる。
図5・5 建物外装にせっこうボードを適用した愛知万博のモロッコ館

こうに防水処理をしたシージングせっこうボード，表面に長方形のくぼみを付けたせっこうプラスター塗壁の下地用のせっこうラスボード，小孔をあけ吸音性をもたせた吸音用孔あきせっこうボードなどがある。

図5·5に，せっこうボードの加工簡易性と表面塗装性の利点を活かした外装材としての適用例を示す。

5・3　土壁

5・3・1　特徴

土壁の主材料は，粘土分と砂分が適当に混ざったものである。これに，水，海草から採ったのり，からみなわ，すさなどを混ぜて，半年ほど寝かせる。ときどき足で踏みつけて練り返すことで，土の中の粘土分および植物繊維が網状構造を形成して強度が増す。

下地は，古くから，竹を挽き割ってかご状に縄で結わえた竹小舞が多い。これに土を塗って塗り壁を作る。厚く付けるとだれたり，ひび割れたりするので，1回の塗り厚さは6mm程度とする。厚い土の塗り壁にするには，仕上げとなる上塗りだけでなく，荒壁，中塗りというように層を塗り重ねる。下塗りほど強度を強くし，上塗りほど強度を弱くする。このため，それぞれの層に適した土や材料を選び，混ぜる分量も工夫する。

荒壁は，15mmふるいを通過する粘性のある粘土混じりの土や砂を水で十分にこね，すさを混合して片面に塗り，乾燥後に，裏塗りをする。

中塗りは，もみすさとともに，10mmふるいを通過する少量の細砂を混ぜて粘着力を弱くし，収縮亀裂を防ぐ。

上塗りは，1.7mmふるいを通過する色土や色砂などが，適宜，用いられる。厚さ2mm程度で，少量の消石灰や顔料を混合し，成形する。

土壁および漆喰の上塗り用の種類と材料構成を表5·2に示す。仕上げの色により，黄土色：稲荷山土，鉄錆色：錆土，淡青緑色：浅黄土，栗毛色：聚楽土などが用いられる。土と同量の砂を混入したものを**土物砂壁**，消石灰を混入したものを**大津壁**，聚楽土の壁を**京壁**，京都近郊産の高級色土の壁を**西京壁**という。

一般の土壁の耐久性は，石灰やせっこうなど

表5·2　土壁および漆喰の上塗り用の種類と材料構成

種類		材料構成	特徴
土物砂壁	のりごね	色土＋砂＋のり＋水	色土，砂，みじんすさを混入し，のり剤で練り合わせる。すさは若干添加する。中塗りとの密着はよい。
	のりさし	色土＋砂＋のり＋すさ＋水	のりごねに比べ，のりは少量。すさは紙すさを用いる。
	水ごね	色土＋砂＋すさ＋水	主として西京壁で行われ，みじんすさを入れ，水でこねる。
砂壁		色砂＋のり	色砂をのり剤だけで練る。
大津壁	並大津	色土＋消石灰＋すさ＋水	ドロマイトプラスターを混入すると塗りやすい。
	磨大津	同上	並大津より，色土やすさを精選する。
漆喰	京こね	消石灰＋のり＋すさ＋水	室内仕上げ用。
	真ごね	消石灰＋のり＋すさ	上蔵や上塀の仕上げによい。

134 第 5 章 左官材料

経年劣化によって，欠けやひび割れなどが見られる。
図 5·6 京都府にある桂離宮の賞花亭の土壁の劣化例

図 5·7 奈良県にある法隆寺の南大門脇の数百年前に造られた版築壁

図 5·8 愛知県常滑の INAX ライブミュージアムの日本最大の版築壁になる土・どろんこ館の外壁

の結合材を利用した左官材料と比較してあまり高くなく，欠けやひび割れが生じやすい（図 5·6）。

5·3·2 版築壁

版築（はんちく）は，土壁や基礎部分を作るために古代から用いられてきた方法である（図 5·7）。版築でつくった壁を指すことも多い。版築自体は土でつくるのが基本であるが，現在では，施工省力化のためにセメントを混合したものもある。版築は頑丈で，墳墓，家屋の壁，城郭の土塁などに用いられてきた。

版築の築造方法は，板などで高さ 15 cm ぐらいまでの囲み枠を作り，その板で挟まれた間に，小石や砂利や藁や粘土を混ぜた土を入れ，たたき棒で土を硬く突き固める。板の高さいっぱいまで突き固めたら，板の上に新しく板を継ぎ足すか，今の板を外して次の枠を作り，土を入れて突き固める作業を続けて，壁をつくる。版築の外側に石を張ることで石垣とすることも多かった。突く時にかかる圧力の差が，地層のように表面に表れる（図 5·8）。

5·3·3 珪藻土

珪藻土は，海や湖などに生息していた植物性プランクトンの死骸が堆積してできた土層から採取される。珪藻土には自硬性がないため，凝固材が必要となる。凝固材には，セメント，せっこう，ドロマイトプラスター，合成樹脂などが使われる。組織が球形で弾性多孔質であり，吸放湿性に優れている。七輪の原料で，粉砕しない珪藻土層を切削整形し，焼結して制作する。

珪藻土を素材とした左官材料は，軽量で耐火性，断熱性に優れる。また，脱臭性，調湿性，防かび性も備えている。シックハウスなどの室内環境問題を背景に注目され，現在では，珪藻土を素材とした既調合の左官仕上げ材も製品化されている。

5・4 左官モルタル

　モルタルは，硬化が早い。左官材料として適用する場合，水で練ってから約2時間以内に塗りつけないと，こわばって塗りにくくなる。水を加えて軟らかくすると，強度が足りなかったり，ひび割れが多く発生する。

　モルタルを，コンクリート面の下地に塗りつけるときは，コンクリート表面の汚れや強度の不足するレイタンス層を除去し，水湿しをしてから塗りつける。乾いたコンクリート面に，モルタルを塗りつけると，コンクリートにモルタルの水分が吸い取られて，付着強度が弱まったりする。

　コンクリート下地に塗りつけたモルタルは，日当たりによって伸縮し，浮きや剥落を生じやすい。これを緩和するため，3～5m間隔に，ひび割れ誘発目地を設けたりする。

　木造建築の壁にモルタルを塗るときは，板や合板で壁面を作り，金網（**メタルラス**）を取り付け，下地面とする。この上に，モルタルを塗りつけて下塗りとする。モルタルなどを塗りつけるときは，ある程度の圧力で押しつけないと接着力が得られず，手間がかかる。

　図5・7に左官モルタル仕上げ作業例を，図5・8にわらを混ぜて粗い質感を出した建築例を示す。また，図5・9に，左官モルタルをスプレーで吹き付けた建物例を示す。

外壁は，モルタルにわらを混ぜて，粗い質感の塗り仕上げ。
図5・8 静岡県天竜にある藤森照信設計の秋野不矩美術館の粗い質感の外壁仕上げ

外壁全面は，スプレーでモルタルを吹き付けて粗目凹凸模様を造形し，その上にスタッコ調の白い化粧漆喰を塗装。
図5・9 フランス・ロンシャンにあるル・コルビュジエ設計のロンシャン礼拝堂

白色ポルトランドセメントと細粒砂を混ぜて，肌理の細かいモルタルを作る。
図5・7 イラン・シーラーズのモドラセイェ・ハーン修道院の左官モルタル仕上げ作業

136 第5章 左官材料

5・5 断面修復材

断面修復材は，特に修復容積の大きい箇所に詰める材料である。緊急応急処置にも利用される。主な汎用材料として，セメント系複合材料にポリマーを混合した**ポリマーセメントコンクリート**や，ポリマーを結合材とした**ポリマーコンクリート**がある。

いずれも，セメントの水和を阻害せず，耐水性，耐アルカリ性，耐候性に優れている。また，引張強度や曲げ強度が大きく，付着強度も大きい。短所としては，ポリマーを含むため，熱に弱く，耐熱性や耐火性が悪い。

ポリマーセメントコンクリートは，コンクリートの結合材に，ポリマーを混和した高性能コンクリートの一種である。モルタルをベースにしたときは，ポリマーセメントモルタルとなる。

ポリマー混和剤には，スチレンブタジエンゴムラテックス，エチレン酢酸ビニル，ポリアクリル酸エステルエマルション（乳化剤）などの水性ポリマーディスパージョン（ポリマー分散剤）や，それを乾燥粉末化した再乳化形粉末樹脂がある。

ポリマーセメントモルタルとしての利用が多く，補修材，塗膜防水材，タイル接着材，床材，仕上げ材などに利用されている。ただし，使用時の限界温度は150℃となる。これ以上，高温になると混和したポリマーが熱融解し，付着強度や接着強度が低下しはじめ，複合材料として期待していた要求性能が満足しなくなる。

ポリマーコンクリートは，結合材のすべてをポリマーにして，細骨材や粗骨材を混合した材料である。細骨材のみのとき，ポリマーモルタルという。早期強度が高く，接着性も優れるが，収縮が大きい。また，使用時の限界温度は50℃前後になる。これは，結合材すべてを熱融解しやすいポリマーにしているためによる。

第1〜5章 演習問題

【問題1】

石材に関する記述のうち，**不適当なもの**はどれか。

(1) 砂岩は水成岩の一種で，吸水性・耐火性ともに大きく，磨いても光沢は出ない。

(2) 大理石は変成岩の一種で，吸水性・耐火性ともに小さく，磨くと光沢が出る。

(3) 花こう岩は，火成岩の一種で，吸水性・耐火性ともに小さく，磨くと光沢が出る。

(4) 安山岩は変成岩の一種で，吸水性・耐火性ともに小さく，磨いても光沢は出ない。

(5) 石材の熱伝導率は，通常，比重の大きいものほど大である。

(6) 石材の火熱による破損原因は，主として，熱伝導率が小さいことによる。

(7) 吸水率の小さい石材の強度は，吸水率の大きい石材の強度より，一般に大である。

(8) 石英粗面岩は，酸性噴出岩に属し，耐酸性が大である。

(9) 大理石は，外装用として花こう岩に比べて，耐久性が大である。

(10) 大理石は，硬質で強度は大きいが耐火性に劣る。

(11) 花こう岩は，高温でも火害を受けることがないので，耐火被覆材として用いられる。

(12) 大理石を外壁に使用する場合，酸に弱いので，次第に光沢を失う。

第5章　演習問題　**137**

(13) 大理石は，花こう岩に比べて，耐光性に劣り，屋外では風化を受けやすい。

(14) 石張り仕上げの目地等に生じる白い綿状の結晶物は，エフロレセンス（白華）と呼ばれる。

(15) 大理石は，耐候性に劣り，屋外では風化しやすいので，主として室内の装飾に用いられる。

【問題2】

人造石に関する記述のうち，**不適当なもの**はどれか。

(1) テラゾブロック—エントランスホールの床仕上げ

(2) テラゾブロック—壁の保温材

(3) テラゾタイルは，主として室内の床などに使用される。

(4) テラゾブロック—下地材

【問題3】

ガラスに関する次の記述のうち，**不適当なもの**はどれか。

(1) フロート板ガラスは，良好な平滑平面を有し，採光性・透視性に優れている。

(2) 熱線吸収板ガラスは，可視光線や太陽ふく射熱を吸収する目的で用いられる。

(3) 複層ガラスは，複数板の板ガラスを専用スペーサーを用いて一定間隔に保ち，中空部に乾燥空気を封入したもので，断熱性が高く，ガラス表面の結露防止に有効である。

(4) 強化ガラスは，複数板の板ガラスをプラスチックフィルムを中間膜として挟み全面接着したもので，破損時の飛散防止に有効である。

(5) SSG（ストラクチュラル・シーラント・グレイジング）構法は，構造シーラントを用いて板ガラスを金属支持部材に接着固定する構法である。

(6) 強化ガラスは，表面に傷が入っても強度の変化はない。

(7) 網入り板ガラスは，割れても破片が落ちにくいので，防火性を必要とする窓などに用いられる。

(8) 複層ガラスは，断熱性が求められる窓に用いられる。

(9) 合わせガラスは，2枚のフロート板ガラスの間に中間膜をはさんで接着したもので，割れにくく，安全性が高い。

(10) 合わせガラスは，破損時における脱落や飛散を防ぐことができる。

(11) 強化ガラスは，衝撃強度や曲げ強度を高くしたもので，割れても破片は鋭角状にならないガラスである。

【問題4】

セラミックスのうちのタイルに関する次の記述のうち，**不適当なもの**はどれか。

(1) 浴室の床には，すべりを考慮して，粗面のせっき質タイルを用いた。

(2) 寒冷地の住宅の外壁には，冬季の凍結を考慮して，磁器質タイルを用いた。

(3) 磁器質タイルは，吸水率が小さく，凍害が生じにくい。

(4) 磁器質タイルは，吸水率が小さいので，外装材としても用いられる。

138 第5章 左官材料

(5) モザイクタイルの素地の質は，磁器質であり，吸水性はほとんどない。

(6) かわらやタイルのうわ薬には，表面からの吸水や透水を少なくする効果がある。

(7) モザイクタイルは，仕上材に用いられる。

【問題5】

塗り左官材料に関する次の記述のうち，**不適当なもの**はどれか。

(1) 気硬性の塗装材料は，混和水の蒸発とは無関係に硬化する。

(2) 漆喰中のすさには，主として乾燥収縮によるひび割れを防止する効果がある。

(3) せっこうプラスターは，火災時に結合水が蒸発して熱を奪うため，防火上有効である。

(4) せっこうプラスターは，硬化初期の膨張があるため，乾燥収縮をほとんど示さない。

(5) 気硬性の塗装材料は，一般に，耐水性に劣る。

(6) せっこうプラスターは，セメントモルタルに比べて，硬化時間が長い。

(7) せっこうは，火災時に結合水が蒸発することによって熱を奪うので，防火性に優れている。

(8) 漆喰よりせっこうプラスターのほうがひび割れが多い。

(9) せっこうプラスターは，漆喰より硬度が大で，耐水性も大きい。

(10) 漆喰下地は木ずりが，せっこうプラスター下地はメタルラスが多く用いられる。

(11) 漆喰よりプラスターのほうが早く乾燥する。

【問題6】

左官材料を用いた製品に関する次の記述のうち，**不適当なもの**はどれか。

(1) 子供部屋の壁仕上げとして，耐衝撃性を考慮し厚さ7mmの化粧せっこうボードを用いた。

(2) 台所の天井は，防火性を考慮して，せっこうボード下地水性ペイント仕上げとした。

(3) 浴室の天井には，耐湿性の観点からインシュレーションボードを用いた。

(4) せっこうボードは，防火性能に優れている。

(5) せっこうラスボードは，浴室の天井仕上げに用いられる。

(6) せっこうボードは，耐衝撃性に優れているので，階段室や廊下の仕上げ材として用いられる。

(7) シージングせっこうボード―外壁の下地材

(8) せっこうボードは，火災時の伝熱防止，燃焼の抑制に効果がある。

(9) せっこうラスボードは，せっこうプラスター塗壁の下地材として用いられる。

(10) シージングせっこうボードは，下地材に用いられる。

(11) せっこうボードは，防火性に優れているが，一般に，合板と比べて耐衝撃性に劣るので，使用する場所に注意する必要がある。

(12) せっこうボードは比較的軟質なので，くぎ打ちが十分可能である。しかし，鉄くぎを用いると腐食するおそれがあるので，亜鉛めっきしたものを用いるか，非鉄金属製のくぎを用いる。

第6章　プラスチック

6・1　プラスチックの使われ方

6・1・1　プラスチックの特徴

プラスチックは，建築材料のみならず，容器・包装材や家具・家電製品など，我々の生活に欠かせない材料として様々な場面で使用されている。プラスチックは，原油製品の一種であるナフサを原料としており，同種または異種の単量体が，数百から数万も結合（重合・縮合・共重合）してできた合成高分子化合物である。高分子化合物には，天然ゴム・アスファルトなど天然材料として存在するものもある。

プラスチック（plastic）という言葉はギリシャ語に語源をもつ英語「plasticity（可塑性）」からきている。合成高分子化合物が可塑性に富むという共通の性質をもっていることから，このように呼ばれている。**可塑性**とは，力を加えると変形し，力を取り去ったあともその変形した状態がそのまま残る性質のことをいう。

また，はじめて開発されたプラスチックであるフェノール樹脂が天然樹脂の松やにに似た外観をしたことから，プラスチックを合成樹脂と呼ぶこともある。

プラスチックには種類が多く，さまざまな特徴をもったものがあるが，一般には図6・1のような長所・短所がある。

6・1・2　プラスチックの分類

プラスチックを分類すると図6・2のようになる。その他にもナイロン・PETなど繊維や容器

[長所]
① 塑性・展性・延性が大きく，成形が容易。
② 軽量で強度が大きい。
③ 耐薬品性に優れる。
④ 着色が容易。
⑤ 良好な電気絶縁性をもつ。

[短所]
① 耐火性に劣る。
② 温度変化による伸縮が比較的大きい。
③ 表面硬さが低い。
④ 帯電しやすく，埃がつき汚れやすい。

図6・1　プラスチックの長所・短所

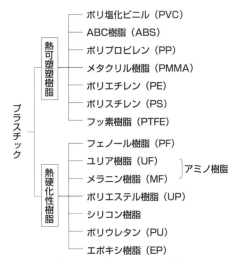

図6・2　プラスチックの分類

に使われる聞き慣れたプラスチックがあるが，種類が非常に多いため，ここでは，主として建築材料に使われるものを挙げている。

プラスチックを大別すると**熱可塑性樹脂**と**熱硬化性樹脂**に分けることができる。熱可塑性樹脂は，熱を加えると軟化し，塑性または粘着性

140 第6章 プラスチック

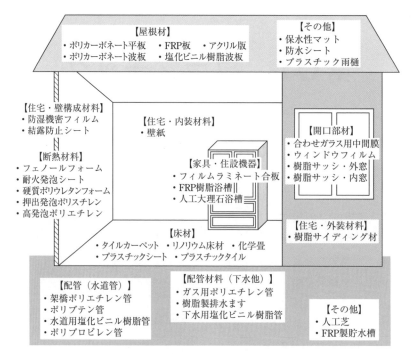

図6・3 各種プラスチックの建築物への利用の例

図6・4 塩化ビニル系管・継手

図6・5 ポリエチレン樹脂シート（床材）

をもつようになり，冷却すると再び硬くなる性質をもっており，これを繰り返すことができる。

ビニル系樹脂などの熱可塑性樹脂製品は，この性質を利用して複層に重ね合わせて加熱し，堅固に接着することができる。

一方，熱硬化性樹脂は，加熱すると軟化して加工できるようになるが，化学反応を起こして一度固まると，これに熱を加えても再び軟化しない性質をもつ。よって，一般に熱可塑性樹脂よりも耐熱性や耐薬品性には優れるが，成形・加工性には劣る。

6・1・3 プラスチックの使われ方

図6・3は，各種プラスチックの建築物への利用の例を示したものである。要求される性能が異なることから，部位・部材ごとに適切なプラスチックの選択が必要になるが，非常に高い強度を要求される構造材以外の部位には殆ど利用することができるほど用途は幅広い。

図6・4は，主に上下水道用や雨水用の配管材として用いられる塩化ビニル系管・継手である。パイプ状に成形することや，建築現場での加工性に優れることから建築材料として多用されて

いる。

図6・5および図6・6は，建築物の内装として用いられる床材および壁紙である。これらは，いずれも複層構造のシート成型品であり，製造のしやすさからプラスチックが用いられる。

図6・7は，プラスチックサッシと呼ばれるもので，断熱サッシ（二重サッシ）として用いる。プラスチックはアルミなどの金属よりも熱伝導率が低いことから断熱性を高め，かつ結露を防止する役割を果たす。

図6・8は，防水材として用いられるプラスチックの例である。ウレタン・アクリルなどは塗膜防水として，加硫ゴム・塩化ビニル樹脂などはシート防水に用いられる。

図6・9は，ポリカーボネート波板を外装として用いた例である。耐衝撃性に優れるとともに，透明なものが製造できることから特に採光性が求められる際に用いられる。

図6・10は，外装材として用いられる樹脂サイディングの例である。軽量で加工性に優れ，

図6・6　塩化ビニル系壁紙（内装材）

図6・7　塩化ビニル系サッシ（開口部材）
（提供：トステム）

図6・8　塩化ビニル系防水シート（防水材）
（提供：タジマルーフィング）

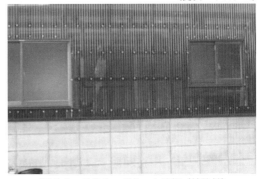

図6・9　ポリカーボネート波板（外装材）

図6・10　樹脂サイディング施工例
（提供：信越ポリマー）

図6・11　押出発泡ポリスチレン（断熱材）

凍害や塩害に強いといった特徴を有している。

図6·11は、断熱材として用いられる押出発泡ポリスチレンの例である。断熱材には繊維系とプラスチック系とがあり、プラスチック系のものは、一般的に繊維系断熱材に比べて断熱性に優れるが、石油製品であることから火に弱いなどの性質がある。

6・2　プラスチックの種類と性質

6・2・1　ポリ塩化ビニル樹脂

現在、建築材料として最も広く用いられている樹脂の一つで、主原料は石油と海水（塩）である。管・継手のような硬質のものから床シートのような軟質（可塑剤を使用）のものまで幅広い範囲の製品を製造することができる。耐候性、透明性、耐水性、耐酸・耐アルカリ性に優れる。特に硬質の製品は、強度が大きく難燃性を有している。また、カレンダー、押出、射出、ブロー成形やペースト加工など成形方法も幅広い。主な用途例を表6·1に示す。

6・2・2　ABS樹脂・ポリスチレン樹脂

アクリロニトリル（A）、ブタジエン（B）、スチレン（S）の3種類のモノマー（単量体）を重合させたものをABS樹脂という。特徴として表面外観（光沢）が良好で、耐衝撃性・耐熱性・耐薬品性・成形性に優れる。しかし、耐候性に劣り、日光に長い年月曝すと強度が低下するため、塗装などによって表面を保護する必要がある。内装材・外装材あるいは水廻り（ユニットバス、台所）における枠材・板材に用いることが多い。

ポリスチレン樹脂は、スチレンとブタジエンを重合させたもので、これを発泡させたものは発泡スチロールといわれ、断熱材などに使用される。比重が比較的小さく、耐水性に優れ、無味・無臭・無毒である。

6・2・3　ポリプロピレン樹脂

プラスチックのなかでは、ポリメチルペンテン（TPX、比重：0.83）に次いで比重が小さく（0.9）、汎用プラスチックのなかでは最も比重が小さい。耐熱性、耐薬品性、成形性に優れるが、収縮が大きいといった短所もある。建築用途は少ないが、軽量化が必要な部品、自動車のバンパーなどに用いられる。

表6·1　ポリ塩化ビニル樹脂の用途例

硬質	管・継手、波板、平板、雨樋、デッキ材、サッシ、電話機、レコード
軟質	タイル、シート、ガスケット、電線被覆、ホース、農業用ビニルフィルム

図6·12　アクリル採光板の適用例

6・2・4　メタクリル樹脂

アクリル樹脂ともいう。強度が大きく、軽量で透明度もよいので、ガラスの代用として採光板に用いられることが多い。ガラスよりも大形で曲面状に加工できる長所を有しているが、

100℃程度で変形することもあるといった短所もある。成形品には平板・波板があり，板状製品以外にもアクリル樹脂は塗料の原料にもなる。

6・2・5 ポリエチレン樹脂

建築材料に限らなければ，最も多く使われているプラスチックの一つである。製造時の触媒と重合法を変えることで，密度，結晶度，分子量分布などを変化させ，プラスチックとしての性質を広範囲にわたって調節することができる。低分量のものは液状で潤滑油として用いられ，高分子量のものは強靭な樹脂となり，工業材料として利用される。

ポリエチレンは一般に軽量で，耐水性，耐薬品性に優れ，誘電損失が小さく電気絶縁性がよい。ルーフィング，コーティング材，パイプなどに用いられるほか，樹脂を発泡させたものは断熱材として使用される。工業材料として用いられるものの分類と用途を表6・2に示す。

6・2・6 フッ素樹脂

熱に強く，低温にも強い。高度な耐薬品性・耐候性により塗料・コーティング材に使用される。一般によく使われるテフロンは，フッ素樹脂の商品名である。また，野球・サッカースタジアムのドームや空港などの大形の膜構造建築に用いられる膜材には，フッ素樹脂の一種が使用されることもある（図6・13）。

6・2・7 フェノール樹脂

セルロイドに次いで古く，プラスチックの草分けである。ベークライトと呼ぶこともある。電気絶縁性，耐熱性，成形加工性に優れており，接着剤，化粧合板，塗料に使われる。また，フェノール樹脂を発泡させた断熱材もある。

表6・2 ポリエチレン樹脂の分類と用途例

分類	比重	製造方法	用途
低密度ポリエチレン (LDPE)	0.90～0.93	高圧法	防湿気密シート，人工芝
中密度ポリエチレン (MDPE)	0.93～0.95	中圧法	ガス用配管材
高密度ポリエチレン (HDPE)	0.95～0.97	低圧法	上下水道用配管材

図6・13 フッ素樹脂膜材の適用例

図6・14 FRPの適用例（浴槽）

6・2・8 ユリア（尿素）樹脂・メラミン樹脂

両者は，アミノ樹脂の一種で類似の性質をもち，板・塗料・接着剤などに用いられる。両者を配合し，優れた性質としているものも多く，耐水ベニヤはこれらを接着剤として用いたものである。また，これらの接着剤をバインダーとして木質ファイバーを加圧成形したものにMDF（中密度繊維板）がある。メラミン樹脂を主材とした化粧板は，内壁や家具の仕上げに広く用いられる。

6・2・9 ポリエステル樹脂

繊維強化プラスチック（FRP：Fiber Reinforced Plastic）として使われることが多い。FRPは強度，耐久性が高く，波板・平板屋根，天窓などに用いられる。また，ガラス繊維FRPは，浴槽，設備ユニット，外装パネルなどに使用される（図6・14）。その他，塗料・コーキング材などにも用いられることがある。

6・2・10 シリコン樹脂

耐熱性・耐候性に優れ，－60～＋260℃の間では十分な弾性を保つ。有機酸には弱いが他の酸やアルカリには強い。また，接着力も大きく，接着剤・塗料などに用いられる。コンクリートなどの外壁の防水仕上げ塗料・シーリング材などに適している。ただし，下地が湿っている場合や塗り終わり後，約10時間以内に雨水がかかったりすると縮合が完全に行われないので効果が著しく減少する。なお，シリコン樹脂は半導体であるシリコンとは異なり，絶縁体として機能する。

6・2・11 ポリウレタン樹脂

ポリウレタンには，熱可塑性無発泡性と熱硬化性発泡性のものがある。変形性能がよく，耐薬品性に優れている。発泡体はウレタンフォームと呼ばれ，硬質と軟質があり，いずれも高発泡であるが軟質はクッション材に，硬質は断熱材として用いられる。その他，シール材・塗料などにも用いられる。

6・2・12 エポキシ樹脂

硬化剤を使用する架橋タイプの樹脂であり，硬化剤の組み合わせにより，種々の性質をもつ樹脂ができる。特に接着力が強く，接着剤，成型材料，積層材，塗料，ポリマーコンクリートなどに広く用いられる。また，金属との接着性，電気絶縁性，耐熱性，機械的生質にも優れ，多くの溶剤に侵されず，硬化収縮率が低いため寸法精度に優れているなどの長所をもっている。

6・2・13 ポリカーボネート類

熱可塑性樹脂の中で最高の衝撃強度をもつ。透明性にも優れ，ガラスより衝撃強度が大きく，加工性にも優れている。また，成形収縮が小さく，寸法精度のよい成形品が得られる。ガラスの代替品として，対衝撃窓・防弾ガラスなどに用いられる。

6・3 ゴム

6・3・1 ゴムの性質

ゴムの樹液（ラテックス）から作られる**天然ゴム**と，主として石油から作られる**合成ゴム**とがある。ゴムの最大の特徴は優れた弾性であるが，用途に応じて耐熱性，耐候性，耐油性など種々の特性を付与することが可能である。ゴムはそのままの状態（生ゴム）で使用されるのは稀であり，多くの場合，使用目的に応じて種々の混和材を配合して用いられる。この配合処方によってゴムの弾性を軟らかいものから硬いものまで変えることができる。これらの混和材としては，油・カーボンブラックなどの充填材，硫黄などの加硫剤などが使われる。

6・3・2 用途・製品

ゴムタイルは加硫ゴムに充填材として顔料を加えたもので，弾力性が大きく，耐水性がよく，色が鮮明などの特徴を有する。

外壁・窓などの防水材，シーリング材およびルーフィング材として，天然ゴムやEP（エチレンプロピレンゴム），CR（クロロプレンゴム）などの合成ゴムが用いられる。

ゴムは優れた弾性をもつとともに高いエネルギー吸収能力もつことから，幅広い振動対策に不可欠の材料になっている。

近年では図6・15のように免震構造用の装置に使われている。なお，**免震ゴム**の構造概念図を図6・16に示す。

一般に，免震ゴムは薄い鋼板と薄いゴムシートを交互に積層した構造になっている。ゴム単体では，建築物の自重などにより圧縮荷重が作用した場合に横方向へはらみ出そうとする（図6・16(b)）のを鋼鈑によって拘束するためで，これによって，免震ゴムは圧縮変形量を非常に小さく抑えられ，硬い特性を示す。

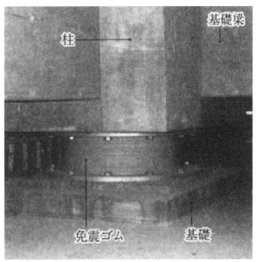

図6・15 免震装置の基礎に用いられているゴム

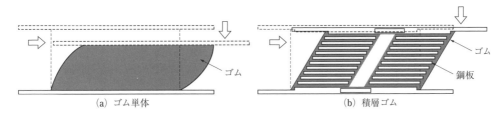

図6・16 免震ゴムの構造概念図

第7章　塗料・仕上塗材

7・1　塗料・仕上塗材の種類と使われ方

7・1・1　塗料の特徴と分類

塗料は，素地となる材料の表面に塗ると時間の経過とともに乾燥して，表面に固着し被膜を形成するものである。木材や金属だけでなく，セメント製品・コンクリート，石材など素地となる材料を問わず利用される。塗料は，一般に次の目的で使用される。

① 保護……さび止め，虫害・腐食防止
② 美観の付与……色彩調整，仕上げ装飾
③ 機能の付与……防火，結露防止，電波吸収

塗料は，図7・1のように分類できる。最も一般的な塗膜形成形の塗料は，不透明塗料と透明塗料に大別され，前者は顔料を含んでおり，後者は含んでいない。一般に不透明塗料をペイントと呼び，透明塗料をワニスと呼ぶ。また，ペイントのなかでも，特に平滑で光沢のある被膜

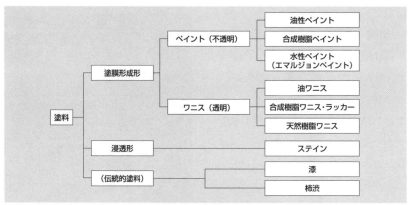

図7・1　塗料の分類

表7・1　塗料の種類とJIS規格

JIS K 5492	アルミニウムペイント	JIS K 5663	合成樹脂エマルションペイント及びシーラー
JIS K 5511	油性調合ペイント	JIS K 5670	アクリル樹脂系非水分散形塗料
JIS K 5516	合成樹脂調合ペイント	JIS K 5674	鉛・クロムフリーさび止めペイント
JIS K 5551	構造物用さび止めペイント	JIS K 5970	建物用床塗料
JIS K 5553	厚膜形ジンクリッチペイント	JIS K 5572	フタル酸樹脂エナメル
JIS K 5554	フェノール樹脂系雲母状酸化鉄塗料	JIS K 5582	塩化ビニル樹脂エナメル
JIS K 5555	エポキシ樹脂雲母状酸化鉄塗料	JIS K 5654	アクリル樹脂エナメル
JIS K 5621	一般用さび止めペイント	JIS K 5562	フタル酸樹脂ワニス
JIS K 5639	塩化ゴム系塗料	JIS K 5581	塩化ビニル樹脂ワニス
JIS K 5656	建築用ポリウレタン樹脂塗料	JIS K 5653	アクリル樹脂ワニス
JIS K 5658	建築用ふっ素樹脂塗料	JIS K 5531	ニトロセルロースラッカー
JIS K 5659	鋼構造物用耐候性塗料	JIS K 5533	ラッカー系シーラー
JIS K 5660	つや有合成樹脂エマルションペイント	JIS K 5535	ラッカー系下地塗料
JIS K 5661	建築用防火塗料	JIS K 5950	精製漆

が形成されるものを**エナメル**という。

木質系材料の素地に含浸して用いるものに**ステイン**がある。ステインは塗膜がほとんど形成されないため，一般的には塗料と異なって分類されることが多い。

日本で古くから使われている塗料には，漆や柿渋がある。現在，一般的に用いられている塗料のほとんどは，合成樹脂を原料としているが，これらが普及する以前には漆や柿渋が広く使われてきた。また，近年は室内空気汚染や自然環境汚染の問題が浮上しており，これら自然素材の塗料が再び見直されている。

表7·1は，塗料の種類とJIS規格である。塗料は非常に種類が豊富で，成分の違いや用途などによってJISで品質が規定されている。また，さび止めペイントは成分の違いによってさらに細かくJISに規定されており，他にも家庭用塗料や下地用塗料などのJISもある。

7·1·2 仕上塗材の特徴と分類

仕上塗材は，砂などの無機質系粉体や着色顔料に結合材としてセメントや合成樹脂を混合したものである。立体的な造形性をもつ模様にできるため，内外装の仕上げとしてコンクリート，モルタル，ALCなどのセメント系材料の表面に用いられる。

仕上塗材は，昭和初期にドイツからリシンと呼ばれる材料が輸入されたのがはじめであるが，1960年代に合成樹脂を結合材とする仕上塗材ができてから急速に普及していった。従来は，吹付材と呼ばれていたが，現在はローラー塗り・はけ塗り工法により仕上げることも多いため仕上塗材という呼び方となっている。

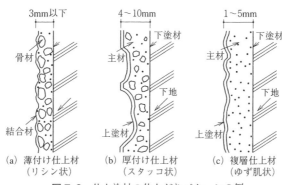

図7·2 仕上塗材の仕上がりパターンの例

表7·2 仕上塗材の種類

種類	結合材
セメント系	セメントまたはこれにポリマーディスパージョンを混合したもの
けい酸質系	けい酸質結合材またはこれに合成樹脂エマルションを混合したもの
合成樹脂エマルション系	合成樹脂エマルションを使用したもの
合成樹脂溶液系	合成樹脂の溶液を使用したもの
水溶性樹脂系	水溶性樹脂またはこれに合成樹脂エマルションを混合したもの
ポリマーセメント系	セメントおよびこれにポリマーディスパージョンまたは再乳化形粉末樹脂を混合したもの
反応硬化形合成樹脂エマルション系	エポキシ系などの使用時に反応硬化させる合成樹脂エマルションを使用したもの
内装消石灰・ドロマイトプラスター系	消石灰および／またはドロマイトプラスターまたはこれにポリマーディスパージョンまたは再乳化形粉末樹脂を混合したもの
せっこう系	せっこうを使用したもの

仕上塗材は次のような特徴をもっている。
① 建物の用途・構造の種類によらず適用可能
② 仕上のパターンが多様で，化粧性に優れる
③ 塗り替えなどの再施工が容易
④ 施工が比較的容易で工期も短い

仕上塗材は，用いる材料の種類，仕上がりパターン，性能などにより，その種類は豊富である。JIS A 6909 では薄付け仕上塗材，厚付け仕上塗材，複層仕上塗材および軽量骨材仕上塗材に分類している。図 7·2 は，仕上塗材の仕上がりパターンの例であり，素材の種類による分類を表 7·2 に示す。

7·2 塗料

7·2·1 ペイント
(1) 原料

図 7·3 に示すとおり，ペイントの構成は，**塗膜形成要素**と**塗膜形成助要素**から構成される。塗膜形成要素の主な原料は，展色剤と顔料である。展色剤と顔料のそれぞれの特性と両者の組合わせ，種々の添加剤を加えることで，各種の性能をもつ塗料をつくることができる。また，塗膜形成助要素は一般に**うすめ液**と呼ばれ，樹脂や油を溶かすもので塗膜にならないものである。

(a) 展色剤

ビヒクルともいい，顔料のつなぎとなるもので，顔料の粒子塗料中に均等に分散させる役目をもつ。また，塗料に流動性を与え，乾燥した後の被膜に粘りと光沢を与える。図 7·4 に示すように，油性系（あまに油・大豆油・ボイル油等），天然樹脂系（松ヤニ・セラック等），合成樹脂（ポリウレタン・アクリル・エポキシ・フッ素等）の成分によって種々の展色剤がある。展色剤の性質によって塗膜形成のメカニズムや塗膜の性能（耐候性・耐水性・耐薬変性など）が特徴づけられる。

(b) 顔料

顔料には，着色を目的とするもの（着色顔料），材質改善のためのもの（体質顔料），発錆を防止する効果を付与するもの（防錆顔料）がある。

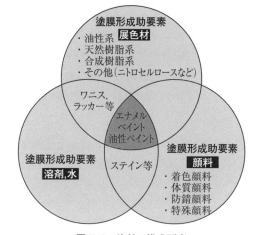

図 7·3 塗料の構成要素

表 7·3 顔料の種類と役割

有機顔料	着色顔料	石油・石炭から合成された高分子の色粉で塗装に色彩を与える。
無機顔料	着色顔料	金属を原料としてつくられた色粉で塗装に色彩を与える。
	体質顔料	鉱物(岩石,粘土),貝殻を粉砕した粉で， ①塗装を肉厚にし，丈夫にする（骨材）。 ②塗装の機能を与える（パテ，サーフェイサーなど）。 ③光沢の調整（つや消し剤）などに使われる。
	防錆顔料	金属(鉛，亜鉛，クロムなど)を原料として合成された防錆を目的とした顔料 金属粉顔料金属（アルミ，真鍮，酸化鉄，亜鉛，チタンなど）を粉砕，特殊加工した粉で， ①塗装に緻密性を与える（アルミ粉，鱗片状酸化鉄）。 ②塗装にメタリック，パール調のテクスチュアを与える（アルミ粉，チタンパール）。

主な顔料の種類とその役割を表7·3に示す。顔料には水・油・アルコールなどに不溶性をもつこと、不透明で均質な微粉であって被覆性の大きいこと、色調が鮮明で日光または雨などによって変色・変質しないことが必要である。変色・変質の原因は、主に紫外線による顔料成分の破壊によるため、酸化鉄や炭素（カーボン）などを含む無機顔料を主成分とするものは長期に色相を保つことができる。

(c) 添加剤

塗料の性能を向上させるための補助薬品で、可塑剤、沈殿防止剤、防かび剤などがある。

(2) ペイントの種類

(a) 油性ペイント

油性ペイントは、動・植物油などの油脂を展色剤とし、これに着色および体質顔料を練合わせたものである。以前は、現場で練合わせる**硬練りペイント**が使用されていたが、現在は、現場で塗るだけでよい**油性調合ペイント**（工場であらかじめ調合されたもの）が使われている。

油性ペイントは、着色効果があるものの、光沢が少なく、乾燥が遅いのが特徴である。

(b) **合成樹脂ペイント**

アクリル・エポキシ・ポリウレタン・フッ素・塩化ビニルなどの合成樹脂を展色剤とし、有機溶剤を用いる合成樹脂ペイントは、現在最もよく用いられている。セメント製品・さび止め塗料・防水塗料・外装用塗料など用途が幅広い。また、油性ペイントに比べて、耐アルカリ性・耐酸性・耐久性などに優れている。

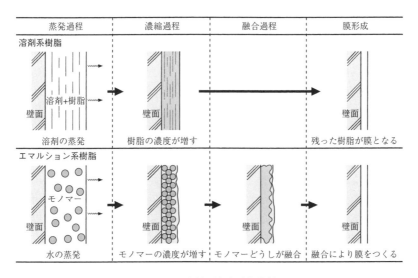

図7·4 塗料の塗膜形成過程

表7·4 溶剤形塗料・弱溶剤形塗料・水系エマルション塗料の特徴

塗料の種類 項目	溶剤形塗料	弱溶剤形塗料	水系エマルション塗料
溶媒の種類	トルエン・キシレン	ミネラルスピリット	水
揮発性有機化合物	多い	多い	非常に少ない
大気汚染	影響が大きい	影響が少ない	影響が非常に少ない
引火性	あり	あり	なし
有機溶剤中毒	影響あり	影響が少ない	ほとんど影響なし
乾燥性	早い	溶剤系より遅い	温湿度の影響が大きい

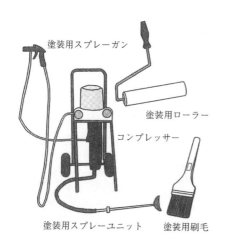

図7・5　塗装用器具

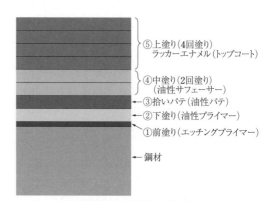

図7・6　塗装仕上げの例

(c) **合成樹脂エマルションペイント**

合成樹脂エマルションペイント（水性ペイントともいう）は，合成樹脂を顔料とともに水に分散させた水溶性のものである。本来混じり合わない樹脂と水を乳化という方法で一体化している。図7・4に溶剤系樹脂塗料と水系エマルション樹脂塗料の塗膜形成過程を示す。

化学物質が揮発する有機溶剤を使用しないため，近年利用が増えている。セメント系や木質系下地によくなじむが，水系エマルション樹脂塗料には，光沢が少ない，冬季には凍結するなどの欠点もある。

(d) **特殊油性ペイント**

錆止めペイントは，鋼材の防錆を目的とした下塗塗料で，ボイル油を展色剤とし，顔料に鉛丹やジンクロロメートを用いた油性ペイントである。被膜の強いペイント上塗りするため，錆止め効果のほかに耐候性や耐水性もある。

アルミニウムペイントは，顔料としてアルミニウム微粉末を混合したものである。光線・熱線の反射，耐熱，防水などを目的とし，金属製の屋根や屋外配管などの塗装に用いる。

エナメルペイント（単に**エナメル**ともいう）は，展色剤として油ワニスを用いたもので，乾燥が速く，きわめて光沢があり，色調が鮮明である。

(3) **ペイントの施工**

ペイントの塗装用器具を図7・5に示す。施工面積が小さい塗装には刷毛やローラーが用いられ，施工面積が大きい塗装にはスプレーユニットが用いられる。

塗装の手順は，下地処理塗装（前塗り）から仕上塗装（上塗り）まで数段階にわたる。例として鉄部ラッカーエナメル塗装仕上げを図7・6に示す。ペイントは一度に厚く塗ると，被膜にしわや泡が生じやすいので，何回かに分けて塗る必要がある。また，作業性をよくするために過剰な溶剤や乾燥剤を用いると被膜が脆くなりひび割れを生じることがあることに注意する。

7・2・2　ワニス

ワニスとは，樹脂を揮発性溶剤または乾性油に溶解した透明塗料のことをいい，**ニス**とも呼ばれている。揮発性溶剤で溶かしたものを**揮発性ワニス**，揮発性溶剤と乾性油で溶かしたものを**油ワニス**という。ワニスの乾燥した塗膜は，透明で光沢があり，湿気を防ぐ特徴がある。ワニスは，木材などの表面に塗布され，床・家具

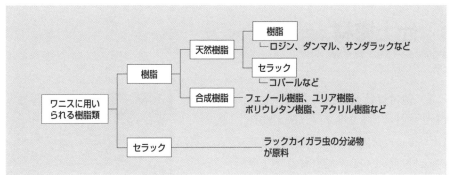

図7・7 ワニスに用いられる樹脂類

など幅広く用いられている。図7.7に示すような樹脂類がワニスに用いられる。

合成樹脂性ワニスは，天然樹脂性ワニスに比べて耐久性・耐水性に優れている。アスファルト・ピッチ類を溶かした**黒ワニス**と，硝化綿（ニトロセルロース）・セルロイドなどを溶かした**ラッカー**とがあり，ポリエステル・メラミン・塩化ビニルなどの合成樹脂を用いたものもつくられている。

セラックワニスは，ラックカイガラ虫の分泌物を精製してできるセラックを，アルコールに溶かしてワニスとしたもので，建築，家具類の仕上げに用いられるほか，木材の節止め・やに止めなどにも用いられる。

油ワニスは，油溶性樹脂を乾性油で加熱溶解し，揮発性溶剤で希釈したものである。淡黄色の透明な被膜を形成し，光沢や弾力があり，耐久性・耐水性に優れ，室内だけでなく外部塗装にも用いられる。

7・2・3 ステイン

ステインは着色剤とも呼ばれ，主に木質系素地に用いられる。ステインとは「汚す・シミ」が語源であり，素地・目止・塗膜着色などにより素材の持ち味を生かしたり，付加価値を高めるために利用される。素地に含浸する塗料であり，塗膜は形成されないため，耐候性には乏しい。

7・2・4 漆

漆は，日本古来の自然塗料であり，世界的に**ウルシオール**とも呼ばれている。

漆は漆の木から採れる樹液で，採取して精製したものを生漆という。生漆からベースとなる飴色の透漆ができ，これに鉄分を加えて酸化作用により黒漆ができる。顔料を練り込むことによって朱色や黄色等の鮮やかな漆を作ることもできる。

ウルシ塗膜の硬化過程は特殊で，漆液中のラッカーゼという酸化酵素の働きを受けて酸化重合反応を起こし乾燥硬化する。硬化した漆は，堅牢で美しい塗膜をつくり，耐酸性・耐久性・耐水性に優れ，かつ絶縁性を有する。しかし，日光の直射によって分解されやすい。

7・2・5 柿渋

渋柿の未熟果を搾った汁を発酵させろ過したものを**柿渋**という。柿渋液の中に含まれるタンニンには防水・防腐・防虫効果があり，主に木材に塗布することで効果を発揮する。江戸時代以前からそのまま木に塗布したり，ベンガラと混ぜ合わせて使われている。

7・3 仕上塗材

7・3・1 薄付け仕上塗材

薄付け仕上塗材は，塗り厚1～3mm程度に単層で仕上げるように調整した仕上塗材で，一般に**リシン**と呼ばれている。結合材には，セメント・合成樹脂エマルションなどを用い，骨材・無機質粉体・顔料などを混合する。

透湿性が高く，防水性に劣る。仕上げ材のテクスチャーには砂壁状・凹凸状などがある。

図7・8　薄付け仕上塗材（砂壁状）

7・3・2 厚付け仕上塗材

厚付け仕上塗材は，塗り厚4～10mm程度で凹凸模様を付けやすくした仕上塗材で，一般に**スタッコ**と呼ばれている。単層であるが立体感のある仕上がりパターンを表現することができ，テクスチャーには凹凸状と押さえ状などがある。塗膜形成は，厚付けだけの単層のほかに化粧効果や防水性・対汚染性を向上させるために仕上げ材を上塗りする場合もある。

図7・9　薄付け仕上塗材（さざ波状）

7・3・3 複層仕上塗材

複層仕上塗材は，下塗材・主材・上塗材の3層からなる塗り厚1～5mm程度の仕上塗材で，一般に**吹付タイル**と呼ばれている。複層に塗膜が構成されているため，多様な仕上がりパターンが可能で，テクスチャーには凹凸状・ゆず肌状・クレーター状などがある。

下塗材は，コンクリートなどの下地への付着性向上や主材施工時の水引き調整を図るために用いられる。主材は仕上がり面に凹凸を与えるため，上塗材は，仕上げ面に着色・光沢を与え，さらに防水性・耐候性の向上を図るといった役割をもつ。複層仕上塗材の中には，アクリルゴム・ウレタンゴムなどを結合材に用い，伸び性

図7・10　厚付け仕上塗材（押さえ状）

図7・11　複層仕上塗材（ゆず肌状）

能に優れた防水形複層仕上塗材もある。これは，ひび割れなどによる下地の局部変形にも追従するため，美観上や壁面防水の観点から優れた仕上げが期待できる。

コラム　環境にやさしい建材の利用（エコマーク）

「生産」から「廃棄」にわたるライフサイクル全体を通して環境への負荷が少なく，環境保全に役立つと認められた製品につけられている環境ラベルの代表例としてエコマークがある。これは，私たちの身のまわりにあるさまざまな製品につけられており，消費者がこのマークを見て，暮らしと環境との関係について考えたり，環境に配慮された商品を選ぶための目安として役立っている。

エコマークに認定された建築資材には次のようなものがある。
1) 木材，コンクリート，プラスチックなどの廃棄物を利用したリサイクル建材
2) 住宅を使っている間の省エネルギー化に役立つ高性能な断熱材や断熱サッシ
3) VOC吸収，調湿，脱臭効果のある建材や有害化学物質を使用しない建材
4) 節水や省エネルギー型の設備機器

図1　日本のエコマーク

図2　ドイツのエコマーク

図3　アメリカのエコマーク

図4　廃ガラスを主原料としたリサイクルタイル

図5　リサイクルタイル製品

第8章 接着剤

8・1 接着剤の使われ方

8・1・1 接着剤の特徴

建築分野において接着剤は，床材・壁材・天井材などの各種仕上げ材の接着に多用されている。接着剤の登場によって，従来のくぎ・溶接にかわる接合方法として用途が拡大し，建築工法が合理化された。

接着剤は，種類が多く，性質も異なるため，紙・布・木材・金属・コンクリートなどの被着材（接着される材料）の種類や，用いる部位への要求性能を考慮して適したものを選択することが大切である。表8・1は，建築用接着剤のJIS一覧であるが，建材の種類によって，それぞれに適した接着剤の品質が規定されている。

また，近年ではシックハウス症候群の原因となるものもあるため，その使用には十分な注意が必要である。

表8・1 建築用接着剤のJIS一覧

JIS番号	名称
JIS A 5536	床仕上げ材用接着剤
JIS A 5537	木れんが用接着剤
JIS A 5538	壁・天井ボード用接着剤
JIS A 5547	発泡プラスチック保温板用接着剤
JIS A 5548	陶磁器質タイル用接着剤
JIS A 5549	造作用接着剤
JIS A 5550	床根太用接着剤
JIS A 5557	外装タイル張り用有機系接着剤
JIS A 6024	建築補修用注入エポキシ樹脂
JIS A 6922	壁紙施工用及び建具用でん粉系接着剤
JIS K 6804	酢酸ビニル樹脂エマルジョン木材接着剤
JIS K 6806	水性高分子−イソシアネート系木材接着剤

8・1・2 接着の仕組み

接着とは「接着剤を媒介とし，化学的，物理的またはその両者によって二つの面が結合した状態」をいう。接着の仕組みには，①機械的結合，②物理的相互作用および③化学的相互作用がある。これらの仕組みの概略を図8・1に示す。

機械的結合では，被着材の表面の細かい凹凸に接着剤が入り込んで硬化し，被着材と接着剤が機械的にからみ合うことで接着される。物理的相互作用では，分子の間の引き合う力，すな

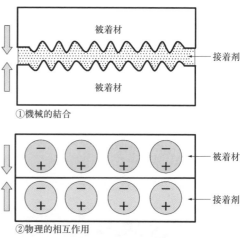

①機械的結合

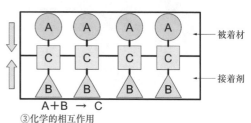

②物理的相互作用

③化学的相互作用

図8・1 接着の仕組みの概略

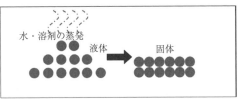
(a) 乾燥固化形

(b) 化学反応形（例：硬化剤形）

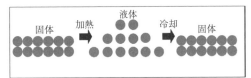
(c) 熱溶融形（熱可塑性）

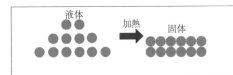
(d) 熱溶融形（熱硬化性）

(e) 感圧形

図8・2　接着剤の固化の仕方

図8・3　接着作業の例（床タイル）

図8・4　接着作業の例（壁紙）

図8・5　接着剤を用いた補修工事の例

わちファンデルワールス力によって接着される。化学的相互作用では，被着材と接着剤がある種の化学反応をした結果生じる原子間の引力によって接着力を得る。

また，固まり方によって，乾燥固化形，化学反応形，熱溶融系，感圧形に分けることができる。それらのメカニズムを図8・2に示す。

8・1・3　接着剤の使い方

図8・3および図8・4は，床タイルおよび壁紙の接着作業の例であるが，それぞれ被着材に応じて適切な接着剤が選択される。

接着剤の性能を十分に発揮させるため，接着前には油・水・錆・ほこりなどを除去し，接着面を平滑にするなどの適切な処理が必要である。また，木材やコンクリートに含まれる水分が接着性能を低下させることもあることから，よく乾燥させるのがよい。

156　第8章　接着剤

被着材の塗布にあたっては，必ずしも厚く塗る必要はなく，刷毛やヘラなどを用いて適量を均一に塗ることが重要である。接着直後に，圧力を掛けると初期接着強さを発現するが，完全に接着されるまでには十分な養生が必要である。

図8·5は，接着剤を注入して補修している様子である。モルタル，タイル，コンクリートなどのひび割れや浮きを補修するために，エポキシ樹脂を注入して用いる。補修用注入エポキシ樹脂には低粘度形，中粘度形および高粘度形があり，注入する隙間が小さいほど低粘度のものが用いられる。

8・2　接着剤の種類と特性

8・2・1　天然系接着剤

天然系接着剤は，**動物質接着剤**と**植物質接着剤**に分けることができる。一般に，天然系接着剤は，接着力や耐水性に劣り，その品質は安定しない。

動物質接着剤は，獣の皮・筋肉または骨を原料とする獣にかわ，牛乳を原料とするカゼインにかわなどがあるが，最近は使用されることが少ない。

植物質接着剤のうち，大豆にかわは，脱脂大豆を微粉末にしたもので，接着力は大豆のタンパク質のリグニンによる。安価で比較的耐水性に優れており，常温で使用できることから軟材の接着または合板用として多く用いられる。しかし，粘性が小さい・色調が悪い・汚染が生じやすいなどの短所があるため硬木の接着には適さない。

8・2・2　合成接着剤

(1)　ゴム系接着剤

天然ゴム，合成ゴムといった高分子を主結合材とする接着剤で，接着にあたり加熱は必要としない。

合成ゴムの代表的なものとしては，クロロプレンゴム接着剤がある。初期接着力が大きく，耐水性・耐酸性・耐アルカリ性・耐熱性がよい金属・木材・ゴム・ウレタンフォーム・コンク

リートなどの接着に使え，適用範囲が広い。

そのほか，ニトリルゴム系接着剤やシーリング材として用いられる多硫化ゴム系接着剤などがある。

天然ゴム接着剤は，ゴムタイルの接着に若干使用されるものの，建築用接着剤としては性能が優れず，あまり使用されない。

8・2・3　樹脂系接着剤

合成樹脂系接着剤は，種類が豊富であるが，それぞれの特徴によって，使用に適した被着材や部位が異なる。一般的に接着力に富み，安定性・耐薬品性・耐熱性・耐水性などを有するものが，建築用として優れた接着剤である。

種類には次のようなものがある。

(a)　酢酸ビニル樹脂系接着剤

酢酸ビニル樹脂系接着剤は，被着材の種類が多く，建築用接着剤として広く使用されている。安価で良好な作業性をもつが，耐水性・耐候性・耐熱性などはあまり優れず，屋外使用には適さない。

溶剤形とエマルション形とがあり，エマルション形は非引火性である。溶剤形は酢酸ビニル樹脂を主成分とし，アルコールなどで溶かしたもので，エマルション形は，酢酸ビニル樹脂のエマルションを主体とした水性接着剤である。

溶剤形は，初期接着力が比較的強く，木工用

をはじめ，ガラス・金属・発泡系断熱材などの接着剤として用いられる。エマルション形は展性がよく，均質に接着剤を塗布できることから，広い面を接着するのに適しており，床タイルや天井・壁などのボード類を接着するのに用いられる。ただし，初期の接着力が若干弱いため，天井・壁などに接着する場合は，十分な接着力が得られるまで仮止めしておく必要がある。

（b）エポキシ樹脂系接着剤

エポキシ樹脂接着剤は，主成分であるエポキシ樹脂にポリアミン・ポリアミドなどの硬化剤を加え，その化学反応によって硬化する二成分形接着剤である。

エポキシ樹脂接着剤は，ごく一部の被着材を除いて，金属・ガラス・陶磁器・コンクリート・木材・プラスチックなど，各種の被着材に適用できるのが特徴である。また，耐薬品性・耐熱性・耐水性などに優れる。建築金物のコンクリート・金属面への取り付け，コンクリートの打継ぎ・ひび割れ補修などに使用される。

（c）アクリル樹脂系接着剤

アクリル樹脂接着剤は，ポリアクリル酸エステルまたはポリメタクリル酸エステルを主成分とするもので，エマルション形と溶剤形の2種類がある。接着力が強い・可塑性が大きい・耐候性に優れるといった特徴がある。皮革・繊維・ゴムなどの接着に適しており，ビニル系床

タイルやシートなどの接着剤としても用いられる。

（d）シアノアクリレート系接着剤

シアノアクリレート接着剤は，**瞬間接着剤**とも呼ばれるもので，シアノアクリレートモノマーを主成分とした接着剤である。被着体の表面の微量な水と接触して，瞬間的に硬化し，強固な接着力を発現する。迅速な作業を要する場合には効果を発揮するが，比較的高価であり，耐水性には優れない。

用途としては，プラスチック・ゴム・金属などの接着に適するが，接着剤自身が吸収されてしまう木材・紙などには適さない。

（e）その他

フェノール樹脂を主成分とし，アルコール・アセトンに溶かしたフェノール樹脂接着剤は，耐水性が良好で合板や集成材の製造などに用いられる。また，木材用接着剤として使われるものに，メラミン樹脂系接着剤やユリア（尿素）樹脂系接着剤もある。これら木材用接着剤には，常温で硬化するものもあるが，工場製品（合板・集成材・パーティクルボード・MDF など）の多くは熱を加えて硬化することが多い。

また，不飽和ポリエステル樹脂を主成分とするもので，プラスチック・木材・金属・セメント製品などの接着に用いられるポリエステル樹脂系接着剤もある。

8・3　VOC とシックハウス症候群

8・3・1　シックハウス症候群

シックハウス症候群とは，建物内にいると症状が出て，建物から出ると症状がなくなるといった，室内空気汚染に由来する様々な健康障害のことである。症状には，目のかゆみ・痛みや頭痛といった軽微なものから，アトピー性皮膚

炎，アレルギー疾患，さらには化学物質過敏症のようなものまで幅広く，また個人差が大きい。シックハウスの原因には，建材や家具などから空気中に放散される**揮発性有機化合物**（VOC：Volatile Organic Compound）やほこり，花粉，ダニ，かびなどがある。

158　第 8 章　接着剤

8・3・2　シックハウス症候群が増加した背景

1) 建材への揮発性有機化合物（VOC）の使用が増えた。

2) 住宅の高気密・高断熱化が進み、従来に比べて換気が不十分。

3) 住宅内に生活物資があふれ、収納する家具などで換気が妨げられている。

4) 食生活、生活習慣の変化に伴い、アレルギー症の人が増えている。

8・3・3　揮発性有機化合物（Volatile Organic Compound）

　揮発性有機化合物（VOC）とは、住宅に用いられる建材、内装材、家具などから空気中に放散される揮発性のある物質のことである。特に、接着剤や塗料に含まれていることが多く、代表的なものに、ホルムアルデヒドやトルエンなどがある。

　建築基準法では、合板・フローリング・構造用パネル・集成材・単層積層材・MDF・パーティクルボードなどの木質系建材、ユリア樹脂板、壁紙、保温材・緩衝材・断熱材、塗料・仕上塗材、接着剤などをホルムアルデヒド発散建築材料として指定し、表 8·2 の区分に従って内装の仕上げを制限している。一方、これらの建材については JIS や JAS のような材料規格において等級を定め、対策が講じられている。また、厚生労働省では、表 8·3 に示す VOC を取り上げ、その室内濃度基準値を定めている（2002 年 1 月現在）。

表 8·2　ホルムアルデヒドに関する規制（建築材料の区分）

ホルムアルデヒドの発散量	告示で定める建築材料		大臣認定を受けた建築材料	内装の仕上げの制限
	名称	対応する規格		
0.12 mg/m²h 超	第 1 種ホルムアルデヒド発散建築材料	JIS，JAS の F ☆ 旧 E₂, F₍₂₎相当, 無等級		使用禁止
0.02 mg/m²h 超 0.12 mg/m²h 以下	第 2 種ホルムアルデヒド発散建築材料	JIS，JAS の F ☆☆	第 20 条の 5 第 2 項の認定（第 2 種ホルムアルデヒド発散建築材料とみなす）	使用面積を制限
0.005 mg/m²h 超 0.02 mg/m²h 以下	第 3 種ホルムアルデヒド発散建築材料	JIS，JAS の F ☆☆☆	第 20 条の 5 第 3 項の認定（第 3 種ホルムアルデヒド発散建築材料とみなす）	
0.005 mg/m²h 以下		JIS，JAS の F ☆☆☆☆	第 20 条の 5 第 4 項の認定	制限なし

8・3 VOCとシックハウス症候群 **159**

表8·3 VOCに関する規制（建築材料の区分）

揮発性有機化合物	人体への影響	室内濃度指針値*	建築分野での使用
ホルムアルデヒド	目や気道に刺激を生じる。非常に高濃度になると呼吸困難を起こすことがある。	$100\mu g/m^3$ (0.08ppm)	フェノール系・尿素系・メラニン系合成樹脂の原料や，合板，パーティクルボード，壁紙等の接着剤，または防腐剤として用いられる。
トルエン	目や気道に刺激を生じ，高濃度になると自律神経異常，肩こり，冷え性，頭痛，めまい，吐き気等を起こす。	$260\mu g/m^3$ (0.07ppm)	接着剤や塗料の溶剤および希釈剤に用いられる。内装材施工用接着剤，塗料等から放散。建材だけでなく家具類にも用いられる。
キシレン	トルエンと同じ。	$870\mu g/m^3$ (0.20ppm)	接着剤や塗料の溶剤および希釈剤等として，通常は他の溶剤と混合して用いられる。内装材等の施工用接着剤，塗料から放散。家具からも同様。
パラジクロロベンゼン	目，皮膚，気道に刺激を生じ，高濃度になると肝臓，腎臓に影響を与える。	$240\mu g/m^3$ (0.04ppm)	衣類の防虫剤やトイレの芳香剤として使用される。
エチルベンゼン	目，のどに刺激を生じ，高濃度になるとめまい，意識低下が生じる。	$3800\mu g/m^3$ (0.88ppm)	合板や内装材等の接着剤，塗料等。建材だけでなく家具類も同様。
スチレン	目，鼻に刺激を生じ，高濃度になると眠気や脱力感が生じる。	$220\mu g/m^3$ (0.05ppm)	ポリスチレン樹脂，合成ゴム，ポリエステル樹脂，ABS樹脂，イオン交換樹脂，合成樹脂塗料等に含まれる高分子化合物の原料として用いられる。
フタル酸ジ-n-ブチル	高濃度になると目，皮膚，気道に刺激が生じる。	$220\mu g/m^3$ (0.02ppm)	塗料，顔料や接着剤に，加工性や可塑化効率の向上のために使用される。
クロルピリホス	アセチルコリンエステラーゼを阻害する。急性中毒では重傷の場合，縮瞳，意識混濁，けいれん等を起こす。	$1\mu g/m^3$ (0.07ppb) 小児の場合 $0.1\mu g/m^3$ (0.007ppb)	防蟻剤として使用される。
フタル酸ジエチルヘキシル	高濃度になると目，皮膚，気道に刺激が生じる。	$120\mu g/m^3$ (7.6ppb)	代表的な可塑剤として，壁紙，床材，各種フィルム，電線被覆等，様々に汎用されている。
テトラデカン	高濃度では刺激性で麻酔作用がある。	$330\mu g/m^3$ (0.04ppm)	灯油は主要発生源。塗料等の溶剤に使用される。
ダイアジノン	アセチルコリンエステラーゼを阻害する。急性中毒では重傷の場合，縮瞳，意識混濁，けいれん等を起こす。	$0.29\mu g/m^3$ (0.02ppb)	殺虫剤の有効成分として用いられる。
アセトアルデヒド	目，気道に刺激が生じる。高濃度では，麻酔作用，意識混濁等を起こす。初期症状は，慢性アルコール中毒に類似。	$48\mu g/m^3$ (0.03ppm)	ホルムアルデヒド同様，一部の接着剤や防腐剤に使用される。
フェノカルプ	高濃度では，倦怠感，頭痛，めまい等を起こし，重症の場合は縮瞳，意識混濁等を起こす。	$33\mu g/m^3$ (3.8ppb)	防蟻剤として使用される。

*厚生労働省による室内濃度基準値（2002年1月現在）

第9章 外壁パネル

9・1 外壁パネル材料の使われ方

9・1・1 外壁パネルに求められる性能

建築物は地震や台風といった外的因子によって倒壊しないよう設計されるのは当然であるが，日常受ける日射や強風そして雨水などに曝されながら数十年以上も健全である必要がある。よって，建築物の外壁に対する要求はほかの建材のなかでも非常に高いものがある。熱の流出入，火・音，あるいは外部からの視線を遮断する機能を有していなければならない。また，外壁パネルは建築物の表面に使われ，人の目に直に触れるものであることから，高い意匠性も要求される。これら外壁パネルに要求される多様な性能は，材料の種類だけでなく構法によっても異なる。

9・1・2 外壁パネルの分類と使われ方

外壁を構造について大きく分類すると，耐力壁と非耐力壁に分けることができるが，ここで取り上げる外壁パネルは主として仕上げ材としての機能を有するもので，地震荷重を負担することの少ない非耐力壁として使われる。

外壁パネルを主要な構成材料により分類すると，表9・1のとおりである。主として木造建築に利用される比較的小さな板状のパネルから，鉄筋コンクリート造や鉄骨造の大型の建築物に利用されるカーテンウォールなど，その大きさも様々である。

図9・1は，木造建築に利用される外壁パネル

表9・1 外壁パネルの分類

板状	金属系	プリント鋼板，亜鉛鋼板，アルミスパンドレルなど
	木質系	スギ板，ヒノキ板など
	セメント系	窯業系サイディング材，繊維補強セメント板など
	プラスチック系	繊維補強プラスチック板など
パネル状	金属系	金属カーテンウォールなど
	コンクリート系	コンクリートカーテンウォール，ALC，押出成形板など
	ガラス系	ガラスカーテンウォールなど

図9・1 木造建築に利用される外壁パネルの例

の例で，窯業系サイディングの施工写真である。図9・2は，鉄骨造の中低層住宅などに利用される外壁パネルの例で，ALCパネルの施工写真である。また，図9・3は，大型の建築物に利用される外壁パネルの例で，カーテンウォールの施工の様子である。

図9·2 鉄骨造建築に利用される外壁パネルの例

図9·3 大型建築物に利用される外壁パネルの例

9・2 サイディング

9・2・1 窯業系サイディング

　窯業系サイディングは，セメントを主原料とし，木片などの繊維質原料を混ぜて，主にプレスによって成形した製品である。木造住宅の外装材として，モルタル塗りの外壁にかわって使われるようになった。パネル寸法は，厚さ14～26 mm，幅160～1100 mm，長さ910～3300 mmである。

　耐久性・耐候性に優れ，防火性能も高い。また，石れんがやタイルを思わせる仕上りなどデザインが豊富である。また，取付け方法は，図9・4に示すような乾式工法で工期が短く，加工性にも優れる。ただし，セメント系材料であるため，寒冷地では凍害に対して適切な処置が必要となる。図9・5は窯業系サイディングの例である。

9・2・2 金属系サイディング

　金属系サイディングは，表面が鉄・アルミニウム・ステンレス・銅などの金属で，中または裏側に断熱材が入った構造である。図9・6は金属系サイディングの例である。

　アルミニウム板は特に軽量で錆びにくく，ス

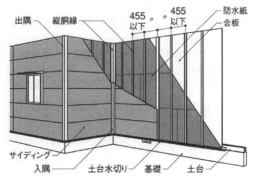

図9·4 窯業系サイディングの標準取付構法

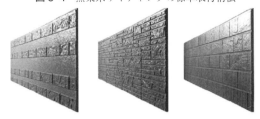

図9·5 窯業系サイディングの例

図9·6 金属系サイディングの例（提供：旭トステム外装）

テンレス板や銅板は，耐久性や耐候性に優れている。発泡樹脂が中にあるため，耐熱性や防音性が高く，また軽量で施工性がよい。ただし，熱により変形するなどの欠点がある。

9・2・3 木質系サイディング

木質系サイディングは，天然木などの表面を炭化処理したり，塗装したもので，北米の住宅では古くから使用されてきた。

木質系サイディング用の木材としては，耐水性のある材質のものが用いられるが，安価なものとして，合板・MDF・パーティクルボードを用いたものもある。自然素材としての風合いはあるが，乾燥によるひび割れや反りなどが生じたり，耐火性が低いといった欠点もある。

9・2・4 樹脂系サイディング

樹脂系サイディングは，塩化ビニル樹脂を素材としたもので，北米では外壁材の主流となっている。

ほかのサイディングでは，表面の塗装が褪色した場合に塗り替えが必要となるが，樹脂系サイディングは塗り替えが不要でメンテナンス性がよい。また，軽量で，撥水性をもち，塩害に強いといった特長もある。反面，防・耐火性に劣り，衝撃に弱いといった欠点もある。

9・3 セメント系パネル

9・3・1 ALCパネル
(1) ALCパネルとは

ALC（Autoclaved Lightweight aerated Concrete）パネルは，1923年にスウェーデンのJ. A. Eriksonが製造特許を取得し，同国においてALCの製造が開始された。わが国には，1960年代にスウェーデン，ドイツ，オランダから導入され，現在は，建築用パネル製品として，主に鉄骨造の外壁・間仕切り壁，屋根，床などに使用される。耐火性・軽量性・断熱性に優れ，2～4階建ての住宅，店舗，工場，事務所などに用いられることが多い。

(2) 原料・製造

製造フローの例を図9・7に示す。ALCの原料であるセメント，石灰質原料の粉末にアルミニウム粉末を混合してスラリー状にしたものを型枠に流し込む。すると，アルミニウムとアルカリ成分とは化学反応を起こし，水素ガスの発生によりスラリーが膨張し，発生した気泡が内部に封じ込められる。発泡が終了し，スポンジケーキ状になった時点で，必要な形状に切断してから，高温・高圧養生（オートクレーブ養生，180℃・10気圧）にして製造する。パネル寸法は，一般に幅600 mmで厚さが100～150 mm，長さは6000 mm以下である。

図9・7 ALCパネルの製造工程

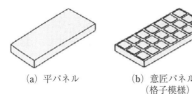  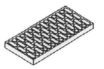

(a) 平パネル　　(b) 意匠パネル（格子模様）　　(c) 意匠パネル（縞模様）　　(d) 意匠パネル（レンガ模様）

図9・8　ALCパネルの種類の例

(3) 種類

厚形パネル（厚さ75〜200 mm）と**薄形パネル**（厚さ35〜75 mm）の2種類がある。また，それぞれに**平パネル**と**意匠パネル**（表面に模様または傾斜などの意匠を施したもの）があり，その例を図9・8に示す。

(4) 特徴

ALCパネルは内部に多量の気泡をもっており，非常に軽量で（密度が約 0.5 g/cm³），断熱性や耐火性に優れる。一方，吸水性が大きいため，外壁に用いる場合などは，仕上げ材などにより適切な表面処理を施す必要がある。

また，ALCパネルの取付け構法は，表9・2のとおりであり，地震時の躯体変形に対して優れた追従性をもっている。図9・9は，ALCの取付け例で，ロッキング構法の場合である。

9・3・2　押出成形セメント板

押出成形セメント板とは，厚さ35〜100 mm，幅450〜1200 mm，長さ5000 mm以下の非耐力外壁や間仕切り壁に用いる材料である。

主原料は，セメント・けい酸質原料・繊維質原料で，中空をもつ板状に押出成形したのち，

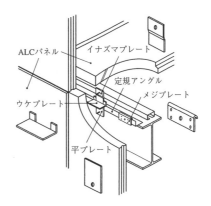

図9・9　ALCパネルの取付け例（ロッキング構法）

表9・2　ALCパネルの取付け構法

使用部位	取付け構法	概要	使用部位	取付け構法	概要
外壁	縦壁ロッキング構法	パネル内部に設置されたアンカーと取付け金物により躯体に取付ける。躯体の変形に対し，パネルが1枚ごとに微少回転して追従する。	間仕切壁	フットプレート構法	床面に固定したフットプレートによりパネル下部を取付ける。パネルは，躯体の変形に対し，パネル上部がスライドして追従する。
外壁	縦壁スライド構法	パネルをタテウケプレート，スライドハタプレートなどにより躯体に固定する。躯体の変形に対し，パネル上部がスライドして追従する。	間仕切壁	アンカー筋構法	床面に固定された鉄筋を，パネル縦目地空洞部に配置し，モルタルを充填する。躯体の変形に対し，パネル上部がスライドして追従する。
外壁	横壁ボルト止め構法	パネルの両端部をフックボルトなどにより躯体に固定する。躯体の変形に対し，上下段のパネル相互が水平方向にずれ合って追従する。	屋根・床	敷設筋構法	パネルをスラブプレート・目地鉄筋などにより躯体を固定する。

オートクレーブ養生して製造される。押出成形とは，パネルの形状に合わせた金型を通して，原料を連続して板状に押し出して成形する方法である。

種類には，表面が平滑な**フラットパネル**，表面にリブおよびエンボスを施した**デザインパネル**および表面にタイル張り付け用のあり溝形状を施した**タイルベースパネル**がある。これらの製品の形状を図9・10に示す。

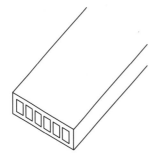

図9・10 押出成形パネルの製品形状

9・3・3 繊維強化セメント板

JIS A 5430に規定されている繊維強化セメント板は，セメント・石灰質原料，スラグ，せっこうなどを主原料とし，繊維で強化成形した板の総称である。その種類には次に示すものがあり，いずれも不燃性・耐水性・耐久性・遮音性・断熱性・耐候性などに優れる。

(1) スレート

本来，スレートとは玄昌石のような粘板岩のことをいうが，JIS A 5430で規定しているものは，セメント・繊維・混和材料を原料とし，波板状またはボード状に成形されたものである。

(2) けい酸カルシウム板

スレートの原料に，けい酸質物を加え，ボード状に成形した後，オートクレーブ養生して製品化したものである。密度0.8〜1.0 g/cm^{3}程度で，断熱性・加工性に優れ，内装や耐火被覆に用いる。

(3) スラグせっこう板

高炉スラグと排煙脱硫せっこうを主原料とし，補強繊維を混入した形成パネルである。軽量で加工性に富み，内装・天井・外壁・間仕切りなどの用途に広く用いられる。

9・4 カーテンウォール

9・4・1 カーテンウォールとは

カーテンウォールとは，広い意味では非耐力壁全般を意味するが，建築物の主要構造を柱・梁とし，主に吊す形で取り付ける場合の外壁をいう。その種類には，**メタルカーテンウォール**，**PCa（プレキャストコンクリート）カーテンウォール**などがある。工場で生産したパネルを建築現場で取り付け，外部足場が不要で工期の短縮が可能である。カーテンウォール自体は，構造体ではないため，地震時には躯体の変形に追従する性能が求められ，高層建築物に利用される場合には高い耐風性能も求められる。

9・4・2 メタルカーテンウォール

金属系材料としては，アルミニウム・スチール・ステンレスなどがあり，構成方法には，方立方式とパネル方式がある。方立方式は，構造躯体の床または梁に，マリオンと呼ばれる細い柱状の材を一定間隔に接合し，マリオンの間にサッシ・ガラス・スパンドレルパネルなどをはめ込む。パネル方式は，1層分のパネルを上下左右に並べる方式であり，現場で取り付けた後，目地の処理を行う。図9・11に建物の例を示す。また，メタルカーテンウォールでは，ガラスをサッシ枠で保持するのではなく，ガラスをシー

リング材で内側の枠に接着する方法（SSG：Structural Sealant Glazing 構法）やガラスの4コーナに穴を開け，金具で支持する方法（DPG：Dot Point Glazing 構法）が開発され，ファサードがガラスだけでできているような建物もつくられるようになってきた。この種のものを**ガラスカーテンウォール**と呼ぶこともある。

9・4・3 PCaカーテンウォール

工場生産される鉄筋コンクリートパネルで，コンクリートの質量軽減を目的に，軽量骨材が使用されることが多い。化粧用コンクリートとして，ホワイトセメント，化粧骨材などが使われるものや，石材・タイルなどを仕上げ材として組み合わせたものなどがある。また，コンク

図9・11　メタルカーテンウォール建築の例

リート打設後の表面の仕上げによって，図9・13に示すようなさまざまな表情を出すことも可能である。遮音性や耐火性に優れることが特徴であるが，コンクリートは面内剛性が大きいため，躯体の変形に追従するため，接合方法に工夫が必要となる。

図9・12　PCaコンクリートパネル（提供：高橋カーテンウォール）

洗い出し仕上げ

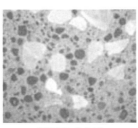
研ぎ出し仕上げ

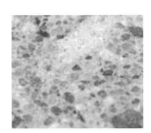
サンドブラスト仕上げ

埋め込み仕上げ

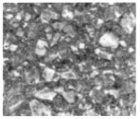
小たたき仕上げ

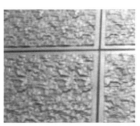
転写仕上げ

図9・13　コンクリート表面仕上げ

第10章 インテリア材料

10・1 インテリア材料の種類

10・1・1 インテリア材料とは

インテリア材料とは，天井・床・壁といった部位の内装材である。インテリア材料は，住環境において直接目に触れるため，デザインを重視されることが多いが，快適性，機能性，安全性等も考慮し，適切に選択すること重要である。

10・1・2 インテリア材料の種類と使われ方

インテリア材料は，最も人が利用する空間の構成材であり，快適に生活するための性能が強く求められる。デザイン性や快適性は，部位によらずインテリア材料共通に要求されるが，機能性については部位によって若干異なる。

天井では，遮音性や断熱性，あるいは光や熱のコントロールなどが要求されることがある。開口部では，熱・光・音を遮断もしくは調節する機能が求められる。床では，居住性としての床の弾力性や耐摩耗性，耐汚染性，下地に対する耐剥離性，水を使うところでは，防水性も要求される。

図10・1は和室におけるインテリア材料の使われ方である。快適性が要求される壁には，落ち着いた雰囲気の材料が使われ，天井や開口部には，光の調整が可能な材料や障子，ブラインドなどが使われている。また，インテリア材料には，紙，布などの外装材や構造材にはみられない素材が使われることがある。図10・2は和紙を用いた天井材の例である。

図10・1 和室におけるインテリア材料（障子・砂壁）

図10・2 和紙を用いた天井材

図10・3 床材の例（フローリング・畳）

図 10・3 は，一般的な住宅の床材の例である。歩行性や転倒時の安全性などが要求される床には衝撃吸収性に優れるフローリングや畳あるいはカーペットなどが使われる。

10・2 壁・開口部に用いるインテリア材料

10・2・1 壁装材

壁装材は，図 10・4 に示すようなものがあり，壁・天井などで，合板やボード類の下地に接着剤を用いて張り付けられるシート状のものをいい，一般に**クロス**ともいう。

壁装材の種類は豊富であるが，その選択にあたって，次のことを配慮する必要がある。
① 防火性能の確認
② 結露対策（結露によるしみ発生，接着剤の接着力低下の抑制）
③ カビ・汚れへの対策（最近はカビ防止処理を施したものもある）

(1) ビニル壁紙

壁装材のうち，ビニル壁紙は，ポリ塩化ビニルを主原料とし，可塑剤・充填材などを加え，普通紙または難燃紙で裏打ちしたもので，壁紙生産量の約 9 割を占めている。表面には，プリント模様，発泡，エンボス（型押し）などの加工が施され，種類は豊富である。経済性があり，耐水性・施工性・耐薬品性に優れるといった長所がある一方，通気性に乏しいという欠点がある。また，可塑剤，印刷インキの溶剤，難燃剤などの化学物質がシックハウス症候群の原因となることが指摘され，対策が行われている。最近は，環境への配慮からオレフィン樹脂などを用いたものもある。

(2) 紙壁紙

紙壁紙は，パルプや再生パルプを主原料とし，難燃紙で裏打ちしたものである。印刷やエンボス（型押し）などの加工を施した後，ビニルやアクリルのラミネートにより防水加工される。

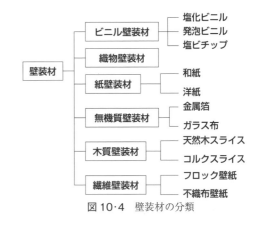

図 10・4 壁装材の分類

最近は，紙と同じように自然素材であるけい藻土（植物性プランクトンが海底に長期堆積してできた泥土）を使用した壁紙もある。調湿機能があり，結露などに有効とされている。

(3) その他

壁装材は，素材の種類によって分けられ，ビニル壁装材が最も一般的となっているが，紙，布，金属箔のほかコルクスライスなど木質系の素材を用いたものもある。素材の種類によって多様な表情を出すことが可能である。

10・2・2 障子・ふすま

(1) 障子紙

障子は，直射日光を適度に遮り（40～50％を透過），室内の温湿度調整にも役立つという優れた特性をもつ。障子は，図 10・5 に示すように和紙と木の枠材とを組み合わせてできている。障子紙には和紙が用いられ，楮（こうぞ）が最高級品，マニラ麻や美濃紙は高級品とされている。最近は，レーヨンをパルプに配合したレーヨン障子紙や，レーヨン障子紙をプラスチック

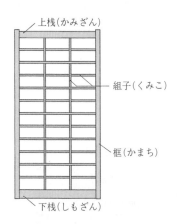

図10・5　障子の名称

フィルムでラミネートして強度・断熱性を高めたプラスチック障子紙もある。

(2) ふすま紙

ふすまは，木の骨組みの両面から紙を張り，縁と引手を取り付けた間仕切建具の一つである。ふすま紙には和紙ふすま紙，織物ふすま紙，ビニルふすま紙がある。和紙ふすま紙には，こうぞ・がんぴを原料とした鳥子紙や製紙から模様付けまで一貫して機械生産される新鳥子紙などがある。

織物ふすま紙は，天然素材のものと合成繊維を用いたものに分けられ，天然素材には，くずふ・きぬしけなどが用いられる。ビニルふすま紙は，塩化ビニルなどの合成樹脂製で耐水性と耐汚染性に優れる。

10・2・3　カーテン

カーテンは，目隠し・日よけ・遮光および装飾などを目的とするもので，断熱・防寒効果もある。現在，カーテンに使われる素材は，化学繊維のポリエステルやアクリル，再生繊維のレーヨン，自然素材の綿が主流である。また，難燃性繊維を使用したものや，後加工によって防炎性を付与した**防炎カーテン**もある。カーテンの分類を表10・1に示す。

10・2・4　ブラインド

日よけおよび遮光用のブラインドには，アルミなどの軽金属またはプラスチック製の横型ブラインド（ベネチアンブラインドともいう）や縦型ブラインド（バーチカルブラインドともいう）がある。また，ロールスクリーンと呼ばれ，上部の巻き上げ装置でスクリーンを昇降させる布製ブラインドもある。

図10・6　ロールスクリーン

表10・1　カーテンの分類

分類	種類	説明
生地による分類	ドレープ	重厚感のある厚手のカーテン地。高い密度で織られているため装飾性が高く，また遮光性・遮蔽性・防音性・断熱性など様々な機能を備えている。
	プリント	綿等の比較的フラットに仕上げた無地の生地に，後から柄をプリントしたもの。
	レース	透明感のある薄手のカーテン地。
	ケースメント	ドレープとレースの中間的なカーテン地。
素材による分類	ポリエステル	カーテン繊維の主流。丈夫で，光沢感があり，ドレープ性（やわらかく波打つ感じ）にも優れる。ただし，帯電しやすく，汚れやすい。
	アクリル	代表的繊維。軽量で保温性に優れ，帯電性・吸水性が小さいため汚れがつきにくい。ただし，熱に弱くて燃えやすい。（難燃加工品もある）
	レーヨン(再生繊維)	安価で，光沢があり，加工が容易。ただし，しわがよりやすく，また耐久性が若干小さい。
	綿（自然素材）	丈夫で安価，染色性がよい。ただし，太陽の日差しに弱く変色しやすいことと，洗濯で縮んでしまう。

10・3 床仕上げ材

10・3・1 カーペット

カーペットの種類を図10・7に、テクスチャーによる分類と特徴を表10・2に示す。カーペットはインテリア材料として欠かせないものであるが、その機能は下記のとおりである。

① 装飾性

素材・色・柄・テクスチャーが豊富で、敷き方によって内部空間のイメージが変わる。また、視覚的にソフト感がある。

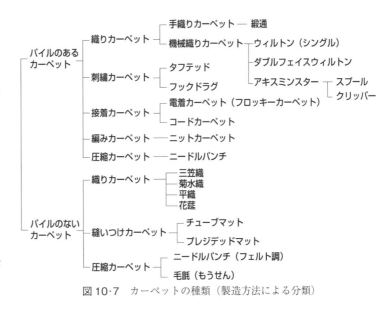

図10・7 カーペットの種類（製造方法による分類）

表10・2 カーテンの分類

分類	形状	名称	特徴
カットパイル		ベロア	密度の高いパイル、ベルベット調のテクスチャー、パイル長5～6ミリ。
		ブラッシュ	フラットな表面、微妙な色の変化と深みがある、パイル長7～10ミリ。
		ハードツイスト	強い撚りをかけたパイル、耐久性大、パイル長7～10ミリ。
		サキソニー	ヒートセットした撚糸を使用、パイル長15～20ミリ。
		シャギー	毛足が長く太いパイル、装飾性が高い、パイル長30ミリ以上。
ループパイル		レベルループ	フラットな表面、耐久性大。
		マルチレベルループ	パイルにランダムに高低がある。
		ハイローループ	2段階の高低のループ、立体感がある。
カット&ループ		レベル	パイル長がフラットな表面。
		ハイ&ロー	パイル長を変えて立体感を表現。

② 歩行性

弾力性があり，滑りにくいため，疲れにくく転倒時も安全性が高い。

③ 保温・保湿性

室内の保温効果や保湿効果に役立ち，断熱効果を上げることも可能である。

④ 吸音・防音効果

部屋の中から発生した音の吸収や歩行などによる床への衝撃音を吸収できる。

なお，床仕上げ材料としての繊維製品の総称として，カーペットの代わりに絨毯と呼ぶ場合もある。

⑤ 難燃性

カーペットは燃えやすい素材でできていることから，難燃加工した製品もある。難燃性試験は，JIS L 4405（タフテッドカーペット）において規定されている。

10・3・2 ビニル系床材（JIS A 5705）

(1) ビニル系床タイル

ビニル系床タイルは，ポリ塩化ビニルに可塑剤や充填材を加えて製造されるもので，メンテナンス性や施工性に優れることから，オフィス・学校・商業施設などの床に広く用いられている。大きさは，300 × 300 mm ～ 450 × 450 mm のものが多い。

バインダーとなるビニル樹脂・可塑剤・安定剤の構成比によって，**ホモジニアスタイル**（バインダー含有率30％以上）と**コンポジションタイル**（バインダー含有率30％未満）に分けることができる。ビニル系床タイルの種類と特徴を表10・3に示す。

最近は使用時にずれが生じず，容易に剥離でき，再施工が可能な置敷きタイルもある。また，表面の繊維層に塩ビのパッキング層を組み合わせた**タイルカーペット**（JIS L 4406，図10・8）もあり，オフィスなどによく利用されている。

表10・3 ビニル床タイルの種類と特徴

種類		特徴
ホモジニアスビニル床タイル		ポリ塩化ビニルの含有率が高く，歩行感があり，耐摩耗性・耐水性・耐薬品性にも優れる。反面，耐熱性に劣り，低温時には反りが生じることもある。
コンポジションビニル床タイル	半硬質	耐熱性・耐薬品性に優れ，変形や反りも生じにくい。反面，硬い材質であるため歩行感・耐摩耗性に劣る。
	軟質	半硬質のものよりも，ポリ塩化ビニルの構成比率を高め，歩行感・耐摩耗性を改善したもの。エンボス加工を施したものもある。
置敷きビニル床タイル		主にフリーアクセスフロア上に，接着せずに敷きつめるタイプのものをいう。接着形のもの（厚さ：2～3 mm 程度）よりも厚く（4.0～5.5 mm 程度），大きさは500 mm角が多い。

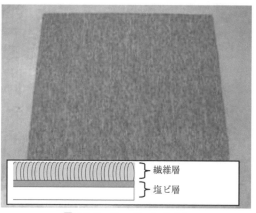

図10・8 カーペットタイル

(2) ビニル系シート床材

ビニル系床タイルと同様に広く用いられるもので，シート幅は1800～2000 mmのものが多い。中間層に発泡層があるタイプとないタイプがあり，発泡層があるものは，保温性・断熱性・衝撃吸収性に優れ，歩行感もよい。また，これを**クッションフロア**と呼ぶこともある。

10・3・3 畳（JIS A 5902）

畳は，わが国古来の床材料で，保温性・弾力性・触感などに優れている。しかし，耐久性に乏しく，吸じん性・吸湿性・可燃性を有する。図10・9に示すように，畳は**畳床・畳表・畳縁**から構成される。

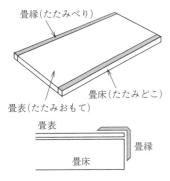

図10・9 畳の構成

(1) 畳床

伝統的な**稲わら畳床**（JIS A 5901）と，ポリスチレンフォームやインシュレーションボード等を積層した**化学畳床**（JIS A 5914）がある。畳床の種類と構成を図10・10に示す。

稲わら畳床1枚に使用される稲わらはおよそ35000本で，これを厚さ約40 cmに重ねた後わずか5 cmほどに圧縮することで弾力のある畳床となる。また，ダニ対策として防虫処理が必要で，熱風乾燥や防虫加工紙の使用，薬剤処理などが行われる。

化学畳床には，心材にポリスチレンフォームやインシュレーションボードを使い，その上下を稲わらで挟んだ稲わらサンドイッチ畳床と，稲わらを用いない建材畳床がある。軽量で扱いやすい，虫害の心配が少ない，稲わらの減少などを理由として建材畳床が多く使われている。

(2) 畳表

畳表とは畳の上表面を覆っているゴザのことで，経糸にい草を垂直に交差させて編んだものである。現在，畳表の6割は中国産のい草である。

畳表の種類には，**備後表・目積表・琉球表**がある。備後表は，い草でできたへり付き用の畳表で，熊本産が多いため肥後表ともいう。目積表は，い草をへりなし用に織った畳表のことで，びんご表よりも目が細かい。琉球表は，へりなし用の畳表で，手織りで丁寧に作られるため硬くて丈夫である。また，草が太くて強い。

(3) 畳縁

畳表の長手方向の縁をい草と直交して縁取っている布のことであり，畳縁のついていない畳のものを**縁無し畳**あるいは**ぼうず畳**などと呼ぶ。

畳縁は，綿糸または合成繊維糸を使って作られており，色やデザインは多様である。

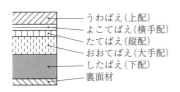

(a) 稲わら畳床(6層形)

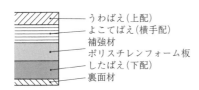

(b) 稲わらサンドイッチ畳床(I形)

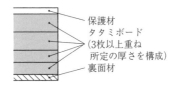

(c) 稲わらサンドイッチ畳床
（ポリスチレンフォームサンドイッチ稲わら畳床）

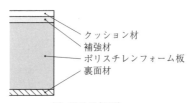

(d) 建材畳(N形)

図10・10 畳床の種類と構成

172 第10章　インテリア材料

**第6～10章
演習問題**

【問題1】　プラスチックに関する次の記述のうち，**最も不適切な**ものはどれか。

1. エポキシ樹脂は，硬化剤を使用する架橋タイプの樹脂で，接着剤，成型材料，積層剤，塗料，ポリマーコンクリートなどに広く用いられる。
2. ポリエステル樹脂は，繊維強化プラスチックとして，波板屋根や天窓などに用いられる。
3. シリコン樹脂は，軽量で強度があり，透明度が高いので，ガラスの代用として採光板に用いられる。
4. ポリ塩化ビニル樹脂は，耐候性，耐水性，耐酸・対アルカリ性に優れ，雨樋や床材などに用いられる。
5. ポリウレタンの発泡体は，ウレタンフォームと呼ばれ，断熱材として用いられる。

【問題2】　塗料の用途に関する次の記述のうち，**最も不適当な**ものはどれか。

1. 鉛丹さび止めペイントは，一般に，鋼材の下塗に用いられる。
2. アルミニウムペイントは，熱線を反射して温度上昇を防ぐので，主として金属屋根や屋外設備の塗装に用いられる。
3. 合成樹脂エマルションペイントは，セメント製品，さび止め塗料，防水塗料など用途が幅広い。
4. 油性ペイントは，耐アルカリ性に優れ，モルタルやコンクリートの塗装に用いられる。
5. オイルステインは，塗膜を作らずに木部の表面を着色するのに用いられる。

【問題3】　接着剤に関する次の記述のうち，**最も不適当な**ものはどれか。

1. でん粉系の接着剤は，耐水性があり，耐水合板に用いられる。
2. 合成ゴム系の接着剤は，耐水性，耐アルカリ性に優れ，ビニル床タイルや内装陶磁器質タイルの張付けに用いられる。
3. エポキシ樹脂系の接着剤は，耐水性があり，コンクリートの補修に用いられる。
4. 酢酸ビニル樹脂系の接着剤は，耐水性・耐熱性に乏しく，水がかり部分や高温の箇所には適さない。
5. ユリア樹脂系の接着剤は，合板やその他の木材用の接着剤として用いられる。

【問題4】　外壁用パネル材料に関する次の記述のうち，**最も不適当な**ものはどれか。

1. 窯業系サイディングは，セメント系材料を主原料としており，耐火性に優れる。
2. ALC パネルは，耐火性・軽量性・断熱性に優れ，外壁のほかに間仕切り壁や床などにも用いられる。
3. カーテンウォールは，耐力壁として高い耐震性を有しており，高層建築に多用されている。
4. 押出成形セメント板は，主に中空をもつ板状に押出成形したパネルで，オートクレーブ養生して製造される。
5. 繊維強化セメント板は，セメント・石灰質原料，スラグ，せっこうなどを主原料とし，繊維で強化成形したパネルで，不燃性や耐久性に優れる。

【問題5】 インテリア材料に関する次の記述のうち，**最も不適当な**ものはどれか。

1. ビニル壁紙は，ポリ塩化ビニルを主原料とし，普通紙または難燃紙で裏打ちしたもので，耐水性，施工性のほか通気性にも優れる。

2. プラスチック障子紙は，障子紙をプラスチックフィルムでラミネートしたもので，強度・断熱性が高い。

3. ビニル系床タイルは，メンテナンス性や施工性に優れ，オフィス，学校などの床に広く用いられている。

4. 建材畳床は，ポリスチレンフォーム等を積層したもので，軽量で扱いやすい。虫害の心配が少ない。

5. カーテンは，遮光，装飾などの効果のほかに，断熱・防寒にも有効である。

第3編
機能材料

第1章　防水材料 ——————— 176

第2章　防・耐火材料 —————— 182

第3章　断熱材料 ——————— 187

第4章　音響材料 ——————— 193

第5章　免震・制振材料 ————— 197

防災まちづくり研究所HPより

　兵庫県南部地震における火災。兵庫県南部地震に伴う神戸市における建物火災は，地震が発生した直後から1週間経っても発生し続け，合計236件が発生したといわれており，中には1件の火災で10万m²を超える規模となったものもある。水道配管の被災による断水もあり，火災の拡大を早期制圧できず，過去に類をみない大規模火災となり，結果7千棟以上の建物が焼失した。建物の倒壊だけでなく火災によっても多くの人命を失った。耐震性はもちろん，防・耐火性の確保は重要な課題である。
　このような安全に関わる性能はもちろん，防水性，断熱性，吸・遮音性など日常の快適性を追求する上で，機能性材料の役割は大きい。

第1章　防水材料

1・1　防水材料の種類と使われ方

1・1・1　防水の必要性

防水材料は，水を遮断する必要がある部位や接合・接続部分に使用される。図1・1に示すように，建物への水の作用により建築材料は強度や耐久性が低下する。また，建物としても漏水，仕上げ材・設備機器などへの悪影響が起こる。よって，雨を直接受ける屋根・ベランダ・外壁などだけでなく，キッチン・浴室・トイレなど水を使う室内や，土と接する地中壁・床なども防水を必要とする。

1・1・2　防水材料の種類

防水工法を分類すると，図1・2のようになる。屋根や床等において不透水層を形成する膜をメンブレン防水層と呼び，防水工法の主流である。それぞれ用いる材料の種類や工法が異なり，長短所がある。防水層が長持ちすることは建物への基本的な要求性能であり，ひび割れなどの下地材の変形への追従性や，防水シート接合部分での劣化を起こさないことが重要である。図1・3は代表的な防水工法であるアスファルト防水層の例である。

また，接合目地部分，窓枠取付け周辺，ガラスはめ込み部などのすき間，あるいはひび割れ

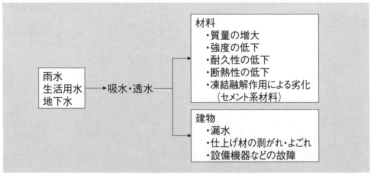

図1・1　水による材料・建物の品質低下

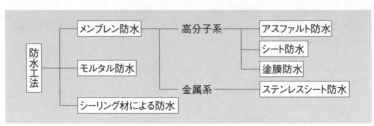

図1・2　防水工法の分類

部分にシール材を用いる。シール材は，ガラスパテ・コーキング材・シーリング材に分類される。目地部分に，合成ゴム系・合成樹脂系のシール材を充填し，目地部分の水密性・気密性などの性能をもたせることを**シーリング防水**という。シーリング材は，種類が豊富であり，適切な防水工事を行うには，目地に求められる性能を考慮してシーリング材を選ぶことが重要である。

図1·3 アスファルト防水層

1・2 メンブレン防水

1・2・1 アスファルト防水

アスファルトは，常温では固形状であるが，加熱すると液状となる。その性質は原油の産地，品質，精製方法などによって異なるが，耐酸性・耐アルカリ性・耐久性・防水性・接着性・電気絶縁性に優れる。

アスファルト防水は，コンクリートやALCなどの下地の上に，アスファルトルーフィング類を，溶融したアスファルトで接着しながら積層して防水層を形成する。この工法は，典型的なメンブレン防水であり，最も歴史が古く信頼性も高い。しかし，アスファルトを過熱溶融するため，においや煙が生ずること，火傷などの事故を起こしやすいといった問題もある。

防水工事用のアスファルトの種類および品質については，表1·1に示すように，JIS K 2207（石油アスファルト）に規定されている。

アスファルトルーフィング類は，表1·2に示すような種類がある。

表1·1 防水工事用アスファルトの種類と品質

種類	1種	2種	3種	4種
軟化点（℃）	85以上	90以上	100以上	95以上
針入度（25℃）	25〜45	20〜40	20〜40	30〜50
針入指数	3.5以上	4.0以上	5.0以上	6.0以上
蒸発質量変化（wt%）	1以下	1以下	1以下	1以下
引火点（℃）	250以上	270以上	280以上	280以上
用途	適度な温度条件における室内・地下構造部分	一般地域の緩い勾配の歩行用屋根	一般地域の露出屋根・気温の比較的高い地域の屋根	一般地域・寒冷地域における屋根その他の部分

表1·2 アスファルトルーフィング類の種類

種類	概要
アスファルトルーフィング JIS A 6005	天然繊維を原料とした原反に，アスファルトを浸透・被覆し，表裏面に鉱物質粉末を付着させたもの
網状アスファルトルーフィング	天然または有機合成繊維でつくられた原反に，アスファルトを浸透・付着させたもの
改質アスファルトルーフィング JIS A 6013	高分子により改質されたアスファルトを繊維質シートなどと組み合わせてシート状にしたもの
ストレッチアスファルトルーフィング JIS A 6022	有機合成繊維を主原料とした原反に，アスファルトを浸透・被覆し，表裏面に鉱物質粉末を付着させたもの
孔あきアスファルトルーフィング	無機質繊維を主原料とした原反にアスファルトを浸透・被覆し，表裏面に鉱物質粉末を付着させたもの

アスファルトを有機天然繊維を主体とした原紙または合成繊維の布などに含浸させたアスファルトフェルトに，その表裏面にアスファルトを被覆して鉱物質粉末を付着させたものを**アスファルトルーフィング**という。また砂粒子などを付着させた**砂付ルーフィング**もあり，これらを**アスファルトルーフィングフェルト**と呼び，建物の防水工事や屋根ふき下地に用いる。図1・4は，アスファルトルーフィングフェルトの構成を示したものである。現在では，合成繊維の不織布を原反とし，伸び能力の高い**ストレッチアスファルトルーフィングフェルト**がよく用いられる。アスファルト防水屋根の例を図1・5に示す。

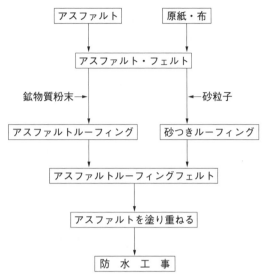

図1・4 アスファルトルーフィングフェルトの構成

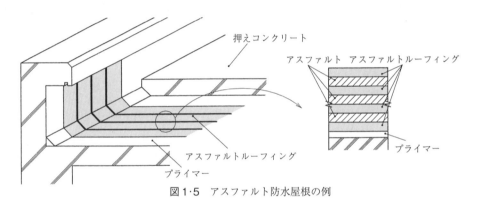

図1・5 アスファルト防水屋根の例

1・2・2 シート防水

シート防水は，合成高分子系ルーフィングシートを下地材に接着剤で張るか，または固定金物で取り付けて防水層を形成する。合成高分子系ルーフィングシートには，表1・3に示す種類があり，厚さは1.0〜2.0 mm程度である。アスファルト防水に比べて伸び能力が高く，常温で施工が可能で，また簡便である。しかし，シートが薄いため，下地に高い平滑度が要求され，施工が適当でないとコブ状の膨れを生じることがある。

均質シートは，合成高分子を主原料としたルーフィングシートで，これに基布その他を複合した**複合シート**もある。複合シートには，一般複合タイプと補強複合タイプがある。前者は基布または性状の異なるシート状のものを複合して寸法安定性や強度などを改善したもので，後者は補強布に強度を依存するシートである。

1・2・3 塗膜防水

塗膜防水は，図1・6に示すように，下地材の上に液状の合成ゴム（ウレタンゴム・アクリルゴム，クロロプレンゴム・シリコーンゴムなど）や合成樹脂エマルションを直接塗布し，その硬化によって防水層を形成する。

表1·3 シート防材用ルーフィングの種類

種類		主原料
均質シート	加硫ゴム系	ブチルゴム・エチレンプロピレンゴム・クロロスルホン化ポリエチレンなど
	非加硫ゴム系	ブチルゴム・エチレンプロピレンゴム・クロロスルホン化ポリエチレンなど
	熱可塑性エラストマー系	ポリオレフィン系など
	塩化ビニル樹脂系	塩化ビニル樹脂・塩化ビニル共重合体など
	エチレン酢酸ビニル樹	脂系エチレン酢酸ビニル共重合体など
複合シート	一般複合タイプ 加硫ゴム系	ブチルゴム・エチレンプロピレンゴム・クロロスルホン化ポリエチレンなど
	非加硫ゴム系	ブチルゴム・エチレンプロピレンゴム・クロロスルホン化ポリエチレンなど
	熱可塑性エラストマー系	ポリオレフィン系など
	塩化ビニル樹脂系	塩化ビニル樹脂・塩化ビニル共重合体など
	エチレン酢酸ビニル樹脂系	エチレン酢酸ビニル共重合体など
	補強複合タイプ	塩化ビニル樹脂・塩化ビニル共重合体・塩素化ポリエチレン・クロロスルホン化ポリエチレン・エチレンプロピレンゴム・ポリオレフィン系・アクリル系など

塗膜防水は，液状の高分子材料を塗布するため，複雑な形をした場所でも施工が容易で，接合部の欠損の心配がなく，塗膜面への着色仕上げが可能である。しかし，下地のひび割れなどの変形に追従しにくいことや，下地面に高い平滑度が要求されるなどの問題もある。

1・2・4 ステンレスシート防水

ステンレスシート防水は，下地の上に厚さ 0.4 mm 程度のステンレスシートを敷き，接合部を溶接して防水層を形成する。

ステンレスは，耐食性・耐候性に優れており，

図1·6 塗膜防水の施工風景
（提供：タジマルーフィング）

耐久性に優れた防水層を作ることができる。また，最近ではさらに耐久性に優れるチタンシートを利用したものもある。

1・3 シール材

1・3・1 ガラスパテ

主として，金属製建具にガラスを取り付ける場合に用いられる。鉱物質充填材（炭酸カルシウム・鉛白・亜鉛華・チタン白など）と液状展色材（油脂・樹脂など）を主な原料とし，両者を練り混ぜて作られる。性質によって**硬化性パテ**と**非硬化性パテ**に分けられ，硬化性パテは，使用後数週間で被膜ができ，しだいに硬化していくが，硬化後のひび割れが生じやすい。非硬化性パテは，相当期間のり状の柔らかさを保つが，たれ落ちやすい欠点がある。

1・3・2 コーキング材

主として，目地部・サッシ回り・ひび割れ補修などに古くから用いられる。天然または合成の乾燥油あるいは樹脂を主成分とし，炭酸カル

シウムなどと混ぜ合わせて作られたもので，代表的なものに**油性コーキング材**がある。使用箇所にコテで押し込むこともあるが，ガン（図1・7：大形ピストル状のもの）で圧入することが多い。表面に硬化膜ができるものもあるが，内部はかなりの間，のり状で軟らかく，粘着性を保ち，コンクリート・金属・木材など多種の被着材によく付着する。また，コーキング材には油性のもの以外に，アスファルト系のものもある。

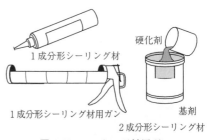

図1・7 コーキング材用ガン

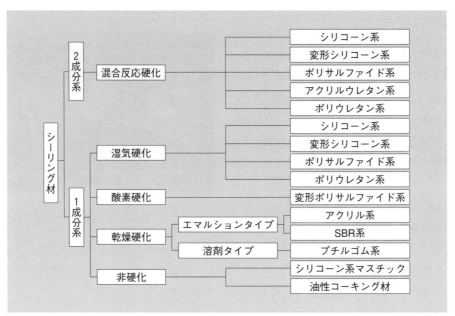

図1・8 シーリング材の分類

表1・4 シーリング材の特徴

	シーリング材の種類	復元性	充填後の収縮	耐久性		接着性		
				耐疲労性	耐候性	コンクリート	金属	ガラス
2成分系	シリコン系	◎	○	◎	◎	○	○	◎
	変性シリコーン系	◎～○	○	◎～○	◎～○	○	○	×
	ポリサルファイド系	○	○	○	◎～○	○	○	○
	アクリルウレタン系	◎～○	○	◎～○	◎～○	○	○	×
	ポリウレタン系	○	○	◎～○	○	○	○	×
1成分系	シリコン系	◎	○	◎	◎	○	○	◎
	変性シリコーン系	◎～○	○	◎～○	○	○	○	×
	ポリサルファイド系	○	○	○	◎～○	○	○	○
	ポリウレタン系	○	○	○	○	○	○	×
	アクリル系・SBR系	△	×	△	○～△	○	○	×
	ブチルゴム系	△	×	△	○～△	○	○	—
	油性コーキング材	×	×	×	△	△	○	—

1・3・2 シーリング材

シーリング材は，不定形シーリング材と定形シーリング材に大別され，いずれも，その成分の大半が合成樹脂である。不定形シーリングは，大きな動きが予想される目地に用いられ，図1・8のように分類される。またその特徴を表1・4に示す。

不定形シーリング材には，水密性・気密性，目地の動きに対する変形追従性・復元性，耐久性（温度・水分・紫外線）などが要求される。

シーリング材は，使用前には適度な流動性を有し，使用後は時間の経過とともに硬化し，弾性ゴム状になる。1成分系のシーリング材は，湿気硬化型（空気中の水分と反応して硬化），酸素硬化型（空気中の酸素と反応して硬化），乾燥硬化型（含有水分が蒸発して硬化）といった硬化機構によって分けることができる。一方，2成分系は基材と硬化剤を混合することで，化学反応によって硬化する。

定形シーリング材は，サッシにガラスを取り付ける際など，充填箇所の断面が一定である場合に，目地材料に密着させる成形品である。これには，各種の断面形状でゴム状弾性を有するガスケットと，円形断面などで非弾性形のひも状シーリング材がある。

シーリング材およびガスケットの使用例を図1・9および図1・10に示す。一般に，シーリング材の充填深さを正確にするためと二面接着を確保するために，あらかじめバックアップ材を詰めておくことが多く，標準的な目地の寸法は図1・11のようになる。

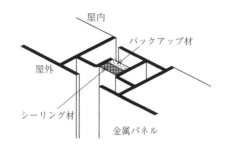

図1・9　金属パネル目地の例

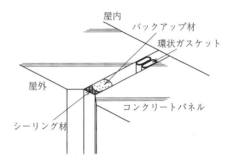

図1・10　コンクリートパネル目地の例

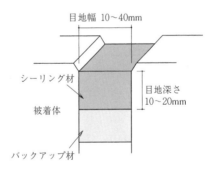

図1・11　目地の取り方

第2章 防・耐火材料

2・1 建築と火災

2・1・1 建物の火災

　建物は，それ自体に木材・紙・プラスチックなどの可燃性材料が用いられ，さらに家具その他の生活用品にも可燃性材料が多いことから，火災への対処は重要な課題である。

　建物火災は，その初期段階から，**初期の火災**，**盛期の火災**，**外部からの火災**に分けられる。初期の火災とは，材料が発火温度に達して出火する段階をいう。

　盛期の火災は，火が拡大して盛んになる最も危険な段階である。この段階特有の現象に**フラッシュオーバー**がある。これは，出火した際，燃焼が着火物の周囲に限られていたのが拡大し，発生した可燃性ガスが主として天井にたまり，空気と混合されて一気に引火して，部屋全体に炎がまわる現象であり，このとき室内温度は1000℃以上にも達する。また，フラッシュオーバーまでの時間は，避難許容時間を定める目安となっている。

　外部からの火災とは，接する家屋の火災が延焼することである。延焼の防止は建築防火の重要な課題となっている。

2・1・2 材料の火災特性

(1) 燃焼性

　火災とは物が燃える燃焼現象で，**燃焼**とは熱と光を発生しながら酸化が進むことである。材料は，次の条件がそろうと燃焼が起こる。

① 可燃性の物質である。

② 酸素が供給される。

③ 燃焼に必要な温度以上になる。

　燃焼のはじまりには，**発火**と**引火**の2種類がある。周囲に**点火源**がなくとも可燃性の物質が燃焼することを発火といい，発火に必要な最低温度を**発火点**という。発火点以下の温度でも，物質から発生した可燃性ガスが物質周辺の点火

表2・1　木材の引火点および発火点

木材種類		引火点（℃）	発火点（℃）
針葉樹	スギ	240	435
	ヒノキ	253	430
	ヒバ	259	-
	アカマツ	263	485
	エゾマツ	262	475
広葉樹	ケヤキ	264	464
	ブナ	271	470
	キリ	269	425
	アオダモ	240	380
	カツラ	270	470

（日本木材加工技術協会，日本の木材，1984）

表2・2　プラスチックの引火点および発火点

プラスチック種類	引火点（℃）	発火点（℃）
ポリスチレン	370	495
ポリウレタンフォーム	310	415
ポリエチレン	340	350
エチルセルロース	290	296
ナイロン	420	424
スチレン・アクリロニトリル	366	455
スチレン・メチルメタアクリレート	338	486
ポリ塩化ビニル	530 <	530 <
ポリエステル＋ガラス繊維	398	486
メラミン樹脂＋ガラス繊維	475	623

（S.L.Madorsky：J.Polymer Science, 4, 1949）

源に触れると燃焼することを**引火**といい，引火に必要な最低温度を**引火点**という。これら発火点や引火点は物質固有の値であり，木材およびプラスチックについてそれぞれ表2・1および表2・2に示す。

(2) 発煙性・発ガス性

火災時には，温度上昇や発煙，酸素の減少および一酸化炭素をはじめとした有毒ガスの発生を生じる。最近の火災の特徴として，火災による死亡者の死亡原因が一酸化炭素中毒または窒息死によるものが約半数を占めており，建築材料の発煙性・発ガス性は重要である。火災時の室内の温度と酸素・二酸化炭素・一酸化炭素の濃度推移を図2・1に示す。

(3) 高温時の力学特性

材料は，加熱されると，各種の強度や弾性係数などが低下し，熱応力による部材変形などを

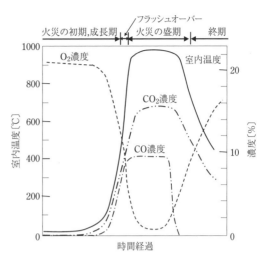

図2・1 火災時の室内温度とO_2, CO_2, COの濃度（日本火災学会編：火災便覧第3版，共立出版，1997）

生じる。火災による高温をうけて力学特性が低下し，ついには建物の倒壊に至ることもあるので，躯体材料には十分な配慮が必要である。

2・2 防・耐火構造と防火材料

2・2・1 防・耐火構造

建築基準法では，建物は用途，規模および建てられている場所（地域）の状況などを考慮し，火災に対する対策を講じることを規定している。また，**耐火性能**（火災による建築物の倒壊及び延焼を防止するために建築物の部分に必要とされる性能）によって，表2・3のように構造の種類を分類している。

建築物の部分に応じて求められる耐火性能の内容は，下記のとおりである。

① **非損傷性**：構造耐力上支障のある損傷を生じないこと。
② **遮熱性**：加熱面以外の面の温度が当該面に接する可燃物の損傷のおそれのある温度以上に上昇しないこと。
③ **遮炎性**：屋外に火炎を出すおそれのある損傷を生じないこと。

なお，耐火構造では，表2・3にある加熱時間後，冷却してからも耐火性能が問われるのに対し，準耐火構造などの耐火構造以外のものでは，加熱時間中の性能は問われるが，その後冷却してからの性能は問われない。

2・2・2 防火材料

発火温度が高く，煙の発生量が少ない内装材を選択し，内壁・天井の材料の難燃化や不燃化を図ることにより初期火災を防ぐことができる。

建築基準法では，防火材料を**不燃材料**，**準不燃材料**および**難燃材料**に分類している。これらの材料は，通常の火災による加熱が加えられた場合に，表2・4に示す時間および要件を満足することが求められる。

184　第 2 章　防・耐火材料

表 2·3　防耐火構造の分類

構造の種類	部分	火災の種類	時間	要件
耐火構造 (法第 2 条第 7 号, 令第 107 条)	耐力壁, 柱, 床, 梁, 屋根, 階段	通常の火災	1 時間を基本とし, 建築物の 階に応じて 3 時間まで割増(屋 根及び階段については 30 分)	非損傷性
	壁, 床	通常の火災	1 時間 (外壁の延焼のおそれ のない部分は 30 分)	遮熱性
	外壁, 屋根	屋内において発生す る通常の火災	1 時間 (屋根及び外壁の延焼 のおそれのない部分は 30 分)	遮炎性
準耐火構造 (法第 2 条第 7 号の 2, 令第 107 条の 2)	耐力壁, 柱, 床, 梁, 屋根, 階段	通常の火災	45 分 (屋根及び階段について は 30 分)	非損傷性
	壁, 床, 軒裏	通常の火災	45 分 (外壁及び軒裏の延焼の おそれのない部分は 30 分)	遮熱性
	外壁, 屋根	屋内において発生す る通常の火災	45 分 (屋根及び外壁の延焼の おそれのない部分は 30 分)	遮炎性
準耐火構造 (法第 27 条, 令第 115 条の 2 の 2)	耐力壁, 柱, 床, 梁	通常の火災	1 時間	非損傷性
	壁, 床, 軒裏(延焼の おそれのある部分)	通常の火災	1 時間	遮熱性
	外壁	屋内において発生す る通常の火災	1 時間	遮炎性
防火構造 (法第 2 条第 8 号, 令第 108 条)	外壁 (耐力壁)	周囲において発生す る通常の火災	30 分	非損傷性
	外壁, 軒裏	周囲において発生す る通常の火災	30 分	遮熱性
準防火構造 (法第 23 条, 令第 109 条の 6)	外壁 (耐力壁)	周囲において発生す る通常の火災	20 分	非損傷性
	外壁	周囲において発生す る通常の火災	20 分	遮熱性
屋根の構造 (令第 109 条の 3, 第 113 条)	屋根	屋内において発生す る通常の火災	20 分	遮炎性
床の構造 (令第 109 条の 3, 第 115 条の 2)	床, 直下の天井	屋内において発生す る通常の火災	30 分	非損傷性 遮熱性
ひさし等の構造 (令第 115 条 の 2 の 2, 第 129 条の 2 の 2)	ひさし等	通常の火災	20 分	遮炎性

表 2·4　防火材料の分類

材料の種類	時間	要件
不燃材料	20 分間	・燃焼しないこと ・防火上有害な損傷を 生じないこと ・避難上有害な煙または ガスを発生しないこと
準不燃材料	10 分間	
難燃材料	5 分間	

表 2·5　不燃材料

(1)	コンクリート	(9)	アルミニウム
(2)	れんが	(10)	金属板
(3)	瓦	(11)	ガラス
(4)	陶磁器質タイル	(12)	モルタル
(5)	繊維強化セメント板	(13)	しっくい
(6)	厚さ 3mm 以上のガラス繊 維混入セメント板	(14)	石
(7)	厚さ 5mm 以上の繊維混入 ケイ酸カルシウム板	(15)	厚さ 12mm 以上のせっこ うボード
		(16)	ロックウール
(8)	鉄鋼	(17)	グラスウール板

(平成 12 年・告示 1400 ／平成 16 年・告示 1178 改正)

(1) 不燃材料

表2·5に示すとおり，不燃材料は無機質または金属質の材料からなっている。加熱時の各材料の性質は下記のとおりであるが，使用時の形状・寸法（特に厚さ）や取付け方法によっても異なってくる。

① コンクリートおよびモルタル

コンクリートやモルタルなどのセメント系材料は耐火性に優れた材料で，遮熱効果も大きい。500℃以下で加熱されたコンクリートは一次的に強度低下が生じるが，その後冷却されると，回復する。

② れんが，粘土瓦および陶磁器質タイル

高温焼成して製造したれんが，粘土瓦および陶磁器質タイルは，耐火性に優れており，高温化で安定した性質を示す。

③ セメント・せっこう系のボード

各種セメント板，ケイ酸カルシウム板やせっこうボードなどは，耐火性に優れた材料として内外装材として用いられる。

④ 金属

鋼材の融点は1400℃程度であり，不燃性に優れている。しかし，500℃以上の高温下においては，強度および弾性係数の低下が大きいため，耐火材料とはいいがたく，図2·2のように鉄骨造等ではロックウールなどで耐火被覆を施す必要がある。

アルミニウムは，不燃性ではあるが，融点が660℃と低く，耐火性はそれほど期待できない。

⑤ ガラス

ガラスは500℃程度で軟化するため，火災初期には，軟化による脱落が生じたり，熱ひずみによって割れ・破壊が生じることがある。開口部などにおいて，延焼を防止するには網入りガラスなどを用いるとよい。

⑥ 石

一般的に，石は耐火性の高い材料であるが，

図2·2　鉄骨梁の耐火被覆

種類によって若干性質が異なる。安山岩および凝灰岩は，耐火性が高いが，花こう岩や大理石は耐火性に乏しい。

⑦ ロックウール，グラスウール板

ロックウールやグラスウールは無機質の繊維で高温でも安定した性質を示す。これらは，鉄骨造の耐火被覆材として用いることが多い。

(2) 準不燃材料

表2·6に示すとおり，準不燃材料は無機質系の材料を主体とし，これに少量の木・紙・プラスチックなどの有機質材料を混入したものが多い。なお，表2·6に示すもの以外でも，表2·4の要件を満たし，国土交通大臣による認定を受ければ，準不燃材として利用できる。最近では，木材であっても，難燃処理を施すことで準不燃材として認定を受けているものもある。

① 木毛セメント板および木片セメント板

セメントを主原料とし，細ひも状の木毛または薄片状の木片を混入して成形した板である。木毛セメント板は，天井，屋根下地，内壁などに用いられ，木片セメント板は，間仕切りとして用いられることが多い。

② パルプセメント板（JIS A 5414）

セメント，パルプ，無機質繊維，パーライト，無機質混合材などを主原料として成形した板状製品で，主に内装として用いられる。

(3) 難燃材料

表2·7に示すように，難燃材料は，有機質材

料を難燃処理したものが一般的である。難燃合板は，リン酸やホウ酸などの難燃薬剤で処理した合板で，内装材として用いられる。

表2·7に示すもの以外でも，表2·4の要件を満たし，国土交通大臣による認定を受ければ，難燃材料として利用できる。木材やプラスチックなどの有機質材料でも，難燃処理によって難燃材料の認定を受けているものがある。

表2·6　準不燃材料

(1)	不燃材料のうち国土交通大臣が定めたもの
(2)	厚さ 10 mm 以上のせっこうボード
(3)	厚さ 15 mm 以上の木毛セメント板
(4)	厚さ 9 mm 以上の硬質木片セメント板
(5)	厚さ 30 mm 以上の木片セメント板
(6)	厚さ 6 mm 以上のパルプセメント板

(平成 12 年・告示 1401)

表2·7　難燃材料

(1)	準不燃材料のうち国土交通大臣が定めたもの
(2)	厚さ 5.5 mm 以上の難燃合板
(3)	厚さ 7 mm 以上のせっこうボード

(平成 12 年・告示 1402)

第3章 断熱材料

3・1 断熱材料の使われ方

3・1・1 断熱材料の機能

建築物の空間において熱を制御することは、人が快適に生活するうえで欠かせないことである。暖・冷房や太陽熱などによって屋外と屋内の間では熱の移動がみられ、屋内の温度状態を変化させる。そこで、熱の移動に対する遮蔽性の高い断熱材料が必要となる。

熱の伝わり方には、**伝導**、**対流**および**放射**がある。壁、床、天井などで仕切られた2つの空間に温度差がある場合、基本的には、伝導によって熱が移動する。ただし、面材表面と空気との接触面で対流・伝導・放射などが起こり、熱の伝わり方は複雑である。

3・1・2 材料の熱伝達特性
(1) 熱的性質

材料の熱伝達の特性は、その種類によって異なる。主要建築材料の熱的特性値を表3・1に示す。熱的特性値には次のようなものがある。

① 比熱

材料の温度を上げるために必要なエネルギーを**熱容量**といい、一般に**比熱** [J/g℃] で表され、熱容量＝比熱×質量×温度 [J] となる。

② 熱伝導率

材料の両面に温度差がある場合、高温側から低温側にh時間で流れる熱量は、式3-1で表される。λを**熱伝導率** [W/(m·K)] といい、材料固有の値で、小さいほど断熱性に優れる。

$$Q_l = \lambda \frac{(\theta_o - \theta_i)}{d} A \cdot h \text{ [J]} \cdots \text{(式3-1)}$$

ここに、 λ：熱伝導率 [W/(m·K)]

θ_o, θ_i：材料の外面, 内面の温度 [K]

d：材料の厚さ [m]

A：材料の面積 [m²]

h：時間 [hr]

(2) 断熱性に影響を及ぼす要因

材料の断熱性は、次の条件によって変化する。

① **密度**　一般に、材料の密度が小さくなるほど、熱伝導率は小さくなり、断熱性に優れる。

② **含水率**　一般に、含水率が大きくなるほど、熱伝導率は大きくなり、断熱性は低下する。

③ **温度**　温度が高くなると、材料の熱伝導率は大きくなる。ただし、コンクリートのように温度によらず熱伝導率が変化しないものもある。

3・1・3 断熱材料の使われ方

建築材料のうち、壁や床・天井などにおいて断熱機能の付加を目的に用いられるものを、一般に**断熱材**といい、主要なものは図3・1に示すように、製品形状によって繊維系と発泡プラスチック系に分けられる。図3・2は、住宅の壁面に用いられる断熱材の例であり、図3・3は、床面に用いられる断熱材の例である。繊維系、発泡プラスチック系によらず、定形の製品で、グラスウールには袋に入ったものもある。

188 第3章 断熱材料

表3·1　主要建築材料の熱伝導率（日本建築学会「建築材料用教材」より抜粋）

材料分類	材料名	熱伝導率 λ [W/(m·K)]	比熱 C [kJ/kg℃]	密度 ρ [kg/m³]	備考
金属	鋼材	53	0.50	7830	
	アルミニウム	204	0.92	2700	
ガラス	板ガラス	0.78	0.75	2540	JIS R 3201
セメント系	ALC	0.17	1.09	450～550	JIS A 5416
	コンクリート	1.6	0.80	2300	
	モルタル	1.5	0.80	2000	
	せっこうプラスター	0.62	0.84	1950	JIS A 6904
	かわら，スレート	0.96	0.75	2000	JIS A 5208, 5402
	タイル	1.30	0.84	2400	JIS A 5209
	普通レンガ	0.62	0.84	1650	JIS R 1250
塗材	漆喰	0.70	0.88	1300	
	繊維質上塗材	0.12	－	500	JIS A 6909
畳	畳	0.11	2.30	230	JIS A 5901
	化学畳	0.065	1.30	200	
木材	木材	0.12	1.30	400	ヒノキ，スギ等
合板	合板	0.16	1.30	420～660	マツ，ラワン等
せっこう・繊維強化セメント板	せっこうボード	0.22	1.13	700～800	JIS A 6901
	フレキシブルボード	0.35	－	1600	JIS A 5430
	けい酸カルシウム板	0.18	－	600～900	JIS A 5430
繊維板・木質系セメント板	インシュレーションボード	0.045～0.070	1.30	350未満	JIS A 5905
	ハードボード	0.17	1.30	800以上	JIS A 5905
	パーティクルボード	0.15	1.30	400～900	JIS A 5908
	断熱木毛セメント板	0.10	1.68	400～700	JIS A 5404
	木片セメント板	0.17	1.68	600～900	JIS A 5404
繊維系断熱材	グラスウール（ウール）	0.042	0.84	－	JIS A 9504, 2号
	グラスウール保温板	0.042	0.84	64	JIS A 9504, 2号64K
	ロックウール保温板	0.044	0.84	40～100	JIS A 9504, 1号
	吹込み用グラスウール	0.052	0.84	13～20	JIS A 9523, GW－1
	セルローズファイバー	0.044	1.26	25	JIS A 9523
	吹付けロックウール	0.047	0.84	200	
発泡プラスチック系断熱材	ビーズ法ポリスチレンフォーム	0.034	1.01～1.51	27以上	JIS A 9511, 特号
	押出法ポリスチレンフォーム	0.028	1.01～1.51	20以上	JIS A 9511, 保温板3種
	硬質ウレタンフォーム	0.024	1.01～1.51	35～45	JIS A 9511, 保温板1種
	吹付け硬質ウレタンフォーム	0.025	1.01～1.51	25以上	JIS A 9526
	高発泡ポリスチレン	0.043	1.01～1.59	40～65	(参考) JIS A 9511
	フェノールフォーム	保温板	0.030	30以上	JIS A 9511, 1種2号
その他	水	0.60	4.2	998	
	空気	0.022	1.0	1.3	

また，定形の製品でなく，図3·4のように工事現場において吹付けて施工する断熱材もある。

放射による熱の移動を遮蔽することを目的としたものに，**遮熱シート**がある。太陽光などの光線を反射して内部に侵入する熱を遮蔽することが可能で，断熱材料の一部といえる。

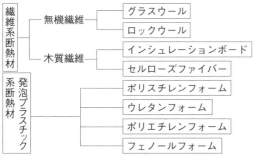

図3·1 主要な断熱材の分類

図3·3 床に用いられる断熱材の例
（グラスウール）

図3·2 壁に用いられる断熱材の例
（グラスウール）

図3·4 断熱材の吹付け工事

3·2 主要な断熱材

3·2·1 無機繊維系断熱材
(1) グラスウール

グラスウールは，高温で溶かしたガラスを遠心力などで吹き飛ばして，20μm以下の細い繊維にしたものである。定形の製品は，グラスウール繊維を接着剤などで結合し，板状，マット状，フェルト状などに成形される。グラスウールには，住宅用断熱材（JIS A 9521），保温材（JIS A 9504）および吹込み用（JIS A 9523）がある。定形の製品は，厚さや密度により様々なものがある。また，吹込み用のグラスウールは天井などに用いられる。表3·2にJIS A 9504に規定されているグラスウール断熱材の特性値を示す。

(2) ロックウール

ロックウールの原料は，高炉スラグ，玄武岩，その他の天然岩石などである。ロックウールは，これら原料を高温で溶かし，遠心力などで吹き飛ばして繊維状にした人造鉱物繊維のことをいう。ロックウールには，住宅用断熱材（JIS A

190　第3章　断熱材料

表3·2　グラスウール断熱材の特性値（JIS A 9504）

種類		ホルムアルデヒド放散による区分	密度又は密度範囲		熱伝導率 W/(m·K)（平均温度70℃）	熱間収縮温度種類℃
			kg/m³	許容差		
保温板	24K	F☆☆☆☆等級	24	±2	0.049 以下	250 以上
	32K	F☆☆☆等級	32	±4	0.046 以下	300 以上
	40K	F☆☆等級	40	+4	0.044 以下	350 以上
	48K		48	−3	0.043 以下	
	64K		64	±6	0.042 以下	400 以上
	80K		80	±7		
	96K		96	+9 −8		

表3·3　ロックウール断熱材の特性値（JIS A 9504）

種類		ホルムアルデヒド放散による区分	密度範囲 kg/m³	熱伝導率 W/(m·K)（平均温度70℃）	熱間収縮温度種類℃
保温板	1号	F☆☆☆☆等級	40〜100	0.044 以下	600 以上
	2号	F☆☆☆等級	101〜160	0.043 以下	
	3号	F☆☆等級	161〜300	0.044 以下	

9521），保温材（JIS A 9504）および吹込み用（JIS A 9523）があり，製品形状や使い方はグラスウールと同様である。定形の製品は，板状，マット状，フェルト状などに成形されたもので，厚さや密度により様々なものがある。なお，ロックウールは，鉄骨造の耐火被覆用吹付け材としても用いられる。表3·3にJIS A 9504に規定されているロックウール断熱材の特性値を示す。

3・2・2　木質繊維系断熱材
(1) インシュレーションボード

インシュレーションボードは，JIS A 5905に規定される繊維板の一部で，密度が0.35g/cm³未満のものをいう。木材チップなどを解繊した木質繊維をボード状に成形して乾燥したものがインシュレーションボードで，軟質繊維板ともいう。なお，同様な原料・製造方法でプレス成形したものがハードボード（硬質繊維板）である。JISに規定されている製品には3種類あり，A級インシュレーションボードは，断熱材とし

て，タタミボードは畳床用に，防水性を高めたシージングボードは外壁下地用に用いられる。
(2) セルローズファイバー

セルローズファイバーは，新聞紙などの古紙を主原料とし，これを解繊して綿状にした断熱材である。吸放湿性に優れており，結露を防ぐ効果をもっている。天井裏に，綿状にした繊維を吹き込んで用いることが一般的であるが，壁や床材に吹き付けて用いることもある。

また，セルローズファイバーは，欧米諸国で発祥したもので，アメリカやヨーロッパでは広く普及している。

3・3・3　発泡プラスチック系断熱材

図3·5は発泡プラスチック系断熱材の例である。また，発泡プラスチック系断熱材の特性値を表3·4に示す。繊維系の断熱材が，繊維間に空気を閉じ込めているのに対し，発泡プラスチック系断熱材は，独立気泡（図3·6）の中にガスを閉じ込めて断熱性能を発揮する。原料，製

図3・5 発泡プラスチック断熱材
(押出発泡ポリエチレン)

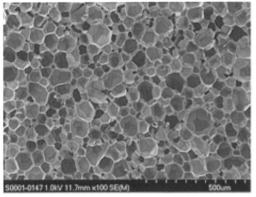

図3・6 発泡プラスチック系断熱材
の気泡構造(フェノールフォーム)
(提供:旭化成建材)

造方法および特性により種々の製品があり，気泡を含む樹脂の種類によって区別される。封入されるガスは炭化水素系のものが多く，従来はフロンなども用いられていたが，オゾン層破壊や温暖化などの問題によって，現在は使用が禁止または制限されている。

(1) ポリスチレンフォーム

ポリスチレンフォームの製造方法には，ビーズ法と押出法がある。ビーズ法ポリスチレンフォームは，ビーズ状，ペレット状の樹脂を金型に充填し，高温の水蒸気で発泡・融着成形して製造される。一方，押出法ポリスチレンフォームは，樹脂を発泡剤等とともに押出機で溶融混合し，連続的に押出発泡させ，押出成形したブロックを板状に切出して製造される。

これらは，建築用の断熱材として広く普及しており，吸水性が小さく，耐圧縮性が大きいため，基礎や土間床の断熱，あるいは畳床などに使用される。また，ビーズ法では，金型を用いるため様々な形状のものを製造できる。

(2) ウレタンフォーム

ウレタンフォームは，ポリオール成分(ポリオール・発泡剤・難燃剤等を予め混合したもの)とポリイソシアネート成分を反応・発泡させて成形した断熱材である。板状の製品やボード状の各種面材と一体成形したボード状の複合断熱製品，あるいは現場で吹付ける現場発泡品がある。発泡プラスチック系断熱材のなかで，現場発泡が可能なものはウレタンフォームだけであり，複雑な形状のところに隙間なく充填するのに適している。

(3) ポリエチレンフォーム

ポリエチレンフォームは，ポリエチレン樹脂を主原料とし，発泡剤や添加剤等を加えて加熱溶融し，シート状・ブロック状に発泡させて製造される。耐水性に優れ，加工しやすい。一般的には，基礎や土間床等の外周部に用いられることが多い。

(4) フェノールフォーム

フェノールフォームの主原料は，耐熱性をもつ熱硬化性のフェノール樹脂で，これに発泡剤と硬化剤を混合し，発泡・硬化して製造される。フェノールフォームは，プラスチック発泡系断熱材の中でも燃えにくく，また耐薬品性や耐熱性に優れる。用途は，他の発泡プラスチック系断熱材と同様に屋根，床，天井，壁など様々な部位に用いられる。

192　第3章　断熱材料

表3·4　発泡プラスチック系断熱材の特性値（JIS A 9511）

種類		密度(kg/m³)	熱伝導率 (W/(m·K)) (平均温度23℃)	透湿係数(厚さ25mmあたり) ng/(m²·s·Pa)	圧縮強さ (N/cm²)	曲げ強さ (N/cm²)	燃焼性	吸水量 (g/100cm²)
A種ビーズ法ポリスチレンフォーム保温板	特号	27以上	0.034以下	185以下	14以上	29以上	3秒間以内に炎が消えて，残じんがなく，かつ，燃焼限界指示線を越えて燃焼しない。	1.0以下
	1号	30以上	0.036以下	145以下	16以上	32以上		
	2号	25以上	0.037以下	205以下	12以上	25以上		
	3号	20以上	0.040以下	250以下	8以上	18以上		
	4号	15以上	0.043以下	290以下	5以上	10以上		1.5以下
A種押出法ポリスチレンフォーム	1種a	20以上	0.040以下	205以下	10以上	17以上	3秒間以内に炎が消えて，残じんがなく，かつ，燃焼限界指示線を越えて燃焼しない。	0.01以下 (アルコール法)
	1種b				16以上	20以上		
	2種a	25以上	0.034以下	145以下（スキンなし）55以下（スキンあり）	10以上			
	2種b				18以上			
	3種a	25以上	0.028以下		10以上			
	3種b				20以上	25以上		
A種硬質ウレタンフォーム保温板	1種	35以上	0.029以下	185以下	20以上	25以上	燃焼時間120秒間以内で，かつ，燃焼長さが60mm以下である。	3.0以下
	2種 1号	35以上	0.023以下	40以下	10以上	25以上	－	
	2種 2号	25以上	0.024以下		8以上	15以上		
	2種 3号	35以上	0.027以下		10以上	25以上		
	2種 4号	25以上	0.028以下		8以上	15以上		
B種硬質ウレタンフォーム保温板	1種 1号	35以上	0.024以下	185以下	20以上	25以上	燃焼時間120秒間以内で，かつ，燃焼長さが60mm以下である。	3.0以下
	1種 2号	25以上	0.025以下	225以下	10以上	15以上		
	2種 1号	35以上	0.023以下	40以下	10以上	25以上	－	
	2種 2号	25以上	0.024以下		8以上	15以上		
A種ポリエチレンフォーム保温板	1種 1号	10以上	0.042以下	30以下	2以上	14以上	－	0.01以下
	1種 2号			55以下				0.05以下
	2種	20以上	0.038以下	30以下				0.01以下
	3種	10以上	0.034以下	150以下				0.5以下
A種フェノールフォーム保温板（ホルムアルデヒド放散量による区分あり）	1種 1号	45以上	0.022以下	60以下	15以上	25以上	JIS K 7201-2による試験で28以上	4以下
	1種 2号	25以上	0.022以下		10以上	15以上		5以下
	2種 1号	45以上	0.036以下	145以下	15以上	25以上		4以下
	2種 2号	35以上	0.034以下		10以上	20以上		5以下
	2種 3号	25以上	0.028以下		7以上	15以上		
	3種 1号	13以上	0.035以下		1以上	2以上		10以下
	3種 2号	13以上	0.035以下	1300以下	1以上	2以上		10以下

第4章 音響材料

4・1 音の特性

4・1・1 音

音は，**媒質**（一般には空気）を伝わる波の一種であり，波の進行と同じ方向に振動する**縦波**（疎密波）である。この振動は，縦軸を空気の圧力（気圧），横軸を時間とすれば図4・1のように表現され，気圧の変化量を**音圧**（P-P_0）という。人間が音として聞くことのできる音圧は，おおよそ $2 \times 10^{-7} \sim 0.2\text{hPa}$（参考，1気圧 = 1013hPa）とされている。また，音は，音の高さ，音の強さおよび音色の3つの要素によって構成されている。

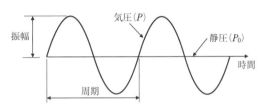

図4・1 音の波と圧力の関係

(1) 音の高さ

人間は振動数が大きいと高い音と感じ，振動数（周波数）が小さいと低い音と感じる。人間の耳に聞こえる音の振動数は $20 \sim 20000\text{Hz}$ 程度で，これを**可聴音**という。これよりも低い音を**超低周波音**，高い音を**超音波**と呼ぶ。

(2) 音の強さ

音の強さとは，音波が運ぶエネルギーのことで，音を伝える媒質の密度，振幅および振動数が大きいほど強い音となる。**デシベル（dB）** という単位を使い，人間が音と感ずる最小の強さを0dbとし，式（4-1）によって表現される。なお，音圧のレベルもデシベル（dB）によって表すことができ，この場合は式（4-2）によって表現される。

$$L_I = 10\log_{10}\frac{I}{I_0} \quad \cdots (4\text{-}1)$$

L_I ：音の強さのレベル
I ：対象とする音のエネルギー
I_0 ：基準となる音のエネルギー
　　　（10^{-12}W/m^2）

$$L_P = 20\log_{10}\frac{P}{P_0} \quad \cdots (4\text{-}2)$$

L_P ：音圧のレベル
P ：対象とする音圧
P_0 ：基準となる音圧
　　　（$2 \times 10^{-5}\text{Pa}$）

(3) 音色

同じ高さ，同じ強さの音であっても，さまざまな音がある。実際の音は，図4・1のような単純な一つの正弦波ではなく，多くの曲線が組み合わさっており，波の形のことを**音色**という。

4・1・2 遮音と吸音

壁面に音が入射した場合，図4・2に示すように反射，吸収，透過の現象を起こす。遮音性とは，一般に入射音エネルギーに対して，透過音エネルギーがどれだけ小さいかを意味し，吸音性とは，一般に入射音エネルギーに対して，吸収された音エネルギーがどれだけ大きいかを意味する。

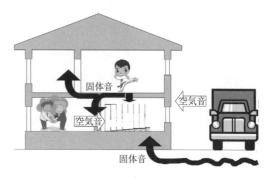

図4・2　音エネルギーの反射・吸収・透過
（出典：日本建築学会・建築材料用教材）

4・1・3 建築における騒音

建築において問題となる騒音には，図4・3のような空気音と固体音がある。空気音は，音の発生源から壁や窓などを通過して伝わってくるもので，固体音は，床や配管などが直接振動することで伝わってくるものである。人の歩行・飛び跳ね，物の落下・移動などによって床に振動が起きると，下室の天井や壁へ伝達して音が放射される。これを**床衝撃音**といい，集合住宅などでは問題となることがある。

住宅の各部位の空気音の遮音を表す性能をD値，固体音を遮断する性能をL値（上階の衝撃音が下階で聞こえる大きさを示す数値）で表される。これらは，JIS A 1419において等級が定められている。

図4・3　騒音の種類（空気音と固体音）

4・2　吸音材料

4・2・1 多孔質材料

グラスウール，ロックウール，発泡ウレタン，カーテン，絨毯などの通気性のある材料に音波が当たると，細孔中の空気の運動に対する摩擦抵抗と，材料自体の振動によって音のエネルギーの一部が熱エネルギーに変換され吸収される。

多孔質材料の吸音特性は，厚さによって影響を受けるが，裏面の条件によっても変化する。図4・4の左図のように多孔質材料を壁に密接す

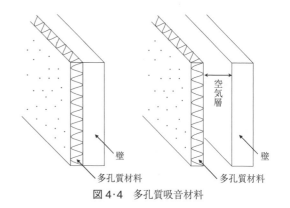

図4・4　多孔質吸音材料

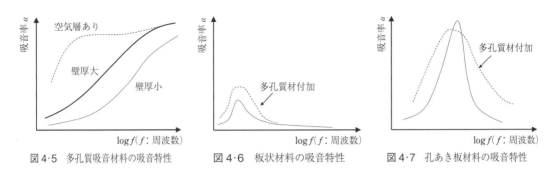

図4・5 多孔質吸音材料の吸音特性　　図4・6 板状材料の吸音特性　　図4・7 孔あき板材料の吸音特性

ると，周波数が大きい（高音）ほど吸音率は大きくなる。一方，図4・4の右図のように壁との間に空気層をとると，周波数が小さい（低音）域まで吸音効果が発揮される。多孔質材料の吸音特性を図4・5に示す。

4・2・2 板状材料

板状材料を壁との間に空気層を設けて張ると，板に強制振動を生じて，これが熱に変換され吸音効果を示す。このとき，共振周波数に近い周波数の周波数の音であれば，板が激しく振動し，最大の吸音効果を発揮する。

板材料（合板，せっこうボード，プラスチック板，金属板など）の共振周波数は材料の種類（密度，曲げ剛性）と背後の空気層の厚さなどによって変わるが，一般的には低音部に現れ，図4・6のような吸音特性となる。

図4・8 孔あき板材料の例（天井材）

4・2・3 孔あき板材料

板状材料に適当な大きさ，形状の孔を設けた孔あき板材料を表面仕上げとした吸音構造を**孔あき板構造**という。この構造の共鳴周波数は，一般の構造では中音域となり，図4・7のような吸音特性を示す。孔あき材料を天井に用いた例を図4・8に示す。

4・3 遮音対策

4・3・1 材料の遮音特性

入射音エネルギーに対する透過音エネルギーの割合を**透過率**（τ），その逆数をdBで表した料を**透過損失**（TL）と呼び，材料の遮音性能を表す。均一な材料でできた壁体の場合，図4・9に示すように，面密度が大きくなるほど透過損失は大きくなる。

しかし実際の建物においての遮音性は，壁体や床の構造によって大きく変化する。

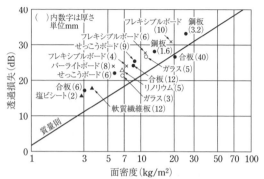

図4・9 各種材料の500Hzにおける透過損失
（出典：建築学会・建築材料用教材）

4・3・2 遮音対策

(1) 二重壁

均一な材料で壁を構成する場合に遮音性能を高めるためには，密度の大きい材料を用いなければならない。しかし，耐震性の観点などから壁や床などの部位に重い材料を使うことに制限が生じることもある。そのような場合，**二重壁**を用いることで遮音性を向上させる。それぞれの壁が独立し，間に設ける空気層が大きければ効果的で，さらに二重壁の間に多孔質吸音材を入れると，より遮音性能が向上する。

(2) 窓

窓は，ガラスの厚さが大きく，サッシの気密性が確保されるほど遮音性は高い。また，開閉式の窓では，開き窓のほうが引き窓よりも気密性が確保しやすいため，遮音性能が高い。

壁の場合と同様に，気密性の高い材質のサッシに，厚いガラスまたは複層ガラスを入れ，二重サッシとすると非常に高い遮音効果が期待できる。

(3) 床

床衝撃音には，子供の飛び跳ねによる重く柔らかい衝撃によるもの（**重量衝撃音**）と，靴履きでの歩行など軽量で硬い衝撃によるもの（**軽量衝撃音**）とがある。重量衝撃音は床スラブの剛性や面重量が影響し，軽量衝撃音は床表面の堅さなども影響する。床衝撃音の発生を低減するには，床スラブを厚く（コンクリートでは15cm程度）し，表面仕上げにはカーペットなど軟らかい材料を用いるのがよい。

また，図4・10に示すような**浮き床工法**は，衝撃のエネルギーを構造体に伝えにくく効果的である。

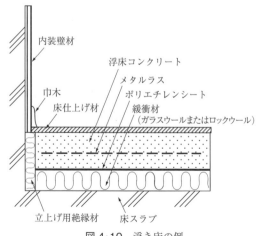

図4・10 浮き床の例

第5章　免震・制振材料

5・1　免震構造と制振構造

　世界でも有数の地震国である日本において，耐震性能の高い建物を設計することは，非常に重要なことである。関東大震災（1923年），兵庫県南部地震（1995年），東日本大震災（2011年）などの未曾有の地震被害の経験を受け，わが国では高い耐震設計技術が確立されてきている。

　従来の耐震設計技術では，鉄筋コンクリート，鉄骨，木造の構造種別を問わず，柱，梁，壁といった躯体によって地震に耐える設計が行われる。これに対して近年，従来とは異なる考え方で地震時の被害を防ぐ免震構造や制振構造が開発され，建物に利用されてきている。

　図5・1は，耐震，免震および制振構造に関する概念図である。従来の**耐震構造**では，躯体の変形や損傷により地震のエネルギーを吸収するのに対し，**免震構造**では，建物に免震機構を付帯することで，地震力によるエネルギーを軽減する構造となる。また，**制振構造**では，制振部材や制振機構を設けることで，地震時の建物の揺れが制御される。

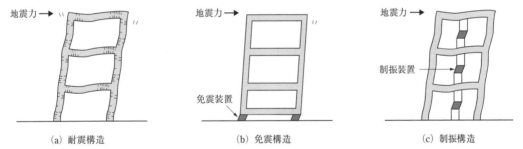

図5・1　耐震・免震・制振構造建物の地震時挙動の概念図

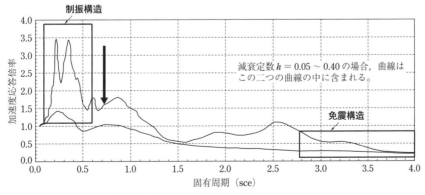

図5・2　建物の周期と加速度応答倍率の関係

図5·2は，建物の固有周期と加速度応答倍率の関係である。免震は建物の固有周期を長くすることで，応答加速度を小さくする。一方，建物の固有周期は一般の建物と変わらないが，制振部材のエネルギー吸収によって加速度応答倍率が低減される構造が制震である。

免震構造や制振構造は，庁舎や病院などの防災拠点への活用が多いが，建物内資産の損失を防ぐため博物館への利用，あるいは一般的な戸建て住宅などでも採用されてきている。

5・2 免震材料

5・2・1 免震材料

免震材料とは，**アイソレータとダンパー**の両装置をいい，両装置は一般に建物の基礎に用いられる（一部に建物の中間層に用いられるものもある）。次に示すような5つの役割をもつ。
① 絶縁機能：地震の揺れを建物に伝えない。
② 支持機能：安定して建物の重量を支える。
③ 復元機能：地震後に建物を元の位置に戻す。
④ 減衰機能：地震の揺れ幅を少なくする。
⑤ 耐風機能：風による建物の揺れを少なくする。

5・2・2 免震材料の種類

アイソレータは，建物の水平方向に大きな変形を可能とするために用いる。典型的なアイソレータに，図5·3に示すような積層ゴム支承がある。これは薄いゴム板と鋼板を交互に重ね合わせ一体成型されたもので，絶縁機能，支持機能および復元機能を有する。

ダンパーは，地震によって建物が揺れた後，その変形を元に戻す役割をもつ。ダンパーには多くの種類があるが，図5·4および図5·5は，その代表的な例である**鋼製ダンパー**および**鉛ダンパー**である。

図5·6は免震建物におけるダンパーの振動抑制効果を示したもので，積層ゴムアイソレータ単独では大きな変位が生じるが，ダンパーを併用することで，変位が抑制されることを示している。

図5·3　免震積層ゴム支承（鉛プラグ入り）

図5·4　鋼製ダンパー

図5·5　鉛ダンパー

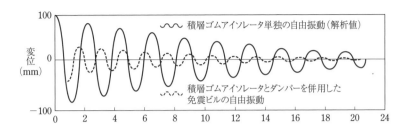

図5・6 免震建物におけるダンパーの振動抑制効果概念図

5・3 制振装置

5・3・1 制振装置の種類

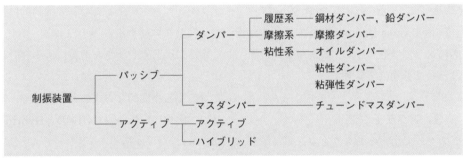

図5・7 制振装置の分類

制震装置の分類を図5・7に示す。制震装置は、建物の部材としてダンパーをつけたり、建物の最上階におもりを付けて振動を抑制する**パッシブ制振**と、コンピュータ制御によるアクチュエータ（駆動装置）により振動を制御する**アクティブ制振**に大別される。

5・3・2 パッシブ制振装置

履歴系ダンパーは、エネルギー吸収能力の高い金属を塑性変形させることで地震力を吸収しようとするもので、鋼材や鉛などが素材として用いられる。

鋼材については、図5・8に示すような一般の

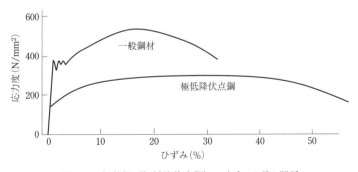

図5・8 極軟鋼（極低降伏点鋼）の応力-ひずみ関係

鋼材に比べて降伏点の低い極軟鋼（極低降伏点鋼）が利用されることが多い。

摩擦系ダンパーは，柱と梁の仕口部や耐震壁などと架構の接合部分に，薄いステンレス板とブレーキ材を一対にして挟み込み，滑りと摩擦によって地震エネルギーを吸収するしくみのものなどがある。

粘性系ダンパーは，オイルや高分子ゴムなどの粘性，粘弾性体のせん断変形によってエネルギーを吸収するものである。

マスダンパーは，建物の最上階におもりを置き，建物の揺れと逆方向におもりを揺らして互いの振動を打ち消すしくみ（図5・9）で，一般的なものとして**チューンドマスダンパー（TMD：Tuned Mass Damper）**がある。これは，地震に対してはもちろん，超高層ビルの風揺れ対策としても効果を発揮する。

5・3・3 アクティブ制振

マスダンパーで用いるおもりをコンピュータで制御してアクチュエータで動かすものをアク

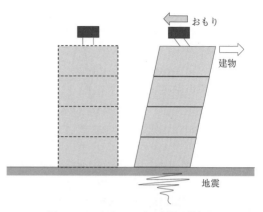

図5・9　マスダンパによる制振の仕組み

ティブマスダンパ（AMD：Active Mass Damper）と呼ぶ。地震動をセンサーで感知し，アクチュエータやモータなどで強制的に駆動して，振動を抑制する。

また，風荷重や小さな地震による震動にはアクティブで対応し，大地震に対してはパッシブで対応する中間的な方式のものとして，**ハイブリッドマスダンパ（HMD：Hybrid Mass Damper）**などがある。

第3編 演習問題

【問題1】 防水材料に関する次の記述のうち，**最も不適切な**ものはどれか。

1. アスファルト防水は，アスファルトルーフィング類を，常温で液体のアスファルトで接着して防水層を形成したものである。
2. シート防水は，シートが薄いため，施工が適当でないとコブ状の膨れを生じることがある。
3. 塗膜防水は，液状の高分子材料を塗布するため，複雑な形をした場所でも施工が容易である。
4. ステンレスシート防水は，耐食性・耐候性に優れるステンレスシートを敷き，接合部を溶接して防水層を形成したものである。
5. 定形シーリング材には，ゴム状弾性を有するガスケットと，円形断面などで非弾性形のひも状シーリング材がある。

【問題2】 防耐火材料に関する次の記述のうち，**最も不適当な**ものはどれか。

1. 500℃以下で加熱されたコンクリートは一時的に強度低下が生じるが，その後冷却されると回復する。
2. ロックウールやグラスウールは，鉄骨造の耐火被覆材として用いることが多い。
3. 開口部において，延焼を防止するには熱線吸収ガラスを用いるとよい。
4. 木毛セメント板は，天井，屋根下地，内壁などに用いられる準不燃材料である。
5. 木材やプラスチックなどでも，難燃処理によって難燃材料の認定を受けているものがある。

【問題3】 断熱材料に関する次の記述のうち，**最も不適当な**ものはどれか。

1. グラスウールは，板状，マット状，フェルト状などに成形したものがあり，住宅用の断熱材として用いられる。
2. ロックウールは，高炉スラグ，玄武岩などを原料とし，住宅用の断熱材として用いられる。
3. セルローズファイバーは，古紙を主原料とし，解繊して綿状にした断熱材で，主にボード状の断熱材として用いられる。
4. 発泡プラスチック系の断熱材は，一般に，紫外線による劣化のおそれがある。
5. ウレタンフォームは，板状やボード状の断熱材だけでなく，現場で吹付ける現場発泡断熱材もある。

【問題4】 音響材料に関する次の記述のうち，**最も不適当な**ものはどれか。

1. グラスウール，発泡ウレタンなど多孔質材料は，吸音材料として有効である。
2. 合板，せっこうボードなどの板状材料を，壁に直接張ると吸音効果がある。
3. 均一な材料でできた壁体では，面密度が大きくなるほど音エネルギーの透過損失は大きい。
4. 窓は，ガラスが厚く，サッシの気密性が確保されるほど遮音性は高い。
5. 床衝撃音の発生を低減するには，床スラブを厚くし，表面にカーペットを用いるのがよい。

202 第5章 免震・制振材料

【**問題5**】 耐震材料に関する次の記述のうち，**最も不適当な**ものはどれか。

1. 積層ゴム支承は，薄いゴム板と鋼板を交互に重ね合わせ成形されたものである。

2. 免震構造の建物に用いるダンパーには，鉛ダンパーや鋼製ダンパーがある。

3. 粘性系ダンパーは，オイルや高分子ゴムなどのせん断変形によって地震エネルギーを吸収する。

4. 履歴系ダンパーは，一般の鋼材に比べて降伏点の高いものが利用される。

5. マスダンパーは，建物の最上階におもりを置き，建物の揺れと逆方向におもりを揺らして互いの振動をうち消す仕組みの制振装置であり，超高層ビルの風揺れ対策としても効果を発揮する。

演習問題解答　**203**

演習問題解答

第1編　構造用材料

第1章（p44）

【問題1】　　正解　1　　　【問題2】　　正解　3　　　【問題3】　　正解　4

【問題4】　　正解　2　　　【問題5】　　正解　4

第2章（p62）

【問題1】　　正解　5　　　【問題2】　　正解　4　　　【問題3】　　正解　1

第3章（p101）

【問題1】　　正解

　表中の単位水量と単位セメント量から，水セメント比は，$170/315 \times 100 = 54.0\%$

　単位容積質量は，それぞれの材料の単位量を足し合わせて，

　$170 + 315 + 793 + 1007 = 2285 \, \text{kg/m}^3$

　空気量は，それぞれの材料の絶対容積を，単位量 / 密度から求めて，すべての材料の絶対容積を足し合わせて，コンクリート $1\text{m}^3 = 1000l$ から差し引いた空気の絶対容積の割合になる。

　空気量の絶対容積は，$\{1000 - (170 + 315/3.15 + 793/2.6 + 1007/2.65)\}/100 = 45l/\text{m}^3$

　したがって，空気量は，$45/1000 = 4.5\%$

　細骨材率は，細骨材容積を，細骨材と粗骨材を合計した骨材全体の容積で除した比率となる。

　細骨材の容積は，$793/2.6 = 305l/\text{m}^3$

　粗骨材の容積は，$1007/2.65 = 380l/\text{m}^3$

　細骨材率は，$305/(305 + 380) \times 100 = 44.5\%$

　したがって，(4)が誤っている。

【問題2】　　正解

　表中の水セメント比と単位水量から単位セメント量が，$170/(50.0/100) = 340 \, \text{kg/m}^3$

　これをセメント密度で除してセメントの絶対容積が，$340/3.15 = 108l/\text{m}^3$

　このため，コンクリート $1\text{m}^3 = 1000l$ 中の単位水量，セメントの絶対容積，空気の絶対容積から，細骨材と粗骨材を合わせた骨材全体の絶対容積が，$1000 - (170 + 108 + 50) = 672l/\text{m}^3$

　一方，細骨材率が，細骨材容積を骨材全体容積で除した値のため，細骨材の絶対容積が，

　$(42.5/100) \times 672 = 285.6l/\text{m}^3$

　そして，粗骨材の絶対容積が，$672 - 285.6 = 386.4l/\text{m}^3$

　細骨材と粗骨材のそれぞれの表乾密度から表乾時の単位細骨材量が，

　$285.6 \times 2.62 = 748.3 = 748 \, \text{kg/m}^3$

204 演習問題解答

表乾時の単位粗骨材量が，　386.4 × 2.70 ＝ 1043.28 ＝ 1043 kg/m³

現場調合における計量の条件では，細骨材だけ表面水率 2.0% の湿潤状態にある。このため，細骨材中の含水状態の補正を行う。

表面水率（％）＝表面水量／表乾状態の質量× 100 より，表面水量＝表乾状態の質量×表面水率（％）/100 を利用する。

細骨材の現場調合の細骨材量は，表乾時の単位細骨材量＋細骨材の表面水量より，

748 ＋ 748 ×（2.0/100）＝ 762.96 ＝ 763 kg

細骨材の表面に付着している表面水量は，　763 － 748 ＝ 15 kg

練混ぜ水量は，単位水量から細骨材の表面水量を引いた分になり，170 － 15 ＝ 155 kg

以上から，誤っているものは(3)になる。

第 2 編　　内外装材料

第 1 〜 5 章（p136）

【問題1】　　正解　(4), (9), (11)　　　　【問題2】　　正解　(2), (4)

【問題3】　　正解　(4), (6)　　　　【問題4】　　正解　なし　　　　【問題5】　　正解　(1), (6)

【問題6】　　正解　(1), (3), (5), (6)

第 6 〜 10 章（p172）

【問題1】　　正解　3　　　【問題2】　　正解　4　　　【問題3】　　正解　1

【問題4】　　正解　3　　　【問題5】　　正解　1

第 3 編　　機能材料

第 1 〜 5 章（p203）

【問題1】　　正解　1　　　【問題2】　　正解　3　　　【問題3】　　正解　3

【問題4】　　正解　2　　　【問題5】　　正解　4

索　引

英

ABS 樹脂	142
AE 剤	85
ALC	100
ALC パネル	162
FRP	144
FR 鋼	50
JAS	15
JASS	15
JIS	15
LVL	37
MDF	40, 143
OSB	39
OSL	37
PCa カーテンウォール	164
PSL	37
RC	63
SM 材	50
SN 材	50
TMCP 鋼	50
VOC	157
WB	39
α 鉄	46
γ 鉄	46
δ 鉄	46

あ

アイソレータ	198
亜鉛	105
アクティブ制振	200
アクティブマスダンパ	200
アクリル樹脂	142
アスファルト防水	177
アスファルト防水層	176
アスペクト比	87
厚付け仕上塗材	152
孔あき板材料	195
孔あきボード	132
油ワニス	150, 151
アルカリシリカ反応	84, 95
アルミニウム	57
アンカーボルト	55

い

異形ブロック	100
板石	109
板状材料	195
一般構造用圧延鋼材	49
稲わら畳床	171
引火	182
インシュレーションボード	40, 190
インテリア材料	166

う

上降伏点	48
ウェットスクリーニング	68
ウェブ	99
浮き床工法	196
薄付け仕上塗材	152
裏板	38
漆	151
ウレタンフォーム	144, 191

え

エアメーター	67
衛生陶器	127
エコセメント	79
エナメル	150
エナメルペイント	150
エフロレッセンス	127
エポキシ樹脂	144
エポキシ樹脂系接着剤	157
エントラップトエア	66
エントレインドエア	67

お

黄銅	104
応力－ひずみ曲線	73
応力緩和現象	76
応力度	10
オーステナイト	46
大津壁	133
オートクレーブ養生	69
押出成形セメント板	163
押縁下見板張	41
音響材料	193

か

温度ひずみ	74
カーテンウォール	164
カーペット	169
外壁パネル	160
カオリン	118
化学侵食	95
化学せっこう	131
化学畳床	171
柿渋	151
角石	109
重ね継手	53
かさ容積	83
ガス圧接継手	53
火成岩	108
形鋼	51
硬練りペイント	149
型枠状ブロック	99
割裂引張強度	72
かぶり	95
かぶり厚さ	95
紙壁紙	167
可融合金	107
ガラス	113
ガラスカーテンウォール	165
ガラスパテ	179
カリ石灰ガラス	113
ガルバリウム鋼板	106
環境基本計画	16
含水率	29, 81
乾燥収縮	75

き

機械式継手	53
気乾材	29
擬石	111
気中養生	69
木取り	26
機能材料	6
揮発性有機化合物	157
揮発性ワニス	150
起泡剤	85

206 索　　引

吸音材料‥‥‥‥‥‥‥‥‥‥ 194
吸水率‥‥‥‥‥‥‥‥‥‥ 10, 82
強化ガラス‥‥‥‥‥‥‥‥‥ 114
京壁‥‥‥‥‥‥‥‥‥‥‥‥ 133
強度‥‥‥‥‥‥‥‥‥‥‥‥ 10
金属系サイディング‥‥‥‥‥ 161

く

空胴プレストレスト
　　コンクリートパネル‥‥‥ 100
空洞ブロック‥‥‥‥‥‥‥‥ 99
空洞れんが‥‥‥‥‥‥‥‥‥ 120
クッションフロア‥‥‥‥‥‥ 170
グラスウール‥‥‥‥‥‥‥‥ 189
クリープ‥‥‥‥‥‥‥‥‥‥ 76
クロス‥‥‥‥‥‥‥‥‥‥‥ 167
黒ワニス‥‥‥‥‥‥‥‥‥‥ 151

け

計画調合‥‥‥‥‥‥‥‥‥‥ 88
形状記憶合金‥‥‥‥‥‥‥‥ 46
珪藻土‥‥‥‥‥‥‥‥ 108, 134
軽量形鋼‥‥‥‥‥‥‥‥‥‥ 51
軽量気泡コンクリート‥‥‥‥ 100
軽量衝撃音‥‥‥‥‥‥‥‥‥ 196
化粧板‥‥‥‥‥‥‥‥‥‥‥ 38
頁岩‥‥‥‥‥‥‥‥‥‥‥‥ 108
減水剤‥‥‥‥‥‥‥‥‥‥‥ 85
間知石‥‥‥‥‥‥‥‥‥‥‥ 109
建築基準法‥‥‥‥‥‥‥‥‥ 15
建築工事標準仕様書‥‥‥‥‥ 15
建築構造用圧延鋼材‥‥‥‥‥ 48
建築用木材‥‥‥‥‥‥‥‥‥ 26

こ

コア供試体‥‥‥‥‥‥‥‥‥ 71
コアドリル‥‥‥‥‥‥‥‥‥ 71
鋼管‥‥‥‥‥‥‥‥‥‥‥‥ 51
鋼板‥‥‥‥‥‥‥‥‥‥‥‥ 52
工業化材料‥‥‥‥‥‥‥‥‥ 5
公共建築改修工事標準仕様書
　‥‥‥‥‥‥‥‥‥‥‥‥‥ 15
公共建築工事標準仕様書‥‥‥ 15
合金鋼‥‥‥‥‥‥‥‥‥ 47, 54
合成樹脂
　エマルションペイント‥‥ 150
合成接着剤‥‥‥‥‥‥‥‥‥ 156
高性能材料‥‥‥‥‥‥‥‥‥ 5
拘束圧縮応力‥‥‥‥‥‥‥‥ 76
構造材料‥‥‥‥‥‥‥‥‥‥ 6

構造用金物‥‥‥‥‥‥‥‥‥ 55
構造用金属材料‥‥‥‥‥‥‥ 45
構造用パネル‥‥‥‥‥‥‥‥ 39
拘束引張応力‥‥‥‥‥‥‥‥ 76
高耐候性圧延鋼材‥‥‥‥‥‥ 50
高張力鋼‥‥‥‥‥‥‥‥‥‥ 50
鋼鉄‥‥‥‥‥‥‥‥‥‥‥‥ 46
鋼板‥‥‥‥‥‥‥‥‥‥‥‥ 52
合板‥‥‥‥‥‥‥‥‥‥‥‥ 38
降伏点‥‥‥‥‥‥‥‥‥‥‥ 48
硬木類‥‥‥‥‥‥‥‥‥‥‥ 20
広葉樹‥‥‥‥‥‥‥‥‥‥‥ 20
コーキング材‥‥‥‥‥‥‥‥ 179
コールドジョイント‥‥‥‥‥ 93
骨材‥‥‥‥‥‥‥‥‥‥‥‥ 81
骨材量‥‥‥‥‥‥‥‥‥‥‥ 92
ゴム‥‥‥‥‥‥‥‥‥‥‥‥ 145
ゴム系接着剤‥‥‥‥‥‥‥‥ 156
コルク‥‥‥‥‥‥‥‥‥‥‥ 42
コルバーン法‥‥‥‥‥‥‥‥ 114
コンクリート‥‥‥‥‥‥‥‥ 63
混合セメント‥‥‥‥‥‥‥‥ 78
コンシステンシー‥‥‥‥‥‥ 67
混和材‥‥‥‥‥‥‥‥‥ 84, 86
混和材料‥‥‥‥‥‥‥‥‥‥ 84

さ

西京壁‥‥‥‥‥‥‥‥‥‥‥ 133
細骨材‥‥‥‥‥‥‥‥‥‥‥ 63
再生骨材‥‥‥‥‥‥‥‥‥‥ 81
サイディング‥‥‥‥‥‥ 40, 161
材料分離‥‥‥‥‥‥‥‥‥‥ 65
材齢‥‥‥‥‥‥‥‥‥‥‥‥ 69
砂岩‥‥‥‥‥‥‥‥‥‥‥‥ 108
左官材料‥‥‥‥‥‥‥‥‥‥ 129
酢酸ビニル樹脂系接着剤‥‥ 156
錆止めペイント‥‥‥‥‥‥‥ 150

し

仕上材料‥‥‥‥‥‥‥‥‥‥ 6
仕上塗材‥‥‥‥‥‥‥‥‥‥ 147
シアノアクリレート系接着剤
　‥‥‥‥‥‥‥‥‥‥‥‥‥ 157
シート防水‥‥‥‥‥‥‥‥‥ 178
シーリング材‥‥‥‥‥‥‥‥ 181
シーリング防水‥‥‥‥‥‥‥ 177
シール材‥‥‥‥‥‥‥‥‥‥ 179
磁器‥‥‥‥‥‥‥‥‥‥‥‥ 118
軸材‥‥‥‥‥‥‥‥‥‥‥‥ 36

自己収縮‥‥‥‥‥‥‥‥‥‥ 74
沈みひび割れ‥‥‥‥‥‥‥‥ 93
持続可能な社会‥‥‥‥‥‥‥ 16
下降伏点‥‥‥‥‥‥‥‥‥‥ 48
漆喰‥‥‥‥‥‥‥‥‥‥‥‥ 129
シックハウス症候群‥‥‥‥‥ 157
湿潤養生‥‥‥‥‥‥‥‥‥‥ 69
実積率‥‥‥‥‥‥‥‥‥‥‥ 83
遮音対策‥‥‥‥‥‥‥‥‥‥ 196
遮熱シート‥‥‥‥‥‥‥‥‥ 189
シャルピー衝撃試験‥‥‥‥‥ 49
秋材‥‥‥‥‥‥‥‥‥‥‥‥ 23
収縮目地‥‥‥‥‥‥‥‥‥‥ 94
集成材‥‥‥‥‥‥‥‥‥‥‥ 36
重量衝撃音‥‥‥‥‥‥‥‥‥ 196
樹脂系サイディング‥‥‥‥‥ 162
樹脂系接着剤‥‥‥‥‥‥‥‥ 156
樹皮‥‥‥‥‥‥‥‥‥‥ 23, 42
瞬間接着剤‥‥‥‥‥‥‥‥‥ 157
春材‥‥‥‥‥‥‥‥‥‥‥‥ 23
準不燃材料‥‥‥‥‥‥‥‥‥ 185
蒸気養生‥‥‥‥‥‥‥‥‥‥ 69
障子紙‥‥‥‥‥‥‥‥‥‥‥ 167
シリカフューム‥‥‥‥‥‥‥ 86
シリコン樹脂‥‥‥‥‥‥‥‥ 144
シロアリ‥‥‥‥‥‥‥‥‥‥ 32
人工軽量骨材‥‥‥‥‥‥‥‥ 81
人工骨材‥‥‥‥‥‥‥‥‥‥ 81
人工材料‥‥‥‥‥‥‥‥‥‥ 6
心材‥‥‥‥‥‥‥‥‥‥‥‥ 23
人造石‥‥‥‥‥‥‥‥‥‥‥ 111
針葉樹‥‥‥‥‥‥‥‥‥‥‥ 20

す

髄‥‥‥‥‥‥‥‥‥‥‥‥‥ 23
水成岩‥‥‥‥‥‥‥‥‥‥‥ 108
水和反応（セメント）‥‥‥‥ 68
スズ‥‥‥‥‥‥‥‥‥‥‥‥ 107
スタッコ‥‥‥‥‥‥‥‥‥‥ 152
ステイン‥‥‥‥‥‥‥‥‥‥ 151
ステンレス鋼‥‥‥‥‥‥‥‥ 54
ステンレスシート防水‥‥‥‥ 179
スラグ‥‥‥‥‥‥‥‥‥‥‥ 47
スランプ‥‥‥‥‥‥‥‥‥‥ 66
スランプフロー‥‥‥‥‥‥‥ 66
摺り板ガラス‥‥‥‥‥‥‥‥ 114

せ

制振構造‥‥‥‥‥‥‥‥‥‥ 197

制振装置	199	畳	171	塗装亜鉛めっき鋼板	106
青銅	104	畳表	171	トタン板	106
ゼーゲルコーン	119	畳縁	171	塗膜防水	178
石材	108	畳床	171	塗料	146, 148
石灰岩	108	たたら	46	ドロマイトプラスター	130
絶乾材	29	種石	111	**な**	
せっ器	118	種ガラス	113	鉛	107
せっこう	131	多様性能材料	5	南京下見板張	41
せっこうボード	132	単位容積質量	83	軟鋼	47
絶対容積	88	弾性係数	74	難燃材料	185
接着剤	154	弾性限度	48	軟木類	20
セメント	78	断熱材	187	**に**	
セメントの風化	80	断熱材料	187	ニス	150
セメンペースト量	90	ダンパー	198	ニッケル	107
セメント水比説	70	断面修復材	136	日本工業規格	15
セラックワニス	151	**ち**		日本農林規格	15
セラミックス	118	チタン	106	**ね**	
セラミックブロック	127	虫害	32	ねじ類	55
セラミックメーソンリー		鋳鉄	45, 46, 53	ねずみ銑	47
ユニット	126	チューンドマスダンパー	200	熱押形鋼	51
セラミックれんが	127	調合設計	88	熱可塑性樹脂	139
セルローズファイバー	190	直接引張強度試験	72	熱間圧延鋼材	47
繊維板	40	**つ**		熱間加工	47
繊維飽和点	29	土物砂壁	133	熱硬化性樹脂	139
全乾材	29	**て**		熱伝導率	10
せん断強度	72	低降伏点鋼	50	熱膨張係数	74
銑鉄	47	デッキプレート	52	粘土瓦	121
線熱膨張係数	74	鉄筋コンクリート	63	**は**	
そ		鉄筋コンクリート用棒鋼	52	パーティクルボード	39
ソーダ石灰ガラス	113	テラコッタ	126	ハードファイバーボード	40
促進養生	69	テラゾ	100, 111	ハードボード	40
粗骨材	81	デルタフェライト	46	ハイブリッドマスダンパ	200
粗骨材絶対容積	92	電気亜鉛めっき鋼板	106	破壊点	48
粗粒率	83	伝統木造構法	18	鋼	47
た		天然系接着剤	156	白雲石（ドロマイト）	129
耐火材料	182	天然骨材	81	白色ポルトランド	79
耐火性能	183	天然材料	6	白銑	47
耐火れんが	120	**と**		白銅	104
耐火鋼	50	銅	104	発火点	182
耐候性鋼	50	凍害	95	パッシブ制振	199
耐震構造	197	透過損失	196	発泡剤	85
耐水合板	38	陶器	118	発泡プラスチック系断熱材	190
堆積岩	108	陶器製品	127	版築	134
タイル	123	銅鋼	54	版築壁	134
タイルカーペット	170	透明板ガラス	114	半軟鋼	47
タケ材	42	土器	118	**ひ**	
多孔質材料	194	特殊油性ペイント	150	ひずみ度	10

引張強さ………………… 48
ビニル壁紙………………… 167
ビニル系シート床材……… 170
ビニル系床材……………… 170
ビニル系床タイル………… 170
比熱………………………… 10
ビヒクル…………………… 148
標準養生…………………… 69
表面水率…………………… 82
表面炭化…………………… 33
表面被覆…………………… 33
比例限度…………………… 48

ふ
フィニッシャビリティー… 68
封かん養生………………… 69
フェイスシェル…………… 99
フェノール樹脂…………… 143
フェノールフォーム……… 191
フェライト………………… 46
腐朽………………………… 32
腐朽菌……………………… 32
複層仕上塗材……………… 152
腐食………………………… 60
ふすま紙…………………… 168
縁なし畳…………………… 171
普通れんが………………… 120
フッ素樹脂………………… 143
不燃材料…………………… 185
ブラインド………………… 168
プラスターボード………… 132
プラスチック……………… 139
プラスティシティー……… 67
プラスティック収縮
　ひび割れ………………… 93
フラッシュオーバー……… 182
ブリーディング…………… 65
ブルネル硬さ……………… 49
ブリキ……………………… 107
ふるい分け………………… 83
フルコール法……………… 114
プレキャストコンクリート 164
フレッシュ性状…………… 65
プレフォーム法…………… 85
プレミックス……………… 78
フロート法………………… 114

へ
平衡含水率………………… 29

ペイント…………………… 146
ベークライト……………… 143
壁装材……………………… 167
辺材………………………… 23
変成岩……………………… 108

ほ
防火………………………… 34
防火材料…………………… 183
防食法……………………… 60
防水材料…………………… 176
ぼうず畳…………………… 171
ポーラスコンクリート…… 77
舗道れんが………………… 120
ポラゾン反応……………… 86
ポリウレタン樹脂………… 144
ポリエステル樹脂………… 144
ポリエチレン樹脂………… 143
ポリエチレンフォーム…… 191
ポリ塩化ビニル樹脂……… 142
ポリカーボネート類……… 144
ポリスチレン樹脂………… 143
ポリスチレンフォーム…… 191
ポリプロピレン樹脂……… 142
ポリマーコンクリート…… 136
ポリマーセメント
　コンクリート…………… 136
ポルトランドセメント…… 78
ポンパビリティー………… 67
ポンプ圧送性……………… 67

ま
膜養生……………………… 69
曲げ強度…………………… 10
曲げ強度試験……………… 73
マルテンサイト…………… 46

み
水セメント比……………… 71
密度………………………… 10

む
無機材料…………………… 6
無水せっこう……………… 131

め
メタクリル樹脂…………… 142
メタルカーテンウォール… 164
面材………………………… 38
免震構造…………………… 197
免震ゴム…………………… 145
免震材料…………………… 198

メンブレン防水…………… 177
メンブレン防水層………… 176

も
木材………………………… 18
木質系サイディング……… 162
木質材料…………………… 35
木質繊維系断熱材………… 190
木造在来軸組構法………… 19
木部………………………… 23
木理………………………… 26

や
焼入れ……………………… 48
焼きせっこう……………… 131
焼なまし…………………… 48
薬剤処理…………………… 33
やにつぼ…………………… 23
ヤング係数……………… 48, 73
ヤング率…………………… 10

ゆ
有機材料…………………… 6
床仕上げ材………………… 169
床衝撃音…………………… 194
油性調合ペイント………… 149
油性ペイント……………… 149

よ
洋瓦………………………… 121
窯業系サイディング……… 161
養生………………………… 69
溶接構造用圧延鋼材……… 50
溶接構造用耐候性
　熱間圧延鋼材…………… 50
溶接継手…………………… 53
洋白………………………… 104
溶融亜鉛めっき鋼板……… 106
ヨセフ・アスプジン……… 78
呼び強度…………………… 90

ら
ラッカー…………………… 151
ラテックス………………… 145

り
リグニン…………………… 156
リシン……………………… 152
粒度分布…………………… 83
緑化コンクリート………… 77
リラクセーション………… 76
履歴系ダンパー…………… 199

れ

冷間加工……………………… 47
レイタンス………………… 65
礫岩………………………… 108
れんが……………………… 120
連行空気…………………… 67
錬鉄………………………… 46

ろ

ロールアウト法…………… 114
ロックウール……………… 189

わ

ワーカビリティー………… 67
和瓦………………………… 121
枠組壁工法………………… 19
ワニス……………………… 146
割石………………………… 109

初学者の建築講座 編修委員会〔建築材料〕

[監　修]　長澤　泰　Yasushi NAGASAWA
　　　　　1968年　東京大学工学部建築学科卒業
　　　　　1978年　北ロンドン工科大学大学院修了
　　　　　1994年　東京大学工学系研究科建築学専攻 教授
　　　　　2011年　工学院大学建築学部長
　　　　　現　在　東京大学　名誉教授，工学院大学　名誉教授，工学博士

[著　者]　橘高義典　Yoshinori KITSUTAKA
　　　　　1980年　東京工業大学工学部建築学科卒業
　　　　　1993年　宇都宮大学工学部建築学科　助教授
　　　　　1995年　東京都立大学工学部建築学科　助教授（2001年教授）
　　　　　現　在　東京都立大学　名誉教授，工学博士

　　　　　小山明男　Akio KOYAMA
　　　　　1992年　明治大学工学部建築学科卒業
　　　　　現　在　明治大学理工学部建築学科　教授，工学博士

　　　　　中村成春　Shigeharu NAKAMURA
　　　　　1996年　宇都宮大学大学院工学研究科博士後期課程修了
　　　　　現　在　大阪工業大学建築学科　教授，工学博士

（肩書きは，第二版発行時）

初学者の建築講座　**建築材料（第三版）**

2025年1月27日　初 版 印 刷
2025年2月5日　初 版 発 行

監　修　長　澤　　　泰
著　者　橘　高　義　典
　　　　小　山　明　男
　　　　中　村　成　春
発行者　澤　崎　明　治
印　刷　㈱広済堂ネクスト　　製　本　三省堂印刷㈱

発行所　株式会社市ヶ谷出版社
　　　　東京都千代田区五番町 5
　　　　電　話　03-3265-3711（代）
　　　　FAX　03-3265-4008
　　　　http://www.ichigayashuppan.co.jp

©2025　　　ISBN978-4-86797-025-6

初学者の建築講座 編修委員会

〔**編修委員長**〕　　長澤　　泰（東京大学 名誉教授，工学院大学 名誉教授）
　　　　　　　　　　大野　隆司（東京工芸大学 名誉教授　故人）

〔**編修副委員長**〕　倉渕　　隆（東京理科大学 教授）

〔**編修・執筆委員**〕(50音順)

安孫子義彦（株式会社ジエス 顧問）　　　　　鈴木　信弘（神奈川大学 教授）

五十嵐太郎（東北大学 教授）　　　　　　　　鈴木　利美（鎌倉女子大学 教授）

大塚　貴弘（名城大学 准教授）　　　　　　　鈴木　洋子（鈴木アトリエ 共同主宰）

大塚　雅之（関東学院大学 教授）　　　　　　砂田　武則（鹿島建設）

川北　　英（京都建築大学校 学校長）　　　　瀬川　康秀（アーキショップ 代表）

河村　春美（河村建築事務所 代表）　　　　　角田　　誠（東京都立大学 教授）

岸野　浩太（夢・建築工房 代表取締役）　　　戸高　太郎（京都美術工芸大学 教授）

橘高　義典（東京都立大学 名誉教授）　　　　中澤　明夫（アルマチュール研究所）

小山　明男（明治大学 教授）　　　　　　　　中村　成春（大阪工業大学 教授）

坂田　弘安（東京科学大学 教授）　　　　　　藤田　香織（東京大学 教授）

佐藤　　勉（駒沢女子大学 教授）　　　　　　宮下　真一（東急建設）

佐藤　考一（金沢工業大学 教授）　　　　　　元結正次郎（東京工業大学 教授）

杉田　宣生（ハル建築研究所 代表）　　　　　山田　俊之（日本工学院専門学校）

〔初学者の建築講座〕

- **建築計画**(第三版)
  佐藤考一・五十嵐太郎 著
  B5判・200頁・本体価格2,800円

- **建築構造**(第四版)
  元結正次郎・坂田弘安・藤田香織・
  日浦賢治 著
  B5判・192頁・本体価格3,000円

- **建築構造力学**(第三版)
  元結正次郎・大塚貴弘 著
  B5判・184頁・本体価格2,800円

- **建築施工**(第三版)
  中澤明夫・角田 誠・砂田武則 著
  B5判・208頁・本体価格3,000円

- **建築製図**(第三版)
  瀬川康秀 著，大野隆司 監修
  A4判・152頁・本体価格2,700円

- **建築法規**(第五版)
  河村春美・鈴木洋子 著
  塚田市朗 専門監修
  B5判・280頁・本体価格3,000円

- **建築設備**(第五版)
  大塚雅之 著，安孫子義彦 専門監修
  B5判・216頁・本体価格3,000円

- **建築環境工学**(第四版)
  倉渕 隆 著，安孫子義彦 専門監修
  B5判・208頁・本体価格3,000円

- **建築材料**(第三版)
  橘高義典・小山明男・中村成春 著
  B5判・224頁・本体価格3,000円

- **建築構造設計**(第二版)
  宮下真一・藤田香織 著
  B5判・216頁・本体価格3,000円

- **建築家が使うスケッチ手法**
  —自己表現・実現のためのスケッチ戦略—
  川北 英 著
  A4判・176頁・本体価格2,800円

- **住宅の設計**(第二版)
  鈴木信弘 編著
  戸高太郎・岸野浩太・鈴木利美 著
  A4判・120頁・本体価格3,000円

- **建築インテリア**
  佐藤 勉・山田俊之 著，長澤 泰・倉渕 隆 専門監修
  B5判・168頁・本体価格2,800円

市ケ谷出版社の関連図書

建築はいかにして場所と接続するか

隈 研吾 著
B5判変形・並製本・148頁・本体2,200円
ISBN978-4-87071-292-8

日本の伝統建築を守る

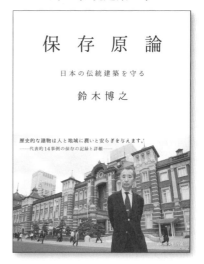

鈴木博之 著
B5判変形・並製本・136頁・本体2,200円
ISBN978-4-87071-291-1

日本図書館協会選定図書

日本建築原論

今里 隆 著
B5判変形・並製本・120頁・本体2,200円
ISBN978-4-87071-278-2

伝統建築の魅力と保存への想い

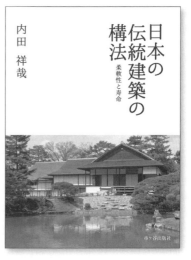

内田祥哉 著
B5判変形・並製本・144頁・本体2,000円
ISBN978-4-87071-284-3

日本図書館協会選定図書